독학사

한번에 패스

최신 기출문제 해설 강의 무료

- 2023~2022년 기출문제 복원 · 수록
- 최신 출제경향에 맞춘 핵심 이론 정리

2단계

인터넷 강의 | 신지원에듀
www.sinjiwonedu.co.kr

Preface

이 책의 머리말

독학에 의한 학위취득제는 「독학에 의한 학위취득에 관한 법률」에 따라 독학자에게 학사학위 취득의 기회를 줌으로써 평생교육의 이념을 구현하고 개인의 자아실현과 국가 · 사회의 발전에 이바지하는 것을 목적으로 한다. 현재 독학학위 취득시험은 「평생교육법」에 의해 '국가평생교육진흥원'에서 관장하며, 홈페이지를 통해 과목별 평가영역을 구체적으로 알려 주고 있다.

독학사 시험에서 다루는 **2단계 전공기초과정 인정시험**은 각 전공영역의 학문 연구를 위하여 각 학문계열에서 공통적으로 필요한 지식과 기술을 평가한다. 따라서 본서는 다양한 자료와 예시를 통해 구체적으로 학습하고, 이론과 문제를 통해 정리할 수 있도록 구성 · 편집되었다.

그동안의 독학사 기출문제를 분석해보면 문제은행식이라 할 수 있다. 따라서 수험생들은 기출문제를 중심으로 주어진 범위와 내용을 반복 학습해야 하며, 이것이 합격점 이상의 점수를 얻을 수 있는 최선의 방법이다.

모든 지식을 빠뜨리지 않고 실어 놓은 수험서가 꼭 좋은 수험서라고는 할 수 없다. 우리가 치러야 할 시험이 요구하는 준거를 무난히 통과하기 위해서 주어진 시간과 비용을 고려해 가장 효율적인 방법을 선택하는 것이 필요하다. 이런 점에서 본서는 **기출문제를 중심으로 핵심 내용을 요약 · 정리하였고, 기출을 기반으로 예상문제를 개발**해 최소한의 충분한 양을 수록하였다.

독학학위 취득을 위해 본서를 선택한 모든 수험생분들이 꼭 학위취득의 기회를 마련하였으면 한다.

대표편저자 씀

독학학위제는 대학교를 다니지 않아도 스스로 공부하여 학위를 취득할 수 있으며 언제, 어디서나 학습이 가능한 평생학습시대의 자아실현을 위한 제도입니다.

시험안내 Information

1 독학학위제란?

독학학위제는 「독학에 의한 학위취득에 관한 법률」에 의거하여 고등학교 졸업 이상의 학력을 가진 사람이라면 누구나 시험에 응시할 수 있으며 총 4개의 과정을 거쳐 학위취득 종합시험에 합격하면 국가에서 학사학위를 수여하는 제도이다. 현재 독학학위 취득시험은 「평생교육법」에 의해 '국가평생교육진흥원'에서 관장한다.

2 시험의 합격결정

1~3과정 인정시험에서 매 과목 100점 만점에 전 과목 60점 이상 득점을 합격으로 한다.

3 교양과정 인정시험

구 분	시 간	시험 과목
1교시	09:00 ~ 10:40 (100분)	회계원리, 인적자원관리
2교시	11:10 ~ 12:50 (100분)	마케팅원론, 조직행동론
3교시	14:00 ~ 15:40 (100분)	경영정보론, 마케팅조사
4교시	16:10 ~ 17:50 (100분)	생산운영관리, 원가관리회계

4 과정별 평가수준

과정별 시험	평가 수준	합격 기준	문항 수
1과정 (교양과정 인정시험)	대학의 교양과정을 이수한 사람이 일반적으로 갖추어야 할 학력수준을 평가한다.	5과목 합격 (필수 3, 선택 2)	총 40문항 (객관식 40문항)
2과정 (전공기초과정 인정시험)	각 전공영역의 학문연구를 위하여 각 학문계열에서 공통적으로 필요한 지식과 기술을 평가한다.	6과목 이상 합격	
3과정 (전공심화과정 인정시험)	각 전공영역에 관하여 보다 심화된 전문적 지식과 기술을 평가한다.	6과목 이상 합격	총 28문항 (객관식 24문항, 주관식 4문항)
4과정 (학위취득 종합시험)	시험의 최종 단계로 학위를 취득한 사람이 일반적으로 갖추어야 할 소양과 전문지식 및 기술을 종합적으로 평가한다.	6과목 합격 (교양 2, 전공 4)	

Information

시험안내

시험과정별 응시자격

「독학에 의한 학위취득에 관한 법률」 일부 개정에 따라 2016년부터 고등학교 졸업 이상의 학력을 가진 사람이면 누구나 1~3과정(교양과정, 전공기초과정 및 전공심화과정) 시험에 자유롭게 응시 가능. 단, 학사학위 취득을 위한 마지막 과정인 학위취득 종합시험에 응시하기 위해서는 1~3과정 시험에 모두 합격(면제)하거나, 학위취득 종합시험 응시 자격을 충족해야 함.

1 교양과정·전공기초과정 및 전공심화과정 인정시험(1~3과정) 응시자격

① 고등학교 졸업자

② 「초 · 중등교육법 시행령」 제98조 제1항에 따라 상급학교의 입학에 있어 고등학교를 졸업한 사람과 같은 수준의 학력이 있다고 인정되는 사람

③ 「평생교육법」 제31조 제2항에 따라 지정된 학력이 인정되는 학교형태의 평생교육시설에서 고등학교 교과과정에 상응하는 교육과정을 마친 사람

④ 「보호소년 등의 처우에 관한 법률」 제29조에 따른 소년원학교에서 고등학교 교육과정을 마친 사람

2 학위취득 종합시험(4과정) 응시자격(단, 응시하고자 하는 전공과 동일전공 인정 학과에 한함)

① 교양과정 인정시험, 전공기초과정 인정시험 및 전공심화과정 인정시험에 합격(면제)한 사람

② 대학(「고등교육법」 제2조 제2호 · 제3호 및 제5호에 따른 학교와 다른 법령에 따라 설립된 대학을 포함) 및 이에 준하는 각종학교(학력인정학교로 지정된 학교만 해당)에서 3년 이상의 교육과정을 수료하였거나 105학점 이상을 취득한 사람

③ 수업 연한이 3년인 전문대학을 졸업한 사람 또는 이와 같은 수준의 자격이 있다고 인정되는 사람(전문대학 졸업예정자는 응시 불가)

④ 「학점인정 등에 관한 법률」 제7조에 따라 105학점(전공 28학점 이상 포함) 이상을 인정받은 사람

⑤ 외국에서 15년 이상의 학교교육 과정을 수료한 사람

3 유의사항

① 학사학위 소지자는 취득한 학사학위 전공과 동일한 전공 시험에 응시할 수 없음.

② **유아교육학, 정보통신학 전공** : 전공심화과정 인정시험 및 학위취득 종합시험만 개설. 고등학교 졸업자가 전공심화과정 인정시험에 응시는 가능하나, 학위취득 종합시험에 응시하기 위해서는 1~2과정 시험 면제요건을 충족하고 3과정 시험에 합격하거나 4과정 시험 응시자격을 충족해야 함.

③ **간호학 전공** : 학위취득 종합시험만 개설
간호학 전공은 4과정(학위취득 종합시험)의 시험만 개설. 학위취득 종합시험에 응시하기 위해서는 3년제 전문대학 간호학과를 졸업 또는 4년제 대학교 간호학과에서 3년 이상 교육과정을 수료하거나 105학점 이상을 취득해야 함.

4 시험면제

「독학에 의한 학위취득에 관한 법률 시행령」 제9조에 따라 국가기술자격 취득자, 국가시험 합격 및 자격 · 면허 취득자, 일정한 학력을 수료하였거나 학점을 인정받은 사람은 1~3과정별 인정시험 또는 시험과목을 면제받을 수 있다.

과정면제

- 국가기술자격 취득자 : 자격 취득분야와 동일한 분야의 시험 응시자는 해당 과정 면제
- 교육부령으로 정하는 교육과정 수료자 또는 학점을 인정받은 자
  ① 교양과정 면제
    ㉠ 대학 및 이에 준하는 각종학교에서 1년 이상 교육과정을 수료하였거나 35학점 이상을 취득한 사람
    ㉡ 학점은행제로 35학점 이상을 인정받은 사람
    ㉢ 외국에서 13년 이상의 학교교육과정을 수료한 사람
  ② 교양 및 전공기초과정 면제 [면제받고자 하는 전공과 동일전공인정 학과에 한함]
    ㉠ 대학 및 이에 준하는 각종학교에서 2년 이상 교육과정을 수료하였거나 70학점 이상을 취득한 사람
    ㉡ 학점은행제로 70학점 이상을 인정받은 사람
    ㉢ 외국에서 14년 이상의 학교교육과정을 수료한 사람

Information

시험안내

- 교육부령으로 정하는 시험 합격자 및 자격 · 면허 취득자 : 국가(지방) 공무원 7급 이상의 공개경쟁채용시험 합격자는 해당 과정 면제, 교육부령으로 정하는 자격 면허 취득자는 해당 과정 면제

과목면제

- 국가기술자격 취득자 : 자격 취득 분야와 다른 분야의 시험 응시자는 해당 과목 면제
- 국가평생교육진흥원장이 지정한 강좌 또는 과정 이수자는 해당 과목 면제

독학사와 학점은행제의 연관관계

「학점인정 등에 관한 법률」 제7조 제2항 제5호에 따라 독학학위제 시험합격 및 면제교육과정을 이수한 사람은 아래와 같이 학점은행제 학점인정을 받을 수 있음.

독학사의 과정별 학점은행제 등록 시 인정학점

- [1과정] 과목당 4학점 (단계별 최대 5과목, 20학점까지 인정 가능)
- [2~4과정] 과목당 5학점 (단계별 최대 6과목, 30학점까지 인정 가능)

① 학점은행제 학습구분 결정기준

㉠ 교양과정 인정시험 : 교양학점으로 인정 가능. 단, 일부 과목의 경우 학점은행제 희망 전공의 표준교육과정에 기초하여 전공필수 혹은 전공선택으로 인정 가능

예 학점은행제 경영학(학사) 전공의 학습자가 [경영학개론] 과목 합격 시 전공필수와 교양 중 학습자가 원하는 학습구분으로 인정

㉡ 전공기초, 전공심화, 학위취득 종합시험 : 희망 학위 및 전공의 표준교육과정을 기준으로 학습구분이 결정

② 학위취득 종합시험에 합격하여 독학학위제 학사학위를 취득한 경우에는 과정별 합격(면제)과목을 학점으로 인정하지 않음.

③ 시험면제교육과정 이수 학습과목에 한하여 1년/1학기 최대 이수학점, 1개 교육훈련기관 최대 인정학점 제한이 적용됨.

④ 학점인정을 받은 과목 간 중복과목이 있는 경우 학습자가 선택하는 1과목만 인정 가능(단, 독학학위제 시험 과목 간에는 중복 없이 인정 가능)

출제경향

Tendency

1. 국가평생교육진흥원에서 고시한 과목별 평가영역에 준거하여 출제하되 특정한 영역이나 분야가 지나치게 중시되거나 경시되지 않도록 한다.

2. 독학자들의 취업 비율이 높은 점을 감안하여, 과목의 특성상 가능한 경우에는 학문적이고 이론적인 문항뿐만 아니라 실무적인 문항도 출제한다.

3. 단편적 지식의 암기로 풀 수 있는 문항의 출제는 지양하고, 이해력 · 적용력 · 분석력 등 폭넓고 고차원적인 능력을 측정하는 문항을 위주로 한다.

4. 이설(異說)이 많은 내용의 출제는 지양하고 보편적이고 정설화된 내용에 근거하여 출제하며, 그럴 수 없는 경우에는 해당 학자의 성명이나 학파를 명시한다.

5. 교양과정 인정시험은 대학 교양교재에서 공통적으로 다루고 있는 기본적이고 핵심적인 내용을 출제하되, 교양과정 범위를 넘는 전문적이거나 지엽적인 내용의 출제는 지양한다.

6. 전공기초과정 인정시험은 각 전공영역의 학문을 연구하기 위하여 각 학문 계열에서 공통적으로 필요한 지식과 기술을 평가한다.

7. 전공심화과정 인정시험은 각 전공영역에 관하여 보다 심화된 전문적인 지식과 기술을 평가한다.

8. 학위취득 종합시험은 시험의 최종 과정으로서 학위를 취득한 자가 일반적으로 갖추어야 할 소양 및 전문지식과 기술을 종합적으로 평가한다.

9. 교양과정 인정시험 및 전공기초과정 인정시험의 시험방법은 객관식(4지택1형)으로 한다.

10. 전공심화과정 인정시험 및 학위취득 종합시험의 시험방법은 객관식(4지택1형)과 주관식(80자 내외의 서술형)으로 하되 과목의 특성에 따라 다소 융통성 있게 출제한다.

Curriculum

학위 취득 과정도

학사 학위 취득

- 총점(600점)의 60%(360점) 이상 득점
- 전 과목(6과목) 60점 이상 득점

4 과정

학위 취득 종합시험 응시

응시자격(동일전공에서)

- 4년제 대학 3학년 수료 또는 105학점 취득
- 3년제 전문대학 졸업
- 학점은행제 105학점(전공 28학점 포함) 인정

1~3과정 전 과목(17개) 합격(면제)

시험 과정 면제

1~3과정 면제자

3 과정

전공심화과정 인정시험 응시

응시자격

고등학교 졸업 이상 학력

시험 과정 면제

1~2과정 면제자

2 과정

전공기초과정 인정시험 응시

응시자격

고등학교 졸업 이상 학력

시험 과정 면제

1과정 면제자

1 과정

교양과정 인정시험 응시

응시자격

고등학교 졸업 이상 학력

Contents
차례

Contents

차례

Contents

차례

2단계
독학사

경영정보론 최신 기출문제

※ 2023~2022년 기출문제는 수험생들의 기억력을 토대로 복원되어 실제로 출제된 문제와는 다소 차이가 있을 수 있습니다.

독학사 2단계

경영학분야

2023년도 독학에 의한 학위취득시험
전공기초과정 인정시험 문제지

감독관확인란

경영정보론

3교시 수험 번호 ( ) 성명 ( )

01 **정보가 유용한 가치를 지니기 위해 필요한 특성이 아닌 것은?**

① 신뢰성
② 적시성
③ 절대성
④ 검증가능성

02 **다음 설명에 해당하는 경영지원 시스템은?**

> • 주문에서 제품 생산에 이르기까지 관련된 정보를 제공하여 가장 효과적으로 활용할 수 있도록 한다.
> • 현장의 정확한 데이터를 사용함으로써 현장의 활동을 관리, 착수, 응답하고 보고하는 데 이용된다.
> • 주문 단계에서부터 완성단계까지 최적화를 지원한다.

① 제조실행 시스템(MES)
② 공급망관리 시스템(SCM)
③ 판매망관리 시스템(SFM)
④ 전사적 자원관리 시스템(ERP)

03 **정보 시스템의 구성요소가 아닌 것은?**

① 하드웨어
② 데이터베이스
③ 소프트웨어
④ 클라우드 컴퓨팅

04 **기업의 조직기능별로 정보 시스템을 구분한 것이 아닌 것은?**

① 생산정보 시스템
② 관리통제 시스템
③ 재무정보 시스템
④ 마케팅정보 시스템

05 다음 설명에 해당하는 것은?

> 기업이 부를 창조하기 위하여 제품과 서비스를 어떻게 생산하고, 인도하며, 판매하는가를 설명하는 것이다.

① 운영전략 ② 비즈니스 모델
③ 경영 시스템 ④ 비즈니스 프로세스

06 고객관계관리(CRM) 시스템에 대한 설명으로 옳지 않은 것은?

① 파트너관계관리(PRM), 직원관계관리(ERM) 등의 모듈을 포함하여 확장될 수 있다.
② 고객 데이터를 연계시키고 분석하여 그 결과를 기업 전반에 걸친 다양한 시스템과 고객 접점에 제공한다.
③ 운영적 CRM 시스템은 고객서비스, 마케팅 등에서 성과 향상을 위한 정보제공을 위해 데이터를 분석하는 애플리케이션을 의미한다.
④ 효율적 운영을 통해 고객만족 증대, 마케팅 비용 감소, 고객 획득 및 유지비용 감소 등의 비즈니스 가치를 실현할 수 있다.

07 무어의 법칙에 대한 해석으로 가장 적절하지 않은 것은?

① 컴퓨팅 성능은 18개월마다 2배가 된다.
② 네트워크 참여자 수는 18개월마다 2배가 된다.
③ 컴퓨팅 가격은 18개월마다 반으로 떨어진다.
④ 마이크로프로세서의 성능은 18개월마다 2배가 된다.

08 프로그래밍 언어를 발달 순서대로 나열한 것은?

> ㄱ. 어셈블리 언어 ㄴ. 기계어
> ㄷ. COBOL ㄹ. XML

① ㄱ → ㄴ → ㄷ → ㄹ
② ㄱ → ㄷ → ㄹ → ㄴ
③ ㄴ → ㄱ → ㄷ → ㄹ
④ ㄹ → ㄷ → ㄱ → ㄴ

09 컴퓨터의 출력장치에 해당하는 것은?

① 모니터
② ROM
③ 마우스
④ 냉각장치

10 시스템 모델링 및 설계 방법론 중 객체지향개발에 대한 설명으로 옳은 것은?

① 클래스와 상속 개념에 기초한다.
② 프로세스 지향적인 방법으로 프로세스로부터 데이터를 분리한다.
③ 이미 만들어진 객체는 재사용하기가 매우 어렵다는 단점이 존재한다.
④ 데이터 흐름도(DFD), 프로세스 명세서, 구조도 등이 주된 도구로 사용된다.

11 다음 설명에 해당하는 단계는?

- 시스템 개발 수명주기(SDLC) 개발과정이다.
- 최종 사용자의 비즈니스 요구사항을 수집・검토하여 이를 시스템의 기능과 목적에 맞게 다듬어가는 과정이다.

① 설계
② 분석
③ 개발
④ 유지보수

12 다음 설명에 해당하는 소프트웨어는?

기존의 애플리케이션을 연결함으로써 전사적인 통합을 달성하기 위한 목적으로 사용된다.

① 펌웨어
② 운영체제
③ 미들웨어
④ 응용프로그램

13 ( ) 안에 공통으로 들어갈 말로 알맞은 것은?

- ( )은/는 애플리케이션 소프트웨어를 구축하고 통합하기 위한 정의 및 프로토콜의 집합이다.
- ( )은/는 개발자가 새로운 애플리케이션 구성요소를 기존 아키텍처에 통합하는 방식을 간소화시켜 준다.
- ( )을/를 사용하면 구현방식을 알지 못해도 제품 또는 서비스가 서로 커뮤니케이션할 수 있으며 개발을 간소화하여 시간과 비용을 절약할 수 있다.

① API
② UML
③ CASE
④ UI/UX

14 다음 설명에 해당하는 개념은?

새로운 하드웨어나 차세대 운영체제의 등장 등을 소프트웨어에 반영하는 것으로 시스템의 기능상의 변화와는 관련이 없다.

① 예방적 유지보수
② 오류 수정형 유지보수
③ 기능 개선형 유지보수
④ 변화 수용형 유지보수

15 파일처리 시스템의 한계가 아닌 것은?

① 응용프로그램이 데이터 파일에 종속적이다.
② 응용프로그램마다 파일을 별도로 유지해야 한다.
③ 데이터베이스관리시스템(DBMS)에 의해서만 관리된다.
④ 동일 데이터가 여러 파일에 중복으로 저장될 수 있다.

16 데이터베이스에 대한 설명으로 옳지 않은 것은?

① 하나의 데이터베이스는 다수의 애플리케이션을 지원한다.
② 일반적으로 개체, 속성, 레코드 등과 같이 계층구조로 구성된다.
③ 데이터의 중복, 일관성의 결여 등을 효율적으로 통제할 수 있도록 지원한다.
④ 데이터가 각 애플리케이션에 대한 별개의 파일들에 저장됨으로써 처리속도가 증가한다.

17 다음 설명에 해당하는 것은?

- 중앙집중적인 권한 없이 즉시 네트워크에서 거래를 생성하고 확인할 수 있는 기술이다.
- 거래를 컴퓨터 네트워크의 여러 컴퓨터에 분산 원장으로 저장하며, 일단 기록되면 변경할 수 없다.
- 사용자 검증 및 거래 유효성 인증 비용과 기업의 거래 정보 저장 및 처리와 관련된 위험을 대폭 감소시킬 수 있다.

① 클라우드
② 데이터마트
③ 블록체인
④ 데이터웨어하우스

18 관계형 데이터베이스와 관련 없는 것은?

① 키(key)
② 객체(object)
③ 엔티티(entity)
④ 속성(attributor)

19 다음 설명에 해당하는 것은?

관리자나 기타 사용자들이 보다 더 정보에 기반한 의사결정을 할 수 있도록 기업 환경에서 발생하는 데이터의 저장, 조직, 보고, 분석 등을 지원하는 데이터 및 소프트웨어를 지칭한다.

① 프로세스 마이닝
② 비즈니스 인텔리전스
③ 로보틱 처리 자동화
④ 비즈니스 프로세스 관리

20 집단의사결정시스템의 지원기능이 아닌 것은?

① 전자결제
② 전자문서관리
③ 화상회의시스템
④ 멀티미디어 프레젠테이션

21 중역정보시스템의 특징이 아닌 것은?

① 드릴다운 기법
② 거래 데이터 수집 및 저장
③ 사용하기 쉬운 인터페이스
④ 전략적인 문제해결을 위한 정보제공

22 다음 설명에 해당하는 머신러닝 방법은?

학습모델을 학습시킬 때 결괏값을 주지 않는 대신에 모델의 특정 행동에 보상값을 줌으로써 모델이 보상값을 최대화하는 행동을 선택하게 하여 성능을 높인다.

① 강화학습 ② 온톨로지
③ 지도학습 ④ 유전알고리즘

23 블록체인과 관련 없는 것은?

① 해시 ② 분산 원장
③ 드롭박스 ④ 지분 증명

24 대역폭이 가장 큰 전송매체는?

① WiFi ② 광섬유케이블
③ 동축케이블 ④ 5G 셀룰러 통신

25 다음 설명에 해당하는 것은?

조직이나 개인이 자신만의 플랫폼을 제작하여, 승인받은 회원들만 사용할 수 있도록 하는 자체적인 소셜 네트워크 서비스이다.

① 모바일 소셜 네트워크 서비스
② 콘텐츠 기반 소셜 네트워크 서비스
③ 화이트 라벨 소셜 네트워크 서비스
④ 프로파일 기반 소셜 네트워크 서비스

26 다음 설명에 해당하는 TCP/IP 애플리케이션은?

텍스트, 프로그램, 그래픽, 수치 데이터를 포함한 네트워크에 업로드하거나 다운로드할 수 있게 한다.

① PTP ② SMTP
③ HTTP ④ SNMP

27 다음 설명에 해당하는 것은?

> 네트워크에서 두 지점 간 정보를 원활히 주고받기 위한 통신방법에 대한 규칙과 약속이다.

① 패킷　② 컴파일
③ 모뎀　④ 프로토콜

28 다음 설명에 해당하는 통신기기는?

> 네트워크 구성요소들을 연결하는 가장 단순한 장치로서 네트워크에 연결된 다른 장치로 패킷을 보낼 수 있다.

① 모뎀　② 스위치
③ 허브　④ 라우터

29 지리적으로 가장 광범위한 지역을 연결하는 데 사용되는 네트워크는?

① CAN　② WAN
③ MAN　④ LAN

30 다음 설명에 해당하는 것은?

> 고객, 협력사, 제휴업체, 공급업체 등에게 접속이 허용되도록 구축하여 조직들을 서로 연결하는 조직 간 정보네트워크이다.

① 인터넷　② 인트라넷
③ 이더넷　④ 엑스트라넷

31 다음 설명에 해당하는 것은?

- 인터넷 보급의 확대에 따라 폭발적으로 증가하는 인터넷 주소에 대한 수요에 대응하기 위한 주소체계이다.
- 2128개의 도메인을 사용할 수 있다.
- 모든 사물에 주소를 할당해야 하는 사물인터넷의 증가로 중요성이 증가하고 있다.

① FTP
② VoIP
③ IPv6
④ 인터넷2

32 다음 설명에 해당하는 플랫폼 비즈니스 형태는?

제품이나 서비스를 직접 구매하는 것이 아니라 소비자가 판매자에게 비용을 지불하고 일정기간 사용할 수 있는 권리를 구매하는 것이다.

① 구독경제
② 모바일커머스
③ 공유경제
④ 크라우드소싱

33 전자상거래에 대한 설명으로 옳지 않은 것은?

① 상거래에 있어서 시간적·공간적 제약을 받지 않는다.
② 고객이 적합한 제품을 찾는 데 소요되는 탐색비용이 증가한다.
③ 상인들이 상품을 시장에 출시할 때 시장 진입비용이 감소한다.
④ 소비자의 구매이력 등을 기반으로 특정 고객에 알맞은 마케팅 메시지를 만들 수 있다.

34 다음 설명에 해당하는 것은?

인터넷 서점의 경우 베스트셀러처럼 종류는 적지만 대량 판매되는 책보다 희귀서적처럼 다양한 종류의 소량 판매되는 책의 판매액이 더 크게 나타난다.

① 파레토 효과
② 무어의 법칙
③ 롱테일 효과
④ 멧칼프의 법칙

35 다음 설명에 해당하는 것은?

- 2개의 조직 간에 컴퓨터 대 컴퓨터 통신을 통해서 청구서, 선하증권, 배송일정, 구매 주문서 처리 등과 같은 표준 업무수행을 가능하게 한다.
- 거래 내역들은 하나의 정보 시스템에서 네트워크를 통해 다른 정보 시스템으로 자동적으로 전송된다.

① 전자데이터 교환(EDI)
② 공급망관리 시스템(SCM)
③ 고객관계관리 시스템(CRM)
④ 전사적 자원관리 시스템(ERP)

36 다음 설명에 해당하는 컴퓨터 범죄 수법은?

컴퓨터에 침입하여 데이터를 암호화해 놓고 해독 프로그램을 주겠다며 보상을 요구한다.

① 버그
② 랜섬웨어
③ 피싱
④ 스파이웨어

37 다음에 해당하는 정보보호의 목표는?

정보의 저장과 전달 시 인가받지 않은 방식으로 정보가 변경·삭제·파괴되지 않도록 정확성과 완전성을 보장한다.

① 가용성
② 기밀성
③ 항상성
④ 무결성

38 정보자원 보호를 위한 도구 및 기술로 옳지 않은 것은?

① 토큰
② 스니퍼
③ 방화벽
④ 전자인증서

39 다음 설명에 해당하는 업무는?

> 정보시스템의 감사활동은 적합한 보안대책이나 관리규정이 수립되어 있는지, 만약 수립되어 있다면 정확하게 지켜지고 있는지를 평가하는 것이다.

① 정보시스템 보수
② 정보시스템 통제
③ 정보시스템 보안
④ 정보시스템 감사

40 다음 설명에 해당하는 보안의 위험요인은?

> 사용자가 자신의 브라우저에 정확한 웹페이지 주소를 입력하더라도 이를 가짜 웹페이지로 방문하게 만든다.

① 파밍
② 스파이웨어
③ SQL 인젝션
④ 세션 하이재킹

경영학분야

2022년도 독학에 의한 학위취득시험
전공기초과정 인정시험 문제지

감독관확인란

경영정보론

3교시 수험 번호 ( ) 성명 ( )

01 정보시스템의 세 가지 기본 활동에 해당하지 않는 것은?

① 입력(input)
② 출력(output)
③ 관리(control)
④ 처리(processing)

02 마이클 포터가 제안한 산업 내의 경쟁강도를 분석하는 5가지 힘에 해당하지 않는 것은?

① 대체재의 위협
② 신규진입자의 위협
③ 구매자의 교섭력
④ 정보시스템의 역량

03 다음 설명에 해당하는 개념은?

조직과 조직 파트너 및 고객에게 가치를 주는 제품 혹은 서비스를 생산하는 것과 관련된 활동들의 지속적인 집합이다.

① 업무
② 자원
③ 경영
④ 비즈니스 프로세스

04 생산관리시스템의 하위 모듈이 아닌 것은?

① 구매 모듈
② 제품개발 모듈
③ 품질관리 모듈
④ 출하 및 입고 모듈

05 중앙처리장치를 발달 순서대로 나열한 것은?

> ㉠ 트랜지스터
> ㉡ 진공관
> ㉢ 집적회로

① ㉠ → ㉡ → ㉢
② ㉡ → ㉠ → ㉢
③ ㉡ → ㉢ → ㉠
④ ㉢ → ㉠ → ㉡

06 〈보기〉에서 조직 내 사용자의 관점으로 중간관리자가 사용하는 정보시스템을 고른 것은?

> **보기**
> ㉠ 거래처리시스템
> ㉡ 전사적협업시스템
> ㉢ 의사결정지원시스템
> ㉣ 중역정보시스템
> ㉤ 전략정보시스템

① ㉠, ㉡
② ㉡, ㉢
③ ㉢, ㉣
④ ㉣, ㉤

07 컴퓨터 입력장치에 해당하지 않는 것은?

① 키보드
② 모니터
③ 마우스
④ 마이크

08 컴퓨터 중앙처리장치(CPU)의 구성요소가 아닌 것은?

① 레지스터(register)
② 제어장치(control unit)
③ RAM(Random Access Memory)
④ 산술논리장치(arithmetic logic unit)

09 클라우드 컴퓨팅의 특징이 아닌 것은?

① 클라우드 컴퓨팅은 광역망 접근을 활용한다.
② 클라우드 컴퓨팅은 가상화된 서버에서 이루어진다.
③ 클라우드 컴퓨팅은 주문형의 셀프 서비스를 제공한다.
④ 클라우드 컴퓨팅은 사용하기 위해 고객은 워크스테이션 등 고성능의 컴퓨터를 필요로 한다.

10 가장 최근에 개발된 프로그래밍 언어는?

① 기계어
② COBOL
③ JAVA
④ 어셈블리어

11 운영체제의 주요 역할에 해당하지 않는 것은?

① 바이러스의 접근 방지
② 다양한 프로그램의 실행
③ 여러 개의 작업을 수행할 수 있도록 컴퓨터의 자원 및 업무 할당
④ CPU, 주변기기, 주기억장치, 보조기억장치 등의 컴퓨터 자원 관리

12 애자일 개발 방법론(agile development)에 대한 설명으로 옳지 않은 것은?

① 사용자가 충분히 만족할 수 있을 때까지 반복적으로 수행한다.
② 순차적인 단계를 거쳐 이루어지며 철저한 검토 후에 다음 단계로 진행된다.
③ 사용자의 요구사항이 확정되기 전에 충분한 피드백을 받을 수 있도록 한다.
④ 개발 초기단계에서 개발하고자 하는 정보시스템의 전체적인 기능을 간략히 구현한다.

13 시스템 분석 단계에서 분석 대상이 아닌 것은?

① 조직과 최종사용자의 니즈
② 최신의 정보시스템 개발 기술
③ 현 시스템의 제반활동, 자원 및 산출물
④ 사용자의 니즈를 충족시키는 데 필요한 정보시스템 능력

14 다음 설명에 해당하는 방법은?

> 최근 기업은 자체적으로 어플리케이션을 구매하거나 개발하지 않고 임대하여 사용하는 경우가 많다. 이 방법은 공급업체가 어플리케이션을 제공하고 인터넷을 통해 고객에게 서비스로 소프트웨어를 제공한다.

① 아웃소싱(outsourcing)
② SaaS(software as a service)
③ 오픈소스 소프트웨어(open source software)
④ CASE(computer aided software engineering)

15 다음 설명에 해당하는 것은?

> • 저렴한 비용으로 신속하게 실험시스템을 만들어 사용자의 평가를 받아보는 방식이다.
> • 사용자들은 시제품과의 상호작용을 통해 그들의 정보 요구 사항에 대한 더 좋은 아이디어를 제공할 수 있다.

① 품질관리 ② 요구사항분석
③ 프로토타이핑 ④ 시스템 구조설계

16 컴퓨터시스템은 계층적 구조로 데이터를 구성한다. 데이터를 작은 구조에서 큰 구조로 나열한 것은?

① 비트 → 필드 → 바이트 → 레코드 → 데이터베이스 → 파일
② 비트 → 바이트 → 레코드 → 필드 → 파일 → 데이터베이스
③ 비트 → 바이트 → 필드 → 레코드 → 파일 → 데이터베이스
④ 비트 → 바이트 → 필드 → 레코드 → 데이터베이스 → 파일

17 가트너가 제시한 빅데이터의 세 가지 특징이 아닌 것은?

① 용량(volume)
② 속도(velocity)
③ 다양성(variety)
④ 취약성(vulnerability)

18 과거의 정보시스템은 프로그램과 그에 적합한 파일들로 개발되었는데, 이러한 파일처리 방식으로 나타나는 문제점이 아닌 것은?

① 부실한 보안성
② 데이터 중복 및 불일치
③ 프로그램 데이터 독립성
④ 데이터 공유 및 가용성 결여

19 비즈니스 성과와 의사결정 향상을 위해 데이터베이스로부터 정보를 제공해주는 기술과 도구로 적절하지 않은 것은?

① 하둡
② 데이터마트
③ 파이썬
④ 데이터웨어하우스

20 데이터베이스관리시스템(DBMS)의 주요 기능으로 적절하지 않은 것은?

① 데이터 정의
② 데이터 정렬
③ 데이터 조작
④ 데이터 사전

21 의사결정지원시스템(DSS)의 기본 분석 기능이 아닌 것은?

① 설문 분석
② 시나리오 분석
③ 민감도 분석
④ 목표 탐색 분석

22 SQL 질의어 중에서 찾고자 하는 데이터의 검색에 사용되는 질의문은?

① SELECT 문
② INSERT 문
③ CREATE 문
④ UPDATE 문

23 다음 설명에 해당하는 정보시스템은?

> 오늘날 경영환경이 보다 복잡해지고 회사결정의 양이 급속하게 증가함에 따라, 종합적인 의사결정 지원도구로써 집단이 비정형적인 문제를 해결하고자 사용하는 시스템이다.

① 전문가시스템
② 중역정보시스템
③ 의사결정지원시스템
④ 집단의사결정지원시스템

24 다음 설명에 해당하는 인공지능은?

> • 뇌의 처리 패턴을 흉내 낸 하드웨어와 소프트웨어를 사용하여 지식을 발견한다.
> • 대용량 데이터에 기반하여 난해하고 복잡한 문제들을 해결하기 위해 사용된다.
> • 지속적으로 상호작용하는 다수의 감지 및 처리 마디로 구성되어 있다.

① 신경망
② 진화알고리즘
③ 회귀모형
④ 서포트벡터머신

25 지능형 정보시스템과 관련이 없는 것은?

① 프레임릴레이
② 지식기반시스템
③ 데이터마이닝
④ 사례기반시스템

26 전문가시스템의 구성요소가 아닌 것은?

① 추론엔진
② 지식베이스
③ 인터페이스
④ 메인프레임

27 다음 설명에 해당하는 통신기기는?

> 네트워크 구성요소들을 연결하는 가장 단순한 장치로서 네트워크에 연결된 다른 장치로 패킷을 보낼 수 있다.

① 허브
② 스위치
③ 모뎀
④ 라우터

28 다음 설명에 해당하는 방법은?

> 컴퓨터 통신에서 디지털 메시지를 작은 묶음으로 쪼개고 서로 다른 통신경로를 따라 전송하여 목적지에 도착한 작은 묶음을 다시 재조합한다.

① URL
② 회선 교환
③ 라우팅
④ 패킷 교환

29 다음 설명에 해당하는 토폴로지는?

> • 최종사용 컴퓨터를 중앙컴퓨터에 직접 연결한다.
> • 중앙컴퓨터는 연결된 모든 컴퓨터 간에 네트워크 트래픽을 통제하는 역할을 수행한다.
> • 중앙컴퓨터가 고장나면 전체 네트워크가 영향을 받고 모든 통신이 정지된다.

① 링 토폴로지
② 스타 토폴로지
③ 버스 토폴로지
④ 메시 토폴로지

30 통신시스템의 4가지 구성요소가 아닌 것은?

① 웹마이닝
② 통신처리장치
③ 전송매체
④ 통신프로토콜

31 인터넷을 사용하기 위해 필요한 프로토콜은?

① IMAP
② FTP
③ 이더넷
④ TCP/IP

32 (　　) 안에 들어갈 말로 알맞은 것은?

> (　　)이란 제한된 지역 내에 있는 각종 정보처리기기들을 연결하여 정보 교환 및 자원 공유 등의 통신서비스를 제공하기 위한 고속의 신뢰도 높은 통신망을 말한다.

① 광역통신망(WAN)
② 전화통신망(PSTN)
③ 도시권통신망(MAN)
④ 근거리통신망(LAN)

33 다음 설명에 해당하는 기술은?

세상에 존재하는 유·무형의 객체들을 다양한 방식으로 서로 연결하여 개별 객체들이 제공하지 못하는 새로운 서비스를 제공한다.

① 강화학습
② 딥러닝기술
③ 사물인터넷
④ 통신네트워크

34 소셜미디어의 역기능이 아닌 것은?

① 프라이버시 침해
② 다양한 관계의 확장
③ 소셜미디어 중독 증가
④ 신 디지털 감시시대의 도래

35 개인이 상품이나 서비스를 다른 개인에게 판매하는 전자상거래 유형은?

① B2C
② B2B
③ B2G
④ C2C

36 다음 설명에 해당하는 것은?

전자상거래 비즈니스 모델 중 구매자와 판매자가 만나고 제품의 확인과 검색, 가격 결정을 할 수 있는 디지털 환경을 제공하는 것을 말한다.

① 포털
② 거래 중개자
③ 시장 생성자
④ 콘텐츠 제공자

37 다음 설명에 해당하는 보안기술은?

인가받지 않은 트래픽으로부터 기업의 사설망을 보호하기 위해 기업의 사설망과 공공 인터넷 또는 다른 신뢰할 수 없는 네트워크 사이에 위치하는 기술이다.

① 방화벽
② 암호화
③ 침입탐지시스템
④ 안티바이러스 소프트웨어

38 위치기반 서비스에 해당하지 않는 것은?

① 지리광고서비스 ② 지오소셜시스템
③ 지리정보서비스 ④ 사물인식서비스

39 정보자원 보호를 위한 주요 도구와 기술이 아닌 것은?

① 오픈소스 코드 ② 무선네트워크 보안
③ 신원관리와 인증 ④ 암호화와 공개키 인프라

40 정보보호의 세 가지 주요 목표가 아닌 것은?

① 항상성 ② 가용성
③ 무결성 ④ 기밀성

경영정보론

정답 및 해설

2023년 기출문제

정답

01 ③	02 ②	03 ④	04 ②	05 ④
06 ③	07 ②	08 ③	09 ①	10 ①
11 ②	12 ③	13 ①	14 ④	15 ③
16 ④	17 ③	18 ②	19 ②	20 ①
21 ②	22 ①	23 ③	24 ②	25 ④
26 ③	27 ④	28 ①	29 ②	30 ④
31 ③	32 ①	33 ②	34 ③	35 ①
36 ②	37 ④	38 ②	39 ④	40 ①

01 정답 ③

③ 정보의 가치는 상대적이다. 절대적인 정보는 있을 수 없다.

정보가 유용한 가치를 지니기 위해서는 정확성, 적시성, 접근성, 경제성, 신뢰성, 관련성, 완전성 및 검증가능성 등의 특성을 지녀야 한다.

02 정답 ②

주문에서 제품 생산에 이르기까지 관련된 정보를 제공하여 가장 효과적으로 활용할 수 있도록 하여 최적화를 지원하는 것은 공급망관리 시스템(SCM)이다.

공급망 관리 또는 공급사슬관리(SCM)는 공급사슬상의 정보, 물자, 현금의 흐름에 대해 총체적 관점에서 인터페이스를 통합하고 관리함으로써 효율성을 극대화하는 전략적 경영기법이다.

03 정답 ④

④ 클라우드 컴퓨팅(Cloud Computing)은 정보가 인터넷상의 서버에 영구적으로 저장되고, 데스크톱 · 태블릿 컴퓨터 · 노트북 · 넷북 · 스마트폰 등의 IT 기기 등과 같은 클라이언트에는 일시적으로 보관되는 컴퓨터 환경을 뜻하는 것으로 정보 시스템의 구성요소는 아니다.

정보 시스템은 네 가지 자원을 활용하여 다섯 가지 기능을 수행한다. 네 가지 자원, 즉 정보 시스템의 구성요소는 하드웨어, 소프트웨어, 데이터(데이터베이스, 모델 베이스, 지식 베이스 등)와 인적자원이다.

04 정답 ②

② 관리통제 시스템은 경영계층별 분류의 하나이다. 관리통제 시스템은 중간관리층의 업무를 지원해 주고, 전략계획 시스템은 최고경영층의 의사결정을 지원해준다.

기업의 경영기능은 생산, 마케팅, 재무, 인사(인적자원관리), 회계 등으로 구분되고 각 기능별로 정보 시스템이 구축된다.

05 정답 ④

기업이 부를 창조하기 위하여 제품과 서비스를 어떻게 생산하고, 인도하며, 판매하는가를 설명하는 것은 비즈니스 프로세스(business process)이다. 비즈니스 프로세스는 조직과 조직 파트너 및 고객에게 가치를 주는 제품 혹은 서비스를 생산하는 것과 관련된 활동들의 지속적인 집합이다.

한편 비즈니스 프로세스를 근본적으로 개선하여 비용, 품질, 서비스, 신속성 등과 같은 주요 경영성과지표에 있어 극적인 개선을 이루려는 경영혁신기법은 업무재설계(BPR ; Business Process Reengineering)라고 한다.

06 정답 ③

③ 고객서비스, 마케팅 등에서 성과 향상을 위한 정보 제공을 위해 데이터를 분석하는 애플리케이션은 분석적(analytical) CRM 시스템이다.

CRM은 크게 CRM 전략과 CRM 시스템 프로젝트로 나눌 수 있고, CRM 시스템은 분석(analytical) CRM과 운영(operational) CRM, 협업(collaborative) CRM으로 나누어진다.

07 정답 ②

마이크로프로세서의 성능은 18개월마다 2배가 된다는 것은 인텔의 공동창업자인 무어가 제시한 무어의 법칙(Moore's Law)이다. 무어의 법칙은 컴퓨팅 성능은 18

개월마다 2배가 되고, 컴퓨팅 가격은 18개월마다 반으로 떨어진다고도 해석된다.

08 정답 ③

기계어는 제1세대 언어, 어셈블리어는 제2세대 언어이다. 그리고 FORTRAN, ALGOL 60, COBOL, BASIC, PASCAL, LISP, C 및 C++ 등이 제3세대 언어로 개발되었다.

한편 웹을 위한 프로그래밍 언어로는 JAVA, HTML, XML 등이 있다. JAVA는 썬마이크로시스템즈에서 개발한 객체지향 프로그래밍 언어로 C언어에 객체지향 개념을 추가한 C++와 달리 처음부터 객체지향 언어로 개발되었다.

한편 파이썬(Python)은 1991년에 발표된 인터프리터 방식의 프로그래밍 언어이다. 최근 가장 널리 사용되고 있는 프로그래밍 언어이다. XML은 HTML의 한계를 보완하여 1996에 개발되었다.

09 정답 ①

② 모니터는 프린터, 스피커 등과 함께 컴퓨터의 출력장치(Output Device)에 해당한다. 입력장치(Input Device)에는 키보드, 마우스, 마이크와 함께 스캐너, 터치스크린, 통신포트, 라이트 펜 등이 포함된다.

10 정답 ①

① 객체지향개발(object-oriented development)은 클래스(class)와 상속(inheritance) 개념에 기초한다. 특정 클래스 또는 유사한 객체들의 일반화된 카테고리에 속하는 객체는 그 클래스의 속성을 갖는다. 각 클래스는 좀 더 일반적인 클래스의 구조와 속성을 상속받을 수 있으며, 상속 후에는 각 개체에 유일한 변수와 속성을 추가하게 된다.

③ 객체지향개발은 다른 프로그램에서 이미 만들어진 소프트웨어 객체를 재사용할 수 있기 때문에(객체의 재사용성) 시간과 비용을 절약할 수 있다.

②, ④는 1970년대 이후 사용된 전통적인 구조적(structured) 방법론에 대한 설명이다(K. C. Lauden et al. 10e. p. 436).

11 정답 ②

시스템 개발 수명주기(SDLC)의 순서는 '시스템 조사 → 시스템 분석 → 시스템 설계 → 시스템 구현 → 시스템 유지·보수'로 구분한다.

사용자의 비즈니스 요구사항을 수집·검토하여 이를 시스템의 기능과 목적에 맞게 다듬어가는 과정은 분석단계이다. 즉, 분석단계에서는 사용자가 원하는 것을 정확히 파악하기 위하여 조직을 분석하고 이와 함께 기존에 사용하고 있는 시스템들의 효율성을 분석한다(김용성 등, 정보기술의 이해).

12 정답 ③

미들웨어(middle ware)는 분산 컴퓨팅 환경에서 서로 다른 기종의 하드웨어나 프로토콜, 통신환경 등을 연결하여, 응용프로그램과 그 프로그램이 운영되는 환경 간에 원만한 통신이 이루어질 수 있게 하는 소프트웨어를 말한다.

13 정답 ①

제시된 내용은 API(Application Programming Interface)에 대한 설명이다. API는 운영체제가 제공하는 함수의 집합체로, 한 프로그램이 다른 프로그램과 상호작용하는 방법을 정의하는 일련의 규칙과 명세를 말한다.

14 정답 ④

정보시스템 개발단계에서 마지막 단계에 해당하는 유지보수(program maintenance)의 유형 중 문제에 제시된 개념은 변화 수용형 유지보수 또는 적용형(adaptive) 유지보수이다.

15 정답 ③

③ 데이터베이스관리시스템(DBMS)에 의해서 관리되는 것은 파일처리 시스템 이후에 등장한 데이터베이스 시스템이다.

전통적인 파일처리방식에서는 데이터 파일들이 각각의 응용 프로그램에 맞도록 개별적으로 설계되고, 이와 같은 용용프로그램들이 분리·실행되어 필요한 문서나 보고서를 산출하게 된다.

이러한 데이터의 처리방식은 데이터의 중복과 비일관성, 데이터 접근의 어려움, 데이터의 고립, 무결성 문제, 원자성 문제, 동시 액세스 문제 등이 있다.

16 정답 ④

데이터베이스는 특정한 주제에 관한 정보들이 들어 있는 데이터 파일의 체계적인 조직으로, 데이터가 일관된 형식으로 통합저장되어 있어 다수의 사용자나 다수의 응용 프로그램이 공유할 수 있다.

17 정답 ③

제시된 설명에 해당하는 내용은 블록체인이다. 블록체인(blockchain)은 분산 원장 또는 공공거래장부라고 불리며, 암호화폐로 거래할 때 발생할 수 있는 해킹을 막는 기술에서 출발했다. 다수의 상대방과 거래를 할 때 데이터를 개인 사용자들의 디지털 장비에 저장하여 공동으로 관리하는 분산형 정보기술이다.

18 정답 ②

관계형 데이터베이스는 데이터를 구분하는 키(key)와 그 값들의 관계를 테이블(table)화하여 간단히 원하는 자료를 검색하는 데이터베이스이다. 테이블에서 각 열의 위치를 필드(field) 또는 속성(attribute)이라고 부르며, 각 행은 레코드(record) 또는 튜플(tuple)이라고 부른다.

19 정답 ②

비즈니스 인텔리전스(business intelligence)는 관리자나 사용자의 의사결정을 지원하는 데이터 및 소프트웨어 도구들을 가리키는 것으로, 모든 경영수준에서의 의사결정을 다룬다.

20 정답 ①

집단의사결정이 이루어지기 위해서는 다수의 참여자가 동시에 접속하여 의견을 제시할 수 있는 시스템이 구축되어야 한다.
전자결제는 전통적인 상거래에서의 대금결제를 전자적인 방식으로 대체한 것이다. 집단의사결정과는 관계가 없다.

21 정답 ②

② 거래 데이터 수집 및 저장은 운영관리자에게 필요한 거래처리시스템(TPS)의 특징이다.

중역정보시스템(EIS : Executive Information System, ESS)은 고위 관리층의 의사결정을 지원하는 시스템으로, 전략적인 문제를 해결하는 데 요구되는 정보를 제공하여야 하고, 정보를 보다 쉽게 이해할 수 있는 형태로 제공하여야 한다. EIS는 사용자가 사용하기 쉬운 인터페이스가 필요하고, 정보를 제공하는 데 있어 드릴다운(Drill-down) 기법이 반드시 필요하다.

22 정답 ①

제시된 설명에 해당하는 머신러닝 방법은 강화학습이다.

① 강화학습(reinforcement learning)은 게임을 예로 들면 규칙을 따로 입력하지 않고 자신(agent)이 게임 환경에서 현재상태(state)에서 높은 점수(reward)를 얻는 방법을 찾아가며 행동(action)하는 학습방법이다. 특정 학습횟수를 초과하면 높은 점수를 얻을 수 있는 전략이 형성된다. 단, 행동(action)을 위한 행동 목록(방향키, 버튼) 등은 사전에 정의되어야 한다.

③ 지도학습(supervised learning)에서는 인간이 사전에 식별한 원하는 입력과 출력의 구체적인 예를 제공함으로써 시스템이 '훈련'된다. 즉 정답을 알려주면서 학습시키는 것이다. 지도학습에는 크게 분류(classification)와 회귀(regression)가 있다.
비지도학습(unsupervised learning)에서는 지도학습과 동일한 절차를 따르지만 인간은 시스템에 예제를 제공하지 않는다. 대신 시스템은 개발 데이터베이스를 처리하고 찾은 패턴을 보고하도록 요청받는다(Laudon p. 436).

23 정답 ③

③ 드롭박스(dropbox)는 블록체인과는 관련이 없고 클라우드 컴퓨팅과 관련이 있다. 드롭박스를 사용하면 파일을 클라우드에 업로드하거나 전송하고 누구에게든 공유할 수 있다.

블록체인(blockchain)은 분산원장 또는 공공거래장부라고 불리며, 암호화폐로 거래할 때 발생할 수 있는 해킹을 막는 기술에서 출발했다. 다수의 상대방과 거래를 할 때 데이터를 개인 사용자들의 디지털 장비에 저장하여 공동으로 관리하는 분산형 정보기술이다.
블록체인은 중앙 서버없이 노드(node)들이 자율적으로 연결되는 P2P(peer-to-peer)방식을 기반으로 각 노드에 데이터를 분산·저장하는 데이터분산처리기술이다.

24 정답 ②

대역폭(bandwidth)이 가장 큰 전송매체는 광케이블(fiber optic cable)이다. 대역폭은 어느 특정 통신채널에서 수용할 수 있는 주파수의 범위를 말한다.
대역폭은 하나의 채널이 수용할 수 있는 최고 및 최저

주파수 간의 차이를 의미한다. 주파수의 범위가 커질수록 대역폭은 넓어지고 그 채널의 전송용량은 증가한다. WiFi나 5G 셀룰러 통신은 전송매체가 아니고 무선 네트워크 기술이다.

25 정답 ④

④ 프로파일 기반 소셜 네트워크 서비스는 조직이나 개인이 자신만의 플랫폼을 제작하여, 승인받은 회원들만 사용할 수 있도록 하는 자체적인 소셜 네트워크 서비스이다.

26 정답 ③

웹에서는 FTP, Telnet, HTTP, SMTP, POP 등 여러 프로토콜이 쓰인다. 그중에서도 가장 흔히 쓰이는 프로토콜이 HTTP(Hyper Text Transfer Protocol)다. HTTP를 이용하면 사용자는 다양한 응용 프로그램에 접근하여 텍스트/그래픽/애니메이션을 보거나 사운드를 재생할 수 있다. HTTP는 웹 처리 전반에 걸쳐 토대가 되기 때문에 웹 서버를 HTTP 서버라 부르기도 한다.

27 정답 ④

④ 컴퓨터 네트워크에서 통신이 성공적으로 수행되기 위해서는 개체들이 일정한 약속에 따라 데이터를 송신하고 수신하여야 하는데, 이때 사용되는 약속을 프로토콜(protocol)이라고 한다. 즉 프로토콜은 컴퓨터와 컴퓨터 사이 또는 한 장치와 다른 장치 사이에서 정보를 원활히 주고받기 위한 통신방법에 대한 규칙과 약속을 의미한다.

28 정답 ①

모뎀(modem)은 컴퓨터의 디지털 신호를 아날로그 신호로 변환하여 전화선을 통해 전송하거나, 전화선의 아날로그 신호를 디지털 신호로 변환하여 컴퓨터로 전송하는 역할을 한다.

29 정답 ②

지리적으로 가장 광범위한 지역을 연결하는 데 사용되는 네트워크는 WAN(wide area network), 즉 원거리 통신망이다.

한편 사무실, 빌딩 등에서 비교적 가까운 거리에 있는 각종 정보처리 기기들을 연결하기 위해 설치하는 통신망은 근거리통신망(LAN)이다. 그리고 광대역 지역통신망(MAN)은 지역적으로 산재한 근거리 통신망을 상호 연결하기 위하여 탄생한 새로운 개념으로서, 근거리 통신망(LAN)과 원거리 통신망(WAN)의 중간 형태를 취한다.

30 정답 ④

④ 엑스트라넷(Extranet)은 인터넷 기술을 기반으로 공급사 · 고객 · 협력업체들의 인트라넷을 연결하는 협력적 네트워크이다. 자기 회사와 관련 있는 기업체들과의 원활한 통신을 위해 인트라넷의 이용범위를 그들 관련 기업체 간으로 확대한 것이다. 공급사슬관리(SCM)의 정보네트워크가 대표적인 엑스트라넷이다.

31 정답 ③

IPv6(Internet Protocol version 6)는 IPv4에 이어서 개발된, 인터넷 프로토콜(IP) 주소 표현 방식의 새로운 버전으로 128bit의 주소체계를 가지고 있다. IPv6은 과거에 사용되었던 IP 주소체계인 32bit IPv4의 단점을 개선하기 위해 개발된 새로운 IP 주소체계이다.

32 정답 ①

소비자가 판매자에게 비용을 지불하고 일정기간 사용할 수 있는 권리를 구매하는 것은 구독경제(Subscription Economy)이다. 구독경제란 '일정 금액을 내고 정기적으로 제품이나 서비스를 받는 것'을 통칭하는 경제 용어이다.

33 정답 ②

전자상거래가 활성화되면 과거의 오프라인 거래에 비해 고객이 적합한 제품을 찾는 데 소요되는 탐색비용은 크게 감소한다.

34 정답 ③

2004년 미국의 인터넷 비즈니스 관련 잡지 와이어드(Wired)의 편집장이었던 크리스 앤더슨(Chris Anderson)이 주장한 롱테일 법칙(Long Tail Theory)에 대한 설명이다.

롱테일 법칙은 매출의 80%는 20%의 핵심고객에게 나온다는 파레토(Pareto) 법칙에 반대되는 것으로, 80%의 고객에게서 20%에 해당하는 핵심고객보다 더 많은 매출이 발생할 수 있다는 법칙이다.

35 정답 ①

EDI(Electronic Data Interchange), 즉 전자문서교환은 거래업체 간에 상호합의된 전자문서표준을 이용한 컴퓨터와 컴퓨터 간의 구조화된 데이터의 전송을 의미한다. EDI는 기업 간에 데이터를 효율적으로 교환하기 위해 지정한 데이터와 문서의 표준화 시스템이다. 이메일이나 팩스와 더불어 전자상거래의 한 형태이며, 기업 간 거래에 관한 데이터와 문서를 표준화하여 컴퓨터 통신망으로 거래당사자가 직접 전송・수신하는 정보전달 시스템이다.

36 정답 ②

랜섬웨어는 '몸값'(Ransom)과 '소프트웨어'(Software)의 합성어다. 시스템을 잠그거나 데이터를 암호화해 사용할 수 없도록 만든 뒤, 이를 인질로 금전을 요구하는 악성 프로그램을 일컫는다.

37 정답 ④

무결성(Integrity)은 정보전달 도중 정보가 훼손되지 않았는지를 확인하는 것이다. 즉 무결성은 데이터의 정확성 또는 유효성을 의미하며 일관된 데이터베이스 상태를 정의한다. 자료의 오류가 없는 정확성・안정성을 나타낸다.

38 정답 ②

스니퍼(Sniffer)는 해킹기법의 하나로 네트워크를 통해 전달되는 정보를 감시하는 도청 프로그램의 한 유형이다. 즉 인터넷을 통과하는 개인정보를 몰래 탐색하여 개인의 암호나 전송메시지 전체를 복사하는 프로그램을 말한다.

39 정답 ④

정보시스템의 감사활동은 적합한 보안대책이나 관리규정이 수립되어 있는지, 만약 수립되어 있다면 정확하게 지켜지고 있는지를 평가하는 것이다.
정보시스템 감사는 컴퓨터 시스템의 효율성, 신뢰성, 안정성을 확보하기 위해 컴퓨터 시스템에서 독립된 감사인들이 국제감사기준을 근거로 하여 컴퓨터 시스템을 점검・평가하고 감사하는 것을 말한다.

40 정답 ①

사용자를 가짜 웹페이지로 방문하게 만드는 해킹기법은 파밍이다. 파밍(Pharming)은 합법적으로 소유하고 있던 사용자의 도메인을 탈취하거나 DNS 이름을 속여서 사용자들이 진짜 사이트로 오인하도록 유도하는 피싱의 변형된 인터넷 사기수법이다.

2022년 기출문제

정답

01 ③	02 ④	03 ④	04 ②	05 ②
06 ②	07 ②	08 ③	09 ④	10 ③
11 ①	12 ②	13 ②	14 ②	15 ③
16 ③	17 ④	18 ①	19 ③	20 ④
21 ①	22 ①	23 ④	24 ①	25 ①
26 ④	27 ③	28 ③	29 ②	30 ①
31 ④	32 ④	33 ③	34 ②	35 ④
36 ②	37 ①	38 ④	39 ①	40 ①

01 정답 ③

일반적으로 정보시스템을 구성하는 기본요소에는 입력(input), 처리(processing) 및 출력(output) 등이 있다. 기본요소에 피드백(feedback)과 통제요소(control)가 추가되기도 하는데, 피드백은 시스템의 성과에 대한 자료이고, 통제는 피드백된 자료를 관찰, 평가하는 것이다.

02 정답 ④

마이클 포터(M. Porter)의 산업경쟁에 영향을 미치는 5가지 요인(five forces)은 ㉠ 기존 경쟁자들 간의 경쟁 정도, ㉡ 잠재적 진입자, ㉢ 대체재의 위협, ㉣ 구매자의 교섭력, ㉤ 공급자의 교섭력이다. 이 5가지가 약한 시장이라야 진입이 매력적이다.

03 정답 ④

조직과 조직 파트너 및 고객에게 가치를 주는 제품 혹은 서비스를 생산하는 것과 관련된 활동들의 지속적인 집합은 비즈니스 프로세스(business process)이다. 비즈니스 프로세스를 근본적으로 개선하여 비용, 품질, 서비스, 신속성 등과 같은 주요 경영성과지표에 있어 극적인 개선을 이루려는 경영혁신기법을 업무재설계(BPR ; Business Process Reengineering)라고 한다.

04 정답 ②

② 제품개발 모듈은 마케팅관리시스템의 하위모듈에 해당한다. 생산관리시스템의 하위 시스템에는 구매 등 자재관리시스템, 출하 및 입고시스템, 작업관리시스템, 품질관리시스템, 비용관리시스템 등이 포함된다.

05 정답 ②

중앙처리장치(CPU)는 1940년대 진공관, 1950년 트랜지스터, 1960년대 집적회로(IC)의 순서로 발전해왔다. 그리고 그 이후 대규모 집적회로(LSI), 초규모 집적회로(VLSI)로 발전되었다.

06 정답 ②

조직 내 중간관리자가 사용하는 정보시스템은 전사적 협업시스템과 의사결정지원시스템(DSS) 등이다. 거래처리시스템(TPS)은 현장관리자, 중역정보시스템(EIS)과 전략정보시스템(SIS)은 최고경영자가 사용하는 정보시스템이다.

07 정답 ②

② 모니터는 프린터, 스피커 등과 함께 출력장치(output device)에 해당한다.

입력장치(input device)의 종류에는 키보드, 마우스, 마이크와 함께 스캐너, 터치스크린, 통신포트, 라이트 펜 등이 포함된다.

08 정답 ③

③ RAM(Random Access Memory)은 주기억장치로, 중앙처리장치(CPU)에 의해 프로그램과 자료들에 즉시 접근할 수 있도록 저장용으로 사용된다.

컴퓨터의 기본 구성요소 중에서 연산장치(ALU ; Arithmetic & Logic Unit) 또는 산술논리장치와 레지스터(Register), 제어장치(Control Unit)를 합쳐서 중앙처리장치(CPU)라고 하며, 컴퓨터의 두뇌에 해당하는 부분이다.

09 정답 ④

④ 클라우드 컴퓨팅(cloud computing)은 컴퓨터 프로세싱, 저장장치, 소프트웨어, 그리고 여타의 서비스들을 네트워크, 주로 인터넷을 통해 하나의 가상화된 자원들의 풀(pool)로서 제공되는 컴퓨팅 모델이므로 고객은 워크스테이션 등 고성능의 컴퓨터를 보유할 필요가 없다.

클라우드 컴퓨팅은 정보가 인터넷상의 서버에 영구적으로 저장되고, 데스크톱 · 태블릿 컴퓨터 · 노트북 · 넷북 · 스마트폰 등의 IT 기기 등과 같은 클라이언트에는 일시적으로 보관되는 컴퓨터 환경을 뜻한다.

10 정답 ③
기계어는 제1세대 언어, 어셈블리어는 제2세대 언어이다. 그리고 FORTRAN, ALGOL 60, COBOL, BASIC, PASCAL, LISP, C 및 C++ 등이 제3세대 언어로 개발되었다.
③ 가장 최근에 개발된 프로그래밍 언어는 JAVA이다. JAVA는 썬마이크로시스템즈에서 개발한 객체지향 프로그래밍 언어로 C언어에 객체지향 개념을 추가한 C++와 달리 처음부터 객체지향 언어로 개발되었다.

11 정답 ①
운영체제(operating system)는 컴퓨터 시스템이 여러 개의 다른 작업을 수행할 수 있도록 컴퓨터의 자원 및 업무를 할당하고 컴퓨터 시스템 활동을 모니터하는 등 컴퓨터 시스템의 책임자 역할을 한다.
운영체제는 컴퓨터의 하드웨어 시스템을 효율적으로 운영하기 위한 소프트웨어로 컴퓨터를 작동하고 시스템 전체를 감시하며, 처리하여야 할 데이터의 관리와 작업계획 등을 조정하는 여러 가지의 프로그램으로 구성되어 있다.

12 정답 ②
② 순차적인 단계를 거쳐 이루어지며 철저한 검토 후에 다음 단계로 진행되는 방법은 전통적인 개발 방법론의 특징이다.
≫ **애자일 개발 방법론(agile development)** : 폭포수(waterfall) 모델로 대표되는 계획기반의 전통적인 소프트웨어 개발 방법론에 대비되는 방법론으로, 개발과정의 소통을 중요하게 생각하고 반복적인 개발을 통해 잦은 출시를 목표로 한다. 특징으로는 짧은 출시 주기, 다양한 요구 변화에 대응, 소통 및 협력 등을 들 수 있다. 애자일 개발의 절차는 요구 사항 - 설계 - 구현 - 시험 등의 단계를 거친다.

13 정답 ②
시스템 개발 프로세스에서 시스템 분석은 최종사용자의 정보 니즈를 심도 있게 분석하는 단계이다. 시스템 분석은 새로운 정보시스템의 설계에 기초가 되는 기능적 요구사항을 산출한다. 이 단계에서는 ①, ③, ④의 사항을 상세히 분석한다.

14 정답 ②
소프트웨어 서비스(SaaS ; Software as a Service)는 클라우드 컴퓨팅 서비스의 하나로 기업 또는 일반소비자가 다양한 소프트웨어를 인터넷 및 웹브라우저를 통해 제공하는 서비스로 제공받는 것이다.
클라우드 컴퓨팅 서비스는 사업자가 제공하는 IT 자원의 종류에 따라 인프라스트럭처 서비스(IaaS ; Infrastructure as a Service), 플랫폼 서비스(PaaS ; Platform as a Service), 소프트웨어 서비스(SaaS ; Software as a Service)로 분류한다.

15 정답 ③
프로토타이핑(Prototyping)은 새로운 시스템 솔루션에 대한 작업모델 또는 프로토타입(원형)을 신속하게 개발하고 테스트하는 방법이다. 프로토타이핑은 비교적 적은 비용으로 신속하게 시제품 또는 실험시스템을 만들어 사용자의 평가를 받아보는 방식이다. 또한 사용자들은 시제품을 사용하면서 요구사항에 대한 아이디어를 제시할 수 있다.

16 정답 ③
컴퓨터 자료의 계층구조는 비트(bit) → 바이트(byte) → 필드(field) → 레코드(record) → 파일(file) → 데이터베이스로 구성되어 있다.

17 정답 ④
빅데이터(big data)란 디지털 환경에서 생성되는 데이터로 그 규모가 방대하고, 생성 주기와 유통 주기도 짧고, 형태도 수치 데이터뿐 아니라 문자와 영상 데이터를 포함하는 대규모 데이터를 말한다. 즉, 빅데이터는 조직 내외부의 정형적 데이터뿐만 아니라 비정형적 데이터까지 포함한 방대한 양의 데이터를 포함한다.
가트너 그룹은 빅데이터의 특징을 3V로 요약하고 있다. 즉 데이터의 양(Volume), 데이터 생성 속도(Velocity), 형태의 다양성(Variety)을 의미한다.

18 정답 ①
전통적인 파일처리방식에서는 데이터 파일들이 각각의 응용 프로그램에 맞도록 개별적으로 설계되고, 이와 같은 용용프로그램들이 분리・실행되어 필요한 문서나 보고서를 산출하게 된다.
이러한 데이터의 처리방식은 데이터의 중복과 비일관

성, 데이터 접근의 어려움, 데이터의 고립, 무결성 문제, 원자성 문제, 동시 액세스 문제 등이 있다.

19 정답 ③

③ 파이썬(python)은 1991년에 발표된 인터프리터 방식의 프로그래밍 언어이다. 최근 가장 널리 사용되고 있는 프로그래밍 언어이다.

① 하둡(hadoop)은 대용량의 빅데이터 처리기술이다.

20 정답 ④

④ 데이터 사전은 데이터베이스를 운용하는 또 다른 도구로, 컴퓨터에 기반한 데이터에 대한 데이터, 즉 메타데이터를 의미한다.

DBMS는 축적된 자료구조의 정의, 자료구조에 따른 자료의 축적, 데이터베이스 언어에 의한 자료 검색 및 갱신, 정보의 기밀보호 등의 기능이 있다. DBMS는 데이터베이스의 정의, 조작, 관리 등의 기능을 담당하며, 물리적 수준의 데이터베이스 구성, 효율적인 접근, 완전무결한 데이터베이스 관리를 가능하게 한다.

21 정답 ①

의사결정지원시스템(DSS)은 네 가지의 기본적인 분석 모형이 있는데 What-if 분석, 민감도 분석, Goal-seeking 분석, 최적화 분석 등이다.

22 정답 ①

DBMS의 대표적인 질의 언어는 SQL(Structured Query Language)이다. SELECT, FROM, WHERE는 구조적 질의어 SQL의 기본 형식이다. SQL은 관계형 데이터베이스 관리시스템(RDBMS)의 표준화된 사용자 및 프로그램 인터페이스이다.

23 정답 ④

제시된 내용은 집단의사결정지원시스템(GDSS)에 대한 설명이다. GDSS는 의사결정자들이 그룹으로 함께 일할 때 구조적인 문제와 비구조적인 문제를 해결하는 데 사용되는 쌍방향의 컴퓨터 기반 시스템이다. 전자투표나 화상회의, 전자미팅 등 그룹웨어에 포함되어 그룹 간의 의사소통을 지원해 회의의 질과 효율성을 향상시키기 위해 개발되었다.

24 정답 ①

데이터마이닝 기법 중 하나인 인공신경망(artificial neural networks)은 인간 두뇌의 복잡한 현상을 모방하여 신경망처럼 생긴 구조를 모형화하고, 기존에 수집된 자료로부터 반복적인 학습과정을 거쳐서 데이터에 내포되어 있는 규칙을 찾아내는 기법이다.

인공신경망은 신경세포인 뉴런(neuron)이 여러 개 연결된 망의 형태로, 구조 및 기능에 따라 여러 종류로 구분되는데 가장 일반적인 인공신경망은 한 개의 입력층과 출력층 사이에 다수의 은닉층(hidden layer)이 있는 다층 퍼셉트론(multilayer perceptron)이다.

25 정답 ①

① 프레임릴레이(frame relay)는 랜(LAN)들을 연결하는 고속통신기술의 하나이다. 지능형 정보시스템과는 관련이 없다.

26 정답 ④

전문가시스템(expert system)은 특정 분야의 전문가의 지식과 사고능력을 모방한 첨단컴퓨터 시스템을 의미한다. 구성요소는 크게 지식베이스와 소프트웨어, 하드웨어, 추론엔진, 블랙보드, 인터페이스, 설명기능 부분 등으로 구별될 수 있다.

추론엔진(inference engine)은 지식기반을 통해 추론 행위를 함으로써 주어진 규칙과 사실을 이용하여 새로운 사실을 탐색하는 행위를 하는 전문적인 프로그램을 말한다. 추론엔진에서 추론을 하는 방식은 크게 정방향 추론(forward chaining)과 역방향 추론(backward chaining)의 두 가지로 나누어 볼 수 있다.

27 정답 ③

모뎀(modem)은 컴퓨터의 디지털 신호를 아날로그 신호로 변환하여 전화선을 통해 전송하거나, 전화선의 아날로그 신호를 디지털 신호로 변환하여 컴퓨터로 전송하는 역할을 한다.

28 정답 ③

라우팅(routing)은 여러 경로를 이용할 수 있을 때 패킷을 보내기 위한 가장 좋은 경로를 선택하는 것을 의미한다. 이 경우 각각의 패킷은 목적지까지 서로 다른 경로를 통하여 전송되고 목적지에서 다시 모여 결합된다. 라우터는 상이한 규칙이나 프로토콜로 운영되는 네트워크들을 상호 연결하는 기기이다. 즉 서로 다른 네트워크를 연결하여 정보를 주고받을 때, 송신정보(packet)에 담긴 수신처의 주소를 읽고 가장 적절한 통신통로를 이용하여 다른 통신망으로 전송하는 장치이다.

29 정답 ②

제시된 내용은 스타 토폴로지(star topology) 또는 스타 네트워크에 대한 설명이다. 스타 네트워크는 최종사용 컴퓨터를 중앙컴퓨터에 직접 연결하므로 다수의 사용자들이 동시에 중앙컴퓨터를 사용할 수 있다는 장점이 있다.

30 정답 ①

통신시스템의 4가지 구성요소에는 데이터 단말장치(Terminal), 전송매체(데이터 전송회선), 통신제어장치(communication control unit), 통신프로토콜 등이 있다.

① 웹마이닝(webmining) 또는 웹 로그 분석(weblog analysis)은 웹 사이트의 방문객이 남긴 자료를 근거로 웹의 운영 및 방문 행태에 대한 정보를 분석하는 것이다.

31 정답 ④

인터넷에서 서버와 클라이언트 컴퓨터의 기종과 운영체계의 차이를 극복하고 상호통신을 할 수 있게 만든 통신규약은 TCP/IP(Transmission Control Protocol/Internet Protocol)이다. TCP/IP는 패킷통신방식의 인터넷 프로토콜인 IP(Internet Protocol)와 전송조절 프로토콜인 TCP(Transmission Control Protocol)로 이루어져 있다.

32 정답 ④

제시된 내용은 근거리통신망(LAN)에 대한 설명이다. LAN은 큰 건물, 제조공장, 대학캠퍼스 등 제한된 구역과 같이 지리적으로 한정된 구역에서 여러 가지 컴퓨터들을 서로 연결하여 음성, 데이터, 영상 등과 같은 종합적인 정보를 고속으로 전송하는, 지역적으로 한정된 통신망이다.

33 정답 ③

제시된 내용은 사물인터넷에 대한 설명이다. 사물인터넷(IoT ; Internet of Things)은 현실세계의 사물들과 가상세계를 네트워크로 상호 연결해 사람과 사물, 사물과 사물 간 언제 어디서나 서로 소통할 수 있도록 하는 새로운 인터넷 기술을 의미한다.
사물인터넷이 활용되기 위해서는 유무선 통신기술은 물론 인터넷 보안기술과 사물을 인식할 수 있는 센싱기술이 확보되어야 한다.

34 정답 ②

② 다양한 관계의 확장은 소셜미디어의 순기능이다. 소셜네트워크서비스(SNS) 또는 소셜미디어(social media)는 사용자들이 서로의 비즈니스 또는 개인적 연관 관계를 통해 인맥을 형성함으로써 그들의 사회적 접촉을 확장시키기 위한 온라인 서비스이다.

35 정답 ④

개인이 개인 소비자에게 상품이나 서비스를 판매하는 것은 C2C(Consumer to Consumer)이다.

» **전자상거래에 참여하는 주체에 따른 비즈니스 모델 분류** : 기업 간의 전자상거래(B2B), 기업과 소비자 간의 전자상거래(B2C), 소비자와 기업 간의 전자상거래(C2B), 소비자와 소비자 간의 전자상거래(C2C), 기업과 정부 간의 전자상거래(B2G), 정부와 소비자 간의 전자상거래(G2C) 등

36 정답 ②

전자상거래 비즈니스 모델 중 구매자와 판매자가 만나고 제품의 확인과 검색, 가격 결정을 할 수 있는 디지털 환경을 제공하는 것은 거래 중개자이다.

37 정답 ①

방화벽(firewall)은 기업 내부의 네트워크가 기업 외부의 네트워크와 연결될 때 외부의 불법 사용자의 침입을 차단하여 해킹을 막는 것을 의미한다.
인터넷 보안대책으로는 방화벽(firewall), 침입탐지 시스템(intrusion detention system), 안티바이러스(antivirus) 소프트웨어, 통합위협관리시스템 등이 필수적이다. 침입탐지시스템(IDS)은 기업 네트워크의 가장 취약한 지점이나 핫스팟(hot spot)에 위치하여 침입자를 상시 감시할 수 있는 기능을 지닌다.

38 정답 ④

위치기반서비스(LBS)는 이동하는 사용자들이 개개인

에 맞춘 지역 콘텐츠에 바로 접속하도록 지원하여 사용자의 현재 위치를 파악하는 서비스이다. 위치추적시스템(GPS)과 지리정보시스템(GIS)과 연계하여 서비스가 제공된다.

39 정답 ①

① 오픈소스 소프트웨어(OSS)는 소프트웨어의 설계도에 해당하는 소스코드를 인터넷 등을 통하여 무상으로 공개하여 누구나 그 소프트웨어를 개량하고, 이것을 재배포할 수 있도록 하는 소프트웨어를 말하는 것으로 정보자원의 보호가 아니라 정보자원의 공개에 해당한다.

40 정답 ①

정보보호의 주요 목표로는 가용성(availability), 무결성(integrity), 기밀성(confidentiality) 등이 제시되고 있다. 이를 달성하기 위한 수단의 하나인 침입탐지 시스템(IDS ; Intrusion Detect System)은 컴퓨터 시스템의 무결성, 기밀성, 가용성을 저해하는 행위를 실시간으로 탐지하고 대응하기 위한 시스템이다.

2단계

독학사

2단계 독학사

CHAPTER

1 경영정보시스템의 소개

01 정보의 개념

(1) 정보의 개념

① 정보(Information)의 개념

㉠ 정보는 정보시스템과 종합하여 정의하면 '사용자에게 의미 있게 가공된 데이터로 현재 또는 미래의 행동이나 의사결정에 영향을 미치는 축적된 지식의 체계'로 정의될 수 있다.

㉡ 정보는 사회적 불확실성을 관리하기 위하여 대량으로 생산, 가공, 저장, 전달된다.

② 정보의 역할

㉠ 정보는 개인이나 조직의 의사결정에 이용됨으로써 개인이나 조직의 행동방향을 결정지어 준다. 즉, 정보는 인간이 판단하고 의사결정을 내리며, 행동할 때 방향을 설정하도록 도와주는 역할을 수행한다.

㉡ 정보는 미래의 상황에 존재하는 불확실성의 정도를 줄여 효과적인 의사결정에 도움을 준다.

(2) 바람직한 정보의 특성

① 정확성(Accuracy) : 정보는 정확한 자료에 근거하여 실수나 오류가 개입되지 않아야 하고, 자료의 의미를 편견의 개입이나 왜곡 없이 정확하게 전달해야 한다.

② 적시성(Timeliness) : 정보를 필요로 하는 사람에게 적절한 시기에 정보가 제공되어야 함을 의미한다.

③ 관련성(Relevance) : 정보를 필요로 하는 목적에 맞게 사용될 수 있는 정보이다. 즉, 정보는 의사결정과 관련성이 있어야 하며, 필요한 목적에 정보가 부합되어야 한다.

④ 경제성(Economics) : 정보의 가치가 정보의 생성비용보다 커야 한다는 속성이다.

⑤ 완전성(Complete) : 정보는 그 내용에 필요한 자료가 충분히 용해되어 있어야 한다. 완전성은 문제해결에 필요한 정보가 완비된 정도를 의미하는 것으로, 정성적 가치판단기준의 하나이다.

⑥ 신뢰성(Reliability) : 신뢰성은 원천자료의 수집방법과 관련이 있는 것으로, 정보는 신뢰할 수 있어야 한다.

⑦ 접근성(Accessibility) : 정보는 공간적으로 쉽게 접근할 수 있어야 가치가 높아진다. 일반적으로 인터넷상의 정보는 VAN에 존재하는 정보보다 접근성이 높다.

⑧ **형태성(Presentability)** : 의사결정자의 요구에 정보가 얼마나 부합되는 형태로 제공되는지에 관한 정도를 말한다.

(3) 정보의 가치 및 중요성

① **정보의 가치**

㉠ 의사결정론에서 제시하는 정보의 가치는 정보에 의해서 변화된 의사결정 결과의 차이에서 해당 정보를 얻는데 들어간 비용을 뺀 것으로 정의할 수 있다.

㉡ 정보의 가치는 정보가 의사결정에 얼마나 효과적으로 사용될 수 있는가의 측면으로 파악되어야 한다. 이러한 정보의 효과는 정보의 유용성, 사용자의 만족도 그리고 오차와 편의와 관계가 있다.

② **정보의 유용성(Information Utility)**

㉠ 정보의 유용성은 정보가 인간의 행동에 얼마나 동기를 부여할 수 있고 의사결정에 기여할 수 있는가에 따라서 결정된다.

㉡ Andrus는 정보의 가치를 정확성과 함께 정보의 유용성으로 평가하는데, 이때 효용성을 형태효용, 시간효용, 장소효용, 소유효용으로 구분하고 있다.

형태효용 (Form utility)	정보의 형태가 의사결정자의 요구(requirement)에 보다 밀접하게 부합될수록 정보의 효용은 높아진다.
시간효용 (Time utility)	정보는 의사결정자가 필요로 하는 시기에 제공되어야 정보의 효용은 높아진다.
장소효용 (Place utility)	정보에 쉽게 접근할 수 있을 때에 정보의 효용은 높아진다. 인터넷과 온라인 시스템은 시간효용과 장소효용을 최대화하는 정보시스템이다.
소유효용 (Possession utility)	정보소유자는 다른 사람에게 정보가 흘러가는 것을 통제할 수 있을 때 정보의 가치를 높게 인식한다.

③ **오차와 편의(Error & Bias)**

㉠ 의사결정자는 정보량보다는 정보의 질을 더 선호한다. 정보의 질은 사실과의 일치성 정도에 의존되며 이것은 오차와 편의로도 측정할 수 있다. 정보처리에서 편의의 발생 기회를 최소화함으로써 오차를 통제할 수 있다.

㉡ 오차의 통제는 사용자에게 신뢰한계를 제공하거나 자료의 불확실성을 줄여서 정보효과(information effect)를 증진시켜 정보의 품질을 향상시키는 방법이다.

(4) 정보와 정보관리

① **데이터, 정보, 지식** : 토마스 데이븐포트(T. Davenport)는 저서 「정보생태학」에서 '정보도 그 특성에 따라 데이터, 정보, 지식으로 계층을 나누어 볼 수 있다'고 주장하였다.

㉠ **데이터(Data)** : 데이터는 정보의 기반요소로 특정한 업무와 관련성이 있거나, 적절성 유무에는 관계가 없이 인간의 감각기관으로 받아들여지고 있는 음성, 이미지(image),

사실(Fact) 등을 의미한다. 즉, 데이터는 현실세계로부터 관찰이나 측정에 의해서 얻은 가공되지 않은 수치, 문자, 사실 등을 의미한다.

㉡ **정보(Information)** : 데이터를 특정한 목적에 맞게 분류, 여과, 요약한 자료를 정보라고 할 수 있다. 즉, 정보는 '사용자에게 의미 있게 가공된 데이터로 현재 또는 미래의 행동이나 의사결정에 영향을 미치는 축적된 지식의 체계'로 나타낼 수 있다.

㉢ **지식(Knowledge)** : 지식은 사람이 어떤 행위나 의사결정에 지침을 제공하는 처리, 규칙, 생각, 본능의 결합이라고 할 수 있다. 즉, 정보로부터 도출하거나 발견된 법칙을 말한다.

㉣ **지혜(Wisdom)** : 사물의 이치나 상황을 제대로 깨닫고 그것에 현명하게 대처할 방도를 생각해 내는 정신의 능력으로 어떤 대상이나 현상을 체계적으로 이해하고 설명하는 능력이다.

② **정보관리**

㉠ 정보관리(information management)는 자료, 정보, 지식 등이 기업에 대해 가지고 있는 가치를 인식하는 것이다. 정보는 다른 자원과 마찬가지로 그것을 획득하는 데 비용이 들고, 그것을 이용함으로써 부가가치를 발생시킬 수 있다. 또한 정보의 부재로 인해 기회비용이 발생하며, 정보를 효과적으로 이용하기 위해서는 적절히 관리되어야 한다.

㉡ 현재 기업의 정보관리는 지식관리(knowledge management)로 확대되고 있다. 지식이란 정보를 통하여 형성되고 창출되는 판단 또는 이해능력을 의미한다.

(5) 정보화 사회

① **정보화 사회의 개념**

㉠ 정보화 사회는 정보가 유력한 자원이 되고 컴퓨터 기술과 정보·통신기술 등의 발달과 함께 정보가 생활의 핵심이 되며, 사회구성원은 이러한 정보를 이용하여 생활에 적응하는 사회이다.

㉡ 정보화 사회는 미래학자인 앨빈 토플러(A. Toffler)에 의해 제시된 개념으로, 토플러는 정보화 사회를 다품종 소량생산, 분권화에 의한 다양화, 탈대량화, 탈집중화, 탈획일화 등의 특징을 지닌 것으로 규정한다.

② **정보화 사회에서 기업환경의 변화** : 정보화 사회에서는 글로벌 시장체제로의 전환으로 인해 기업들 간의 경쟁이 심화될 것이고, 소비패턴이 다양화·고급화될 것이며, 제품수명주기(PLC)가 단축될 것으로 예상된다.

③ **정보화 사회의 문제점** : 정보화 사회는 소수의 정보독점에 의한 독재, 정보과잉현상, 사생활의 침해, 문화지체(cultural lag)현상, 정보격차로 인한 국제 간의 불평등 심화 등의 문제점이 있다.

02 정보와 시스템

(1) 시스템의 개념 및 특징

① 시스템의 개념

㉠ 시스템(system)을 정의하면 '시스템은 특정한 목적을 가지고 이를 성취하기 위하여 여러 구성인자가 서로 유기적으로 연결되어 있으면서 목적을 위해 노력하는 것'이다.

㉡ 시스템은 어떤 과업의 수행이나 목적달성을 위해 공동작업하는 조직화된 구성요소의 집합 또는 지정된 정보처리기능을 수행하기 위하여 조직화되고 규칙적으로 상호작용하는 기기, 방법, 절차, 그리고 인간도 포함하는 구성요소들의 집합을 말한다.

② 시스템의 특징

㉠ 시스템은 환경으로부터 투입물 입력을 받아 처리한 다음, 산출물을 출력하여 환경으로 내보낸다.

㉡ 시스템은 개별요소로서가 아니라 하나의 전체로서 인식되어야 한다.

㉢ 시스템은 계층적 성격을 갖는다.

㉣ 시스템은 상승효과(synergy effect)를 발휘한다.

㉤ 시스템은 통제되어야 한다.

(2) 시스템의 구성요소

① **시스템의 구성요소** : 일반적으로 시스템을 구성하는 기본요소에는 입력, 처리 및 출력 등이 있다.

㉠ **입력(Input)** : 데이터를 컴퓨터나 주변장치로 '갖고 들어가다', '저장하다'라는 의미 또는 그 과정을 가리킨다. 즉, 처리하기 위하여 시스템에 투입되는 것이다.

㉡ **처리(Process)** : 프로그램으로 조작하거나 데이터를 처리하는 것이다. 즉, 입력요소를 산출물로 변환시키는 것이다.

㉢ **출력(Output)** : 컴퓨터에 있어서는 출력처리에 관계되는 장치, 데이터 또는 상태를 말한다. 즉, 처리과정에서 변환된 요소를 최종 목적지까지 전달하는 것이다.

㉣ 기본요소에 피드백과 통제요소가 추가되는데, 피드백은 시스템의 성과에 대한 자료이고, 통제는 피드백된 자료를 관찰, 평가하는 것이다. 피드백과 통제요소가 부가된 시스템을 인공지능(자율통제시스템)이라고 한다.

② **상위시스템과 하위시스템** : 각 시스템은 하위시스템으로 구성되어 있으며, 이 하위시스템은 또 다른 하위시스템으로 구성되고 있고, 이러한 각각의 하위시스템은 그 경계에 의하여 구분되어 있다. 이때 하위시스템 간의 관계나 상호작용을 인터페이스(interface)라 한다.

③ 암흑상자(Black Box) : 낮은 수준에 있는 하위시스템에 대해서는 입력과 출력만 정의하고, 처리(process)는 명확히 정의하지 않는 경우가 있는데, 이러한 경우 암흑상자의 개념이 이용될 수 있다. 암흑상자의 개념은 시스템 경계를 정의하며, 시스템 수준을 결정하는데 활용된다. 처리는 일반적으로 출력을 피드백(feedback)하여 입력에 영향을 주는 구성요소이다.

(3) 시스템의 종류

① 확실성, 상호작용에 따른 유형

㉠ 확실성에 따라 확정적 시스템과 확률적 시스템으로 구분한다.

ⓐ 확정적(deterministic) 시스템 : 시스템 구성요소의 상호 관계를 확실하게 예측할 수 있어 불확실성이 없는 시스템이다.

ⓑ 확률적(probabilistic) 시스템 : 상호 관계를 확률적으로만 알 수 있는 경우에는, 어느 정도의 오류를 반영하여 확률로 설명하는 시스템이다.

㉡ 상호작용에 따라 폐쇄적 시스템과 개방적 시스템으로 구분한다.

ⓐ 폐쇄적 시스템 : 물적자원이나 정보, 에너지 등을 외부 환경과 주고받음 없이 자체적으로 운영되는 시스템이다.

ⓑ 개방적 시스템 : 입력과 출력을 통해서 그들의 환경과 상호작용하는 시스템을 의미한다.

플러스UP 개방시스템(open system)

개방시스템은 시스템 내의 다른 구성요소 상호간에 데이터를 교환할 수 있는 기능을 구비한 독립적인 단일시스템이다. 구성요소는 컴퓨터, 그와 관련되는 소프트웨어, 단말장치, 데이터 전송장치, 조작원의 조작, 데이터 전송수단 등 데이터 처리에 관여하는 실체를 총칭한다.

② 목적에 따른 유형

㉠ 경영시스템(Management System) : 기업의 활동을 위한 조직구성이 중심이 되며, 조직구조와 조직행위를 연구하게 된다.

㉡ 제조시스템(Manufacturing System) : 자연자원으로부터 완제품까지의 과정을 설계·관리하는 시스템이다.

㉢ 서비스시스템(Service System) : 판매목적으로 제공되거나 상품판매에 연계하여 제공되는 활동을 관리하는 시스템이다.

㉣ 정보시스템(Information System) : 조직의 의사결정 및 통제를 지원하기 위해 정보를 수집·처리·저장하는 관련 요소들의 집합이다.

(4) 정보시스템

① 정보시스템의 특징

㉠ 정보시스템은 인간–기계시스템(Human–Machine System)으로 규정지을 수 있다. 인간–기계시스템은 두 요인으로 구별할 수 있는데, 이 두 요인은 모두 목적을 달성하기 위한 활동을 수행하는바, 기계적 요인은 상대적 폐쇄시스템이자 확정적 시스템이고, 인간적 요인은 개방적 시스템인 동시에 확률적 시스템이다.

㉡ 정보시스템이 성공적으로 수행되기 위해서는 인간–기계의 두 요인을 적절히 배합한 시스템을 설계해야 한다.

플러스UP 정보시스템의 변천

㉠ Data Processing(1950~1960) : 전자적 자료프로세싱(EDP)
㉡ Management Reporting(1960~1970) : 경영정보시스템(MIS)
㉢ Decision Support(1970~1980) : 의사결정지원시스템(DSS)
㉣ Strategic & End User(1980~1990) : 전문가시스템(ES), 전략정보시스템(SIS)
㉤ Electronic Commerce(1990~2000) : e–비즈니스 & 전자상거래

② 정보시스템의 자원

㉠ 하드웨어 : 컴퓨터의 본체 – 중앙처리장치(CPU), 기억장치, 입출력장치

㉡ 소프트웨어 : 컴퓨터를 활용하기 위한 각종 프로그램의 체계, 하드웨어의 작동을 지시, 제어하는 기능을 수행한다.

ⓐ 시스템 소프트웨어 : 컴퓨터를 작동하기 위한 프로그램(Window, Unix 등 운영체계), 컴파일러, 입출력 제어프로그램

ⓑ 응용 소프트웨어 : 시스템 소프트웨어를 이용해 실제 사회에서 일어나는 문제를 해결해주는 프로그램(스프레드시트, 게임, 그래픽, 멀티미디어, 통신 소프트웨어 등)

㉢ 네트웨어(Netware)

ⓐ 여러 컴퓨터와 단말기 사이를 통신회선으로 연결한 (대규모)컴퓨터 이용형태이다.

ⓑ 네트웨어의 특징은 파일과 프린트 서비스 또는 처리능력에 최적화가 되어 있다는 점이다.

㉣ 오그웨어

ⓐ 오그웨어는 정보화를 위한 기업의 조직기술을 총칭하는 말로, 외부에서 창출된 정보를 기업의 전략적 측면에서 효과적으로 적용하기 위해 마련해야 할 조직기술이다.

ⓑ BPR(경영혁신기법), 벤치마킹

플러스 UP 업무재설계(BPR)

㉠ 업무재설계(BPR ; Business Process Reengineering)는 비용, 품질, 서비스, 신속성 등과 같은 주요 경영성과지표에 있어 극적인 개선을 이루기 위해 비즈니스 프로세스를 근본적으로 개선하여 영점에서 시작하여 재설계하는 것이다. 고객만족을 높이고 경쟁우위를 확립하기 위하여 비용절감, 대응시간 단축, 품질 및 서비스 향상을 꾀하는 경영혁신기법이다.

㉡ 업무재설계(BPR)는 경영혁신기법의 하나로서, 기업의 활동이나 업무의 전반적인 흐름을 분석하고, 경영목표에 맞도록 조직과 사업을 최적으로 다시 설계하여 구성하는 것이다.

㉢ 업무재설계(BPR)의 적용을 위한 3가지 요소

ⓐ 시스템 역공학(Reverse Engineering) : 현재 존재하는 것으로부터 구성요소들 간의 상호 관련을 규명하기 위해 시스템을 분석해가는 과정

ⓑ 리스트럭처링(Restructuring) : 시스템의 기능적인 변화없이 다른 새로운 시스템으로 변환하는 것

ⓒ 리엔지니어링(Reengineering) : 기능의 변화를 목적으로 시스템을 완전히 재설계하는 것

③ 정보시스템의 유형

㉠ 운영지원시스템(Operations Support System) : 기업의 내부적·외부적 관리를 위한 여러 가지 정보를 제공하는 정보시스템이다.

ⓐ 거래처리시스템 : 일괄처리시스템, 실시간처리시스템

ⓑ 처리제어시스템 : 처리과정을 확인하고 물리적인 과정을 제어함

ⓒ 기업협력시스템 : 사무자동화시스템이 대표적이며, 팀과 작업그룹 간의 커뮤니케이션을 강화하는 것

㉡ 관리지원시스템(Management Support System)

ⓐ 관리정보시스템 : 경영관리 전반에 대한 컴퓨터화로 사무자동화와 관리자의 신속한 의사결정을 돕는 시스템

ⓑ 의사결정지원시스템 : 의사결정과정 동안에 관리자에게 직접적으로 컴퓨터를 통한 지원을 제공하는 시스템

ⓒ 중역정보시스템 : 경영에 필요한 내·외부의 다양한 정보자원들로부터 핵심정보를 회사중역과 최고경영진에게 사용하기 쉬운 화면으로 제공하는 시스템

㉢ 전문가시스템(ES)

ⓐ 전문가시스템은 초보자도 전문가의 지식을 이용할 수 있게 도와주는 시스템이다.

ⓑ 전문가시스템은 특정 분야의 전문가의 지식이나 기술, 사고능력을 모방한 첨단 컴퓨터 프로그램이다.

ⓒ 전문가시스템은 능력진단과 같은 운영업무를 위한 전문가 조언을 제공하거나 관리적 의사결정을 위한 전문가 조언을 제공한다.

㉣ 지식경영시스템(KMS)

ⓐ 전사적 차원에서 직원과 관리자에게 사업지식의 생성과 조직, 유포 등을 지원하기

위한 지식기반 정보시스템이다. 즉, 기업이 지식자원의 가치를 극대화하기 위하여 경영과 관련된 조직학습이나 노하우를 체계적으로 관리하는 시스템이다.

ⓑ 지식경영시스템의 장애물로는 지식 공유에 대한 사용자의 저항, 지식경영 관련 기술의 미성숙, 지식경영 산업의 미성숙, 비용 등을 들 수 있다.

㉤ 전략정보시스템(SIS)

ⓐ 기업의 제품, 서비스, 비즈니스 처리과정에서의 정보기술이 경쟁사에 비해 전략적 우위를 점하도록 도와주는 정보시스템이다.

ⓑ 기업의 경쟁 우위를 위한 전략적 기회의 포착을 지원하고 도와주는 정보시스템을 말한다.

전략경영의 3요소

㉠ 장기계획(Long-range Planning) : 조직 내부에 중대한 변화를 초래할 수 있는 계획(보통 5~10년간의 계획과 전략)
㉡ 대응관리(Response Management) : 외부 환경의 변화로부터 조직을 방어하기 위한 전략
㉢ 혁신(Innovation) : 기존의 기업 프로세스나 구조를 획기적으로 변화시키는 것(=리엔지니어링)

03 경영과 정보시스템

(1) 기업경영을 위한 정보시스템

① 경영정보시스템의 개념

㉠ 기업경영을 위한 정보시스템을 경영정보시스템(MIS)이라 하는데, 이러한 경영정보시스템이란 관리자들에게 정보를 제공하며, 조직 내의 운용과 경영 및 관리자의 의사결정기능을 지원하는 종합적인 사용자-기계시스템(Man-Machine System)으로 정의된다.

㉡ 경영정보시스템은 컴퓨터의 하드웨어, 소프트웨어, 수작업 절차, 분석 및 계획모형, 통제와 의사결정 및 데이터베이스, 모델, 정보통신 등을 활용함으로써 그 기능을 수행한다.

② 경영정보시스템의 기능구조

㉠ 거래처리시스템 : 거래처리시스템은 컴퓨터를 이용한 사무업무나 운용적 업무의 신속·정확한 처리를 위한 시스템으로서 그 주요 기능은 거래처리, 마스터파일의 보전, 보고서 출력, 데이터베이스에 자료의 제공과 검색 등이다.

㉡ **정보처리시스템** : 이는 데이터베이스시스템이라고도 일컬어지며 의사결정에 필요한 정보를 제공하는 시스템이다.

㉢ **프로그램화 의사결정시스템** : 구조적 의사결정을 위한 시스템으로서 주로 시스템에 의해서 의사결정이 자동적으로 이루어지게 한다. 이러한 시스템은 의사결정절차가 구조적이며 업무처리절차가 정의된 업무에 적용된다.

㉣ **의사결정지원시스템** : 프로그램화할 수 없는 비정형적·비구조적 의사결정을 위한 다양한 지원을 하는 시스템이다.

㉤ **의사소통시스템** : 개인용 컴퓨터, 터미널, 팩시밀리, 워드프로세서, 컴퓨터 네트워크와 통신장치를 이용하여 환경과 시스템 간의 의사소통 또는 정보전달기능을 담당한다.

③ 기술자원에 의한 MIS 구조

㉠ **하드웨어** : 컴퓨터, 자료준비장치, 입출력장치 등으로 구성된다.

㉡ **소프트웨어** : 운영시스템과 데이터베이스 관리시스템 등 시스템 소프트웨어와 의사결정을 위한 사용자 중심의 프로그램인 응용 소프트웨어로 구성된다.

㉢ **데이터베이스** : 프로그램이나 자료를 이용할 수 있는 자기테이프, 디스크팩 등의 저장매체에 의해 파일창고에 보관되는 데이터뱅크이다.

㉣ **절차** : 편람이나 사용지침서 등을 의미한다.

㉤ **시스템 요원** : 컴퓨터 오퍼레이터, 시스템 분석담당자, 프로그래머, 오퍼레이터 등으로 구성되어 있다.

(2) 정보시스템의 운영요소

① **물리적 요소** : 정보시스템에서 필요로 하는 물리적 구성요소는 하드웨어, 소프트웨어, 데이터베이스, 절차 그리고 프로그래머 등의 운영요원이다.

② **처리기능** : 주요 처리기능은 거래처리, 마스터파일의 유지, 보고서 작성, 조회처리, 상호대화지원 응용처리 등이다.

③ **사용자를 위한 출력** : 출력의 5가지 주요 형태는 거래서류 혹은 화면, 사전 계획된 보고서, 사전 계획된 조회응답, 특수보고서와 조회응답, 사용자-기계 간 대화의 결과 등이다.

▌하부시스템의 구성▐

하부시스템	개념
하드웨어, 소프트웨어	컴퓨터 하드웨어와 시스템 소프트웨어는 하드웨어 운영에 필수적이다.
관리 및 경영	계획 및 예산수립, 인력조달, 훈련, 평가 및 이와 관련된 기능
운영	응용업무를 처리하기 위한 설비의 운영
응용시스템 개발과 유지	새로운 운용시스템의 개발과 기존 시스템의 유지
응용시스템	거래처리, 데이터 갱신, 출력산출 등에 필요한 행위를 수행하는 시스템들

(3) 경영정보시스템의 종류

① 거래처리 및 보고시스템(TPS, IRS)

㉠ 컴퓨터를 이용하여 거래 및 업무처리를 자동화하기 위해 개발된 시스템을 거래자료처리시스템(TPS ; Transaction Processing System)이라 부른다.

㉡ 거래자료처리시스템의 일반적 특징

ⓐ **운영에 관한 정보** : TPS에서 제공하는 정보는 주로 운영(operation)현황에 관한 것이다.

ⓑ **운영요원에 의한 처리** : TPS의 이용자는 대부분 사무요원과 하부관리층에 속한다.

ⓒ **이용자의 낮은 시스템개발 참여** : TPS의 경우 시스템 개발에로의 이용자 참여도는 낮은 편이다.

ⓓ **용이한 성과측정** : 개발된 시스템의 성과측정이 용이하다. TPS 도입으로 인해 사무요원의 직무가 급격히 변하며 그 효과도 매우 가시적이다.

ⓔ **많은 양의 자료처리** : TPS는 보통 거래가 발생할 때마다 이에 관련된 거래내용을 처리해야 하므로 자료처리량이 많고 빠른 처리속도가 요구된다.

② 정보보고시스템(IRS ; Information Reporting System)

㉠ 기업은 업무의 자동화는 물론 업무수행의 효율적 평가, 통제 및 관리를 위해서는 기업 내부에서 발생되는 데이터를 데이터베이스라는 저장소에 저장하여 중간관리층을 위한 종합적이고도 요약된 정보를 손쉽게 만들어 낼 수 있게 되었다. 이러한 시스템을 경영정보시스템(MIS)이라 한다.

㉡ 중간관리층의 경영관리 업무를 지원하기 위해 구축되는 MIS는 경영관리 및 정보보고를 주목적으로 하는 시스템이기 때문에 정보보고시스템(IRS)이라고도 한다.

③ **경영지원시스템(MSS ; Management Support System)** : 경영지원시스템은 의사결정지원시스템(DSS ; Decision Support System)과 최고경영자 정보시스템(EIS ; Executive Information System)의 두 가지 형태가 있다.

㉠ **의사결정지원시스템(DSS)** : 컴퓨터를 사용하여 정형화되지 않는 문제(주로 반구조적인 문제)에 관해 의사결정자가 효과적인 의사결정을 할 수 있도록 지원하는 것이다.

㉡ **최고경영자 정보시스템(EIS)** : EIS는 최고경영자를 위한 컴퓨터 정보전달 및 통신시스템을 의미한다. EIS는 최신의 조직 내부 운용정보, 증권정보, 외부의 뉴스나 소식, 전자우편 등을 최고경영자에게 제공할 수 있다.

④ 전략정보시스템(SIS ; Strategic Information System)

㉠ SIS는 기업 경쟁전략의 지원 및 형성과 그를 통한 경쟁우위 획득 · 유지에 이용된다. 즉, 기업이 경쟁우위를 확보하기 위하여 구축 · 이용하는 시스템이다.

㉡ 요건으로는 경쟁우위의 확보(고객의 포위), 신규 사업의 창출이나 상권의 확대, 업계 구조의 변혁 등을 들 수 있다.

㉢ 최근에는 대외지향적인 전략시스템뿐만 아니라 기업구조의 재구축을 위한 업무재설

계(BPR)와 같이 경영전략을 수립하여 그에 맞는 정보시스템을 재구축하는 접근방식을 채용하고 있다.

플러스 UP 경쟁우위를 확보하기 위한 방안

정보시스템이 조직의 구조적 변화와 결합할 때 경쟁우위를 확보하기 위한 전략적 활동방안은 다음과 같다.

㉠ **원가의 절감** : 경쟁자보다 가격우위를 확보하는 것
㉡ **시장진입장벽의 강화** : 경쟁기업의 추격에서 벗어나는 것
㉢ **거래선의 고정화** : 구매선을 고정화하는 것
㉣ **제품 및 서비스의 차별화** : 차별화된 이미지를 제공하는 것
㉤ **높은 전환비용의 확보** : 경제적 타당성을 떨어뜨리는 것
㉥ **신제품 및 서비스의 개발** : 독특한 제품 및 서비스를 제공하는 것
㉦ **제품이나 서비스의 추가** : 부가적인 서비스를 제공하는 것
㉧ **동맹 강화 및 제휴** : 이종사업 간의 제휴를 통한 상승효과

04 정보자원관리

(1) 정보자원의 개념

① 정보는 전략적 경영자원의 하나로 인식되어야 한다.
② 정보에 대한 책임소재를 명확히 규정하고, 그와 관련된 권한과 의무의 계통을 상세히 정의하여야 한다.
③ 정보자원계획은 조직의 전략계획과 밀접하게 연결되어 있어야 한다.
④ 정보자원은 조직의 전략적 자원으로 경쟁우위의 원천이다.
⑤ 여러 가지 정보자원 관련기술은 그 생산성의 극대화를 위하여 통합적으로 관리되어야 한다.

(2) 정보자원관리의 개념

① 정보자원관리(IRM)는 정보시스템에 관련된 하드웨어, 소프트웨어, 인력, 데이터베이스, 절차 등을 관리하고 조정하는 것을 의미한다. 즉, 정보자원관리는 정보만의 관리가 아니라 정보기술의 모든 요소의 관리를 의미한다.
② 정보자원관리에서는 조직의 모든 구성원 각자가 효과적인 정보생산자이며 동시에 정보소비자가 될 수 있다.
③ 정보자원관리를 효과적으로 수행하기 위한 핵심기술에는 데이터 모델링, 데이터베이스 관리시스템, 데이터 웨어하우스 등이 있다.

(3) 정보자원관리의 목표

① 정보수요를 보다 잘 충족시키는 시스템을 구축하고 비용효과성이 높은 시스템을 구축하는 것을 목표로 한다.

② 운영지향적 시스템에서 최종 사용자 중심의 가치지향적 시스템으로 옮겨 가야 한다.

(4) 정보자원관리의 5가지 요소

정보자원관리에는 정보 및 지식관리, 기술관리(시스템 관리, 재난관리, 정보시스템 감사 등), 분산관리(네트워크 관리, 시스템 통합 등), 기능관리(시스템 관리, 재무관리, 인력관리 등) 및 전략관리(경쟁우위 획득) 등이 있다.

(5) 효율적인 정보자원관리가 필요한 요인

경영환경의 글로벌화나 국가 간의 경쟁 심화, 보다 빠르고 정확한 의사결정의 요구, 기술 환경에 따른 경영비용 증가가 직접적인 요인이 된다.

플러스 UP 전사적 품질경영(TQM)

㉠ **전사적 품질경영의 등장배경** : 1980년대 미국 내 일본제품의 시장잠식과 무역수지 적자를 극복하기 위한 방법으로 등장하였다.

㉡ **전사적 품질경영의 개념** : 전사적 품질경영(TQM ; Total Quality Management)은 최고경영자의 리더십 아래 고객이 만족할 수 있는 품질의 제품을 경제적으로 생산하고, 품질을 개발・유지・개선하기 위하여 경영활동 전반에 걸쳐 모든 구성원들의 참가와 총체적 수단을 활용하는 전사적・종합적인 경영관리체계이다.

㉢ **전사적 품질경영의 목적** : 전사적 품질경영(TQM)은 생산성의 개선을 추구하며, 이를 위해 고객만족에 중심을 두고 종업원 참여를 중시한 고품질 창출의 기초를 제공하는 동시에 종업원 사기를 고양하는 실제적 목적을 가진다.

㉣ **프로세스(Process)를 변화시키는 6가지 유형**

ⓐ **업무의 병렬화** : 업무의 소요인력 감소 및 소요시간 단축

ⓑ **단일 접점화** : 외부환경(고객, 공급자)과 접촉하는 인력을 단순화하여 일관성, 신속성 및 고객만족을 유도

ⓒ **업무의 제거** : 불필요한 업무를 제거하거나 정보를 공유하여 업무를 타부서 이전

ⓓ **권한의 이양** : 직원들에게 더 많은 권한을 부여

ⓔ **지역적 한계 극복** : 특정 장소가 아닌 가장 바람직한 장소에서 업무가 이루어짐

ⓕ **종이문서 제거**

CHAPTER

기출유형 다잡기

01 앨빈 토플러의 '제3의 물결'이란 무엇을 의미하는가?

① 산업사회
② 서비스 사회
③ 농업사회
④ 정보화 사회

해설 앨빈 토플러가 예견한 '제3의 물결'은 정보화 사회의 물결이 사회에 큰 변혁을 가져올 것이라고 하는 것이다.

02 다음 중 데이터와 정보에 대한 설명으로 옳지 않은 것은? ✔ 2016년 기출유사

① 같은 내용의 자료라 할지라도 어떤 사람에게는 데이터가 될 수 있고, 어떤 사람에게는 정보가 될 수 있다.
② 어떤 사실이 데이터인지 정보인지를 판단하는 것은 어떤 의사결정을 할 것인가에 따라 달라질 수 있다.
③ 정보는 조직에서 발생하는 일에 관해 수집된 가공되지 않은 사실자료를 말한다.
④ 매출의 증감 추이를 알고자 하는 경영자에게는 제품별 세부 매출내역은 데이터라 할 수 있고, 지난 12개월 간의 총매출 증감률은 정보라 할 수 있다.

해설 정보는 측정이나 관찰 등과 같은 노력의 결과로 모아진 것으로, 특정조직에 있어서 가치를 가지는 데이터를 지칭하는 개념이다. 즉, 정보는 정보시스템과 종합하여 정의하면 '사용자에게 의미있게 가공된 데이터로 현재 또는 미래의 행동이나 의사결정에 영향을 미치는 축적된 지식의 체계'로 나타낼 수 있다.
③은 데이터에 대한 내용이다.

03 다음 〈보기〉의 경우와 가장 관련 있는 정보의 특성은? ✔ 2019년 기출

> 보기
> 내일 여행을 떠나는데 어제의 날씨 정보는 사용자에게 의미가 없다.

① 정확성
② 경제성
③ 완전성
④ 적시성

해설 바람직한 정보는 적시성이 있어야 한다. 적시성(timeliness)은 정보는 필요로 하는 사람에게 적절한 시기에 제공되어야 함을 의미한다.

정답 01 ④ 02 ③ 03 ④

04 다음 중 정보시스템을 통한 시장의 변화를 잘못 설명한 것은?

① IT를 활용한 거래비용이 감소한다.
② 구매자 주도 시장(buyers oriented power)으로 전환된다.
③ 정보의 불균형(information asymmetry)을 강화시킨다.
④ 대량생산, 대량구매에서 다품종 소량생산, 주문생산체제로 생산방식이 변화된다.

해설 ③ 정보시스템이 발달할수록 몇몇 정보 독점자들에 의해 정보가 독점되어 나타나는 정보의 불균형(information asymmetry)의 문제들을 해소할 수 있다.
① IT는 시·공간의 제약을 극복하게 하여 커뮤니케이션과 거래비용을 급격하게 감소시키고 새로운 사업의 기회를 제공한다.
② 정보시스템의 발달은 시장을 주도하는 힘이 소비자에게 있는 구매자 시장이므로 구매자 주도 시장으로 전환된다.
④ 대량생산, 대량구매에서는 고급화·다양화되는 최근의 고객욕구를 만족시키지 못하므로 다품종 소량생산, 주문생산체제로 생산방식이 변화된다.

05 다음 〈보기〉의 (   ) 안에 들어갈 말로 알맞은 것은?

✔ 2019년 기출

보기
- (㉠)는 (㉡)와/과 구분되는 개념이며, (㉡)이/가 어떤 의미를 갖도록 처리한 것이 (㉠)이다.
- (㉡)와/과 (㉠)의 관계는 원자재와 완제품의 관계로 비유될 수 있다.
- 각 영업사원의 판매실적이 영업관리자에게는 (㉠)가 되지만 상위경영자에게는 (㉡)(으)로 취급될 수 있다.

	㉠	㉡		㉠	㉡
①	정보	지식	②	자료	지식
③	자료	정보	④	정보	자료

해설 정보(information)는 자료(data)와 구분되는 개념이며, 자료가 어떤 의미를 갖도록 처리한 것이 정보이다. 토머스 데이븐포트(Thomas H. Davenport)는 「정보생태학」(Information Ecology)에서 '정보도 그 특성에 따라 데이터, 정보 및 지식으로 계층을 나누어 볼 수 있다'고 주장하였다. 일반적으로, 수집한 자료(data)를 의사결정에 유용한 형태로 처리한 것을 정보(information)라고 하고, 이러한 정보가 체계화되어 축적되면 지식(knowledge)이 된다.

06 다음 중 정보시스템의 처리기능에 해당하지 않는 것은?

① 마스터파일의 유지
② 보고서 작성
③ 상호 대화지원 응용처리
④ 데이터베이스 구축

정답 04 ③ 05 ④ 06 ④

해설 정보시스템의 처리기능은 거래처리, 마스터파일의 유지, 보고서 작성, 조회처리, 상호 대화지원 응용처리 등이 있다.

07 특정한 목적을 가지고 이를 성취하기 위하여 여러 구성인자가 서로 유기적으로 연결되어 있으면서 목적을 위해 노력하는 것을 무엇이라 하는가?

① 정보관리 ② 자료관리
③ 시스템 ④ 데이터베이스

해설 시스템이란 특정한 목적을 가지고 이를 성취하기 위하여 여러 구성인자가 서로 유기적으로 연결되어 있으면서 목적을 위해 노력하는 것이다.

08 다음 〈보기〉는 무엇에 대한 설명인가?

> **보기**
> 기능적으로는 TPS와 MSS의 기능을 모두 가지고 있지만 이용 측면을 볼 때 차원을 달리하여 경쟁전략의 지원 및 형성과 그를 통한 경쟁우위 획득·유지에 이용된다.
> 기업이 경쟁우위를 확보하기 위하여 구축·이용하는 시스템으로 기업이 경쟁에서 승리하여 살아남기 위한 필수적인 시스템이다.

① 전략정보시스템 ② 경영지원시스템
③ 정보보고시스템 ④ 거래자료처리시스템

해설 전략정보시스템(SIS)은 기능적으로는 TPS와 MSS의 기능을 모두 가지고 있지만 이용 측면을 볼 때 차원을 달리하여 경쟁전략의 지원 및 형성과 그를 통한 경쟁우위 획득·유지에 이용된다. 기업이 경쟁우위를 확보하기 위하여 구축·이용하는 시스템으로 기업이 경쟁에서 승리하여 살아남기 위한 필수적인 시스템이다.

09 다음 중 정보시스템에 대한 설명으로 틀린 것은?

① 정보시스템은 운영지원시스템과 정보지원시스템으로 분류된다.
② 지식경영시스템은 전사적 차원에서 직원과 관리자에게 사업지식의 생성과 조직, 유포 등을 지원하기 위한 지식기반 정보시스템이다.
③ 애플리케이션으로 전략정보시스템, 지식관리시스템, 전문가시스템 등이 있다.
④ 전문가시스템은 능력진단과 같은 업무를 위해 전문가의 조언을 제공하거나 관리적 의사결정을 위한 전문가의 조언을 제공한다.

해설 ① 정보시스템은 운영지원시스템과 관리지원시스템으로 분류된다.

정답 07 ③ 08 ① 09 ①

10 **조직이나 기업의 인적자원이 축적하고 있는 개별적인 지식을 체계화하여 공유함으로써 경쟁력을 향상시키기 위한 접근방식은?**

① 전문가시스템 ② 전략정보시스템
③ 지식관리시스템 ④ 경영전략시스템

해설 지식관리시스템(KMS ; Knowledge Management System)은 조직이나 기업의 인적자원이 축적하고 있는 개별적인 지식을 체계화하여 공유함으로써 경쟁력을 향상시키기 위한 접근방식이다. KMS는 그동안 회계나 영업, 생산 등의 분야에서 주로 활용되던 정형화된 수치정보의 분석에서, 이제는 직원 개개인들이 업무 수행 중 축적한 비정형 정보를 활용하여 기업의 효율성을 꾀하고 지식경영을 하는데 근본 취지가 있다.

11 **다음 중 지식경영시스템에 대한 올바른 설명은?**

① 전사적 차원에서 직원들에게 사업지식의 생성, 조직, 정보의 유포 등을 지원하는 시스템이다.
② 능력진단과 같은 운영업무나 의사결정을 위한 전문가의 조언을 제공하는 시스템이다.
③ 의사결정과정 동안에 관리자에게 직접적으로 컴퓨터를 통한 지원을 제공하는 시스템이다.
④ 다양한 자원들로부터 중요 정보를 중역들과 경영진이 이용하기 쉬운 화면으로 제공하는 시스템이다.

해설 지식경영시스템이란 전사적 차원에서 직원들에게 사업지식의 생성, 조직, 정보의 유포 등을 지원하는 시스템이다. 즉, 기업이 지식자원의 가치를 극대화하기 위하여 경영과 관련된 조직학습이나 노하우를 체계적으로 관리하는 시스템이다.

≫ **지식경영**(KM) : 기업경영과 관련한 여러 지식이 조직 내의 모든 프로세스에 어떻게 관련하여 수행하는지를 파악하는 활동이다.

12 **다음 〈보기〉에 해당하는 정보시스템은?** ✔ 2018년 기출

> 보기
>
> 기능별・부서별 정보시스템 간의 소통이 이루어지지 않는 문제를 해결하기 위해 만들어졌다. 공동의 데이터베이스를 통해 기능별・부서별 정보시스템 간의 소통을 이루어낸다.

① 물류정보시스템 ② 조직 간 정보시스템
③ 전자상거래시스템 ④ 전사적 자원관리시스템

해설 전사적 자원관리시스템(ERP)은 기업의 인적・물적자원을 효율적으로 활용하는 관리시스템으로서, 통합업무 패키지 또는 기간업무시스템으로 불리우며, 기업의 경쟁력 강화를 위한 통합정보시스템 구축을 목적으로 한다.

정답 10 ③ 11 ① 12 ④

13 다음 중 정보의 유용성 요소에 해당하지 않는 것은?

① 형태효용(form utility)
② 시간효용(time utility)
③ 소유효용(possession utility)
④ 경제적 효용(economic utility)

해설 Andrus는 정보를 가치의 정확성과 함께 정보의 유용성으로 평가하였다.
㉠ **형태효용**(form utility) : 정보의 형태가 사용자의 요구에 접근하면 할수록 높은 가치를 갖는다.
㉡ **시간효용**(time utility) : 필요시에 사용가능한 정보는 많은 가치를 갖는다.
㉢ **장소효용**(place utility) : 정보입수와 분배가 용이하면 정보가치는 높아진다. 온라인 시스템은 시간과 장소효용을 극대화하는 정보시스템이다.
㉣ **소유효용**(possession utility) : 정보의 소유자는 정보의 분배를 통제함으로써 정보가치에 영향을 준다.

14 다음 중 정보의 오차와 편의에 대한 설명으로 틀린 것은?

① 의사결정자는 정보의 양보다 정보의 질을 더 선호한다.
② 정보의 질은 사실과의 일치성 정도로, 이는 오차와 편의로는 측정이 불가능하다.
③ 오차의 통제는 사용자에게 신뢰한계를 제공하거나 자료의 불확실성을 줄여서 정보효과를 증진시키는 방법으로 이루어진다.
④ 편의의 방법으로서는 내부통제제도 또는 외부감사제도의 활용으로 자료의 불확실성을 줄일 수 있다.

해설 ② 정보의 질은 사실과의 일치성 정도로, 이는 오차와 편의로도 측정이 가능하다.

15 다음 중 설명이 올바르지 않은 것은?

① 정보관리는 자료, 정보, 지식 등이 기업에 대해 가지고 있는 가치를 인식하는 것이다.
② 정보는 다른 자원과 마찬가지로 그것을 획득하는 데 비용이 들고, 그것을 이용함으로써 부가가치를 발생시킬 수 있다.
③ 정보의 부재로 인해 기회비용이 발생하며, 정보를 효과적으로 이용하기 위해서는 적절히 관리되어야 한다.
④ 정보자원은 닳아 없어지기 때문에 아껴서 잘 사용해야 하는 유형의 존재이다.

해설 정보관리(information management)는 자료, 정보, 지식 등이 기업에 대해 가지고 있는 가치를 인식하는 것이다. 정보는 기업의 물리적 자원과 비교하여 다음과 같은 유사점과 차이점을 가지고 있다. 우선 정보는 다른 자원과 마찬가지로 그것을 획득하는 데 비용이 들고, 그것을 이용함으로써 부가가치를 발생시킬 수 있다. 또한 정보의 부재로 인해 기회비용이 발생하며, 정보를 효과적으로 이용하기 위해서는 적절히 관리되어야 한다. 그러나 이러한 자원은 닳아 없어지지 않고 약간의 추가비용만 있으면 얼마든지 반복적으로 이용할 수 있는 무형의 존재라는 점에서 다른 자원과 구별된다.

정답 **13** ④ **14** ② **15** ④

16 다음 중 경영정보시스템의 특징을 잘 설명하고 있는 것은?

① 경영정보시스템은 기업활동에 대한 컴퓨터 등의 정보기술만을 의미한다.

② 정보이용에 관한 성과적 측면에서 자원의 낭비를 방지하기 위한 부문시스템의 성격을 지닌다.

③ 경영정보시스템이 종합시스템으로서의 역할을 수행하기 위해서는 자료의 종합관리 및 처리를 가능하게 하는 데이터베이스가 요구된다.

④ 경영정보시스템은 OA를 이용한 업무의 효율화가 제1의 과제이다.

해설 경영정보시스템의 특징

㉠ 사용자 – 기계시스템(man – machine system)이다. 경영정보시스템은 컴퓨터 등의 정보기술만을 의미하는 것이 아니라 인적자원도 포함하는 개념으로 특정 과업은 인간에 의해서, 다른 과업은 컴퓨터에 의해 수행되며, 특히 이들을 결합하여 운용하는 데 그 특징이 있다.

㉡ 정보이용에 관한 성과적 측면에서 뿐만 아니라 자원의 낭비를 방지하기 위한 종합적인 정보시스템 계획을 중심으로 한 종합시스템의 성격을 갖는다.

㉢ 위에서 언급한 경영정보시스템이 종합시스템으로서의 역할을 수행하기 위해서는 자료의 종합관리 및 처리를 가능하게 하는 데이터베이스가 요구된다.

㉣ 경영정보시스템은 데이터베이스의 자료를 기초로 하여 경영의사결정모형을 이용하여 의사결정업무를 수행하며, 경영자에게 대체안을 제시한다.

㉤ 경영정보시스템은 포괄적 의미에서 조직의 기능과 경영과정을 광범위하게 지원하는 것으로서 자료처리시스템을 포함한다.

17 주로 의사결정과 관련된 관리자의 정보요구를 만족시키는 데 이용되며 최종 이용자에게 질의와 분석능력을 부여하는 것이 주요 기능인 정보시스템은?

① 전문가시스템
② 경영지원시스템
③ 지식경영시스템
④ 경영전략시스템

해설 경영지원시스템(MSS ; Management Support System)이란 주로 의사결정과 관련된 관리자의 정보요구를 만족시키는 데 이용되며 최종 이용자에게 질의와 분석능력을 부여하는 것을 수행하는 정보시스템이다.

18 회사의 제품, 서비스, 비즈니스 처리과정에서의 정보기술이 경쟁사에 비해 전략적 우위를 점하도록 도와주는 정보시스템은?

① 전문가시스템
② 전략정보시스템
③ 지식경영시스템
④ 경영전략시스템

해설 전략정보시스템이란 회사의 제품, 서비스, 비즈니스 처리과정에서의 정보기술이 경쟁사에 비해 전략적 우위를 점하도록 도와주는 정보시스템이다.

정답 16 ③ 17 ② 18 ②

19 경영혁신기법의 하나로, 프로세스 전체 과정을 근본적으로 새롭게 설계하는 것은?

2017년 기출유사

① BPR(Business Process Reengineering)
② MRP(Material Resource Planning)
③ ERP(Enterprise Resource Planning)
④ MIS(Management Information System)

해설 업무재설계(BPR ; Business Process Reengineering)는 경영혁신기법의 하나로서, 기업의 활동이나 업무의 전반적인 흐름을 분석하고, 경영목표에 맞도록 조직과 사업을 최적으로 다시 설계하여 구성하는 것이다.

20 다음 중 전략경영의 3가지 요소에 해당되지 않는 것은?

① 대응관리(Response Management)
② 혁신(Innovation)
③ 리스트럭처링(Re-structuring)
④ 장기계획(Long-range Planning)

해설 전략경영의 3요소
㉠ **장기계획**(Long-range Planning) : 조직 내부에 중대한 변화를 초래할 수 있는 계획(보통 5~10년간의 계획과 전략)
㉡ **대응관리**(Response Management) : 외부 환경의 변화로부터 조직을 방어하기 위한 전략
㉢ **혁신**(Innovation) : 기존의 기업 프로세스나 구조를 획기적으로 변화시키는 것(= 리엔지니어링)

21 정보시스템의 유형 중 가장 상세하고 구체적인 정보를 제공하는 것은? 2018년 기출

① 정보보고시스템
② 거래처리시스템
③ 중역정보시스템
④ 의사결정지원시스템

해설 ① 정보보고시스템(IRS)은 기업이 업무의 자동화는 물론 업무수행의 효율적 평가, 통제 및 관리를 위해서 기업 내부에서 발생되는 데이터를 데이터베이스라는 저장소에 저장하여 중간관리층을 위한 종합적이고도 요약된 정보를 만들어 내기 위한 정보시스템이다.
② 거래처리시스템은 많은 양의 거래자료를 처리하지만 주로 운영에 관한 자료이다.

22 다음 중 관리지원시스템에 속하지 않는 것은?

① 전문가시스템
② 관리정보시스템
③ 의사결정지원시스템
④ 중역정보시스템

정답 19 ① 20 ③ 21 ① 22 ①

해설 관리지원시스템(Management Support System)은 관리정보시스템, 의사결정지원시스템, 중역정보시스템 등으로 구분할 수 있다.

㉠ **관리정보시스템** : 경영관리 전반에 대한 컴퓨터화로 사무자동화와 관리자의 신속한 의사결정을 돕는 시스템

㉡ **의사결정지원시스템** : 의사결정과정 동안에 관리자에게 직접적으로 컴퓨터를 통한 지원을 제공하는 시스템

㉢ **중역정보시스템** : 경영에 필요한 내・외부의 다양한 정보자원들로부터 핵심정보를 회사중역과 최고경영진에게 사용하기 쉬운 화면으로 제공하는 시스템

23 다음 중 기술관리와 관련된 세부관리가 아닌 것은?

① 오류관리 ② 재난관리

③ 시스템관리 ④ 정보자원관리

해설 **기술관리** : 정보기술이 기업에 대해 가지는 가치를 인식하는 것으로 오류관리, 재난관리, 시스템관리, 정보시스템 감사 등이 있다.

24 다음 중 기업의 경영환경을 변화시킨 핵심적인 3요인에 해당되지 않는 것은?

① 고객(Customer) ② 경쟁(Competition)

③ 문화(Culture) ④ 변화(Change)

해설 기업의 경영환경을 변화시킨 핵심적인 3요인(3C)에는 고객(Customer), 경쟁(Competition), 변화(Change)가 있다.

25 생산성의 개선을 추구하며, 이를 위해 고객만족에 중심을 두고 종업원 참여를 중시한 고품질 창출의 기초를 제공하는 동시에 종업원 사기를 고양하는 실제적 목적을 가진 것은?

① TQM ② CALS

③ SCM ④ BPR

해설 전사적 품질경영(TQM ; Total Quality Management)은 생산성의 개선을 추구하며, 이를 위해 고객만족에 중심을 두고 종업원 참여를 중시한 고품질 창출의 기초를 제공하는 동시에 종업원 사기를 고양하는 실제적 목적을 가진다.

정답 23 ④ 24 ③ 25 ①

26 전통적 경영에서 전사적 품질경영(TQM)으로 전이되면서 나타난 변화로 볼 수 없는 것은?

① 이익 우선에서 품질 우선으로 변화
② 소비자 중심에서 경영자 중심으로 변화
③ 단순한 일차원 품질에서 복잡한 다차원 품질로 변화
④ 결과만 중시에서 과정을 중시하고 결과를 평가하는 풍조로 변화

해설 전통적 경영방식과 전사적 품질경영(TQM)의 비교
㉠ 경영자 중심 → 소비자 중심으로 변화
㉡ 이익 우선 → 품질 우선으로 변화
㉢ 일차원 품질 → 다차원 품질로 변화
㉣ 노동자 불참 → 경영자와 노동자 참여로 변화
㉤ 결과만 중시 → 과정을 중시하고 결과를 평가하는 풍조로 변화

27 다음 중 정보자원에 대한 설명으로 틀린 것은?

✔ 2016년, 2017년 기출유사

① 정보자원은 조직의 전략적 자원으로 경쟁우위의 원천이다.
② 정보자원은 조직의 전략계획과 밀접하게 연관되어야 한다.
③ 정보자원의 생산자와 소비자는 뚜렷이 구분된다.
④ 정보자원은 통합되어 관리되어야 생산성을 극대화할 수 있다.

해설 정보자원
㉠ 정보는 전략적 경영자원의 하나로 인식되어야 한다.
㉡ 정보에 대한 책임소재를 명확히 규정하고, 그와 관련된 권한과 의무의 계통을 상세히 정의하여야 한다.
㉢ 정보자원계획은 조직의 전략계획과 밀접하게 연결되어 있어야 한다.
㉣ 여러 가지 정보자원 관련기술은 그 생산성의 극대화를 위하여 통합적으로 관리되어야 한다.
㉤ 정보자원관리에서는 조직의 모든 구성원 각자가 효과적인 정보생산자이며 동시에 정보소비자가 될 수 있다.

28 다음 〈보기〉의 (　　) 안에 들어갈 말로 가장 알맞은 것은?

보기
(　　　　)은(는) 기업이 자신의 강점을 최대한 활용하여 상대방보다 먼저 또는 높은 수준으로 전략을 실행하는 것

① 원가 우위(Cost Leadership)　② 차별화(Differentiation)
③ 혁신(Innovation)　④ 전략적 우위(Strategic Advantage)

정답 26 ② 27 ③ 28 ④

해설 전략적 우위(Strategic Advantage) : 기업이 자신의 강점을 최대한 활용하여 상대방보다 먼저 또는 높은 수준으로 전략을 실행하는 것이다.

29 다음 중 정보자원관리에 있어서 '데이터베이스 관리', '시스템 통합', '최종 사용자 지원' 등을 포함하는 것으로, 시스템이 어디에 위치하고 어디에서 사용되며 어디에서 개발되는가에 관한 관리영역은?

① 정보관리　　② 분산관리
③ 기술관리　　④ 기능관리

해설 분산관리는 시스템의 사용・개발 등 정보의 전체적인 성과(가치극대화)에 중요한 차이를 인식하는 것이다. 분산관리에 관련된 고려사항에는 네트워크 관리, 데이터베이스 관리, 시스템 통합, 최종 사용자 지원 등이 있다. 정보자원관리의 5가지 측면(=요소)에는 정보 및 지식관리, 기술관리, 분산관리, 기능관리, 전략관리 등이 있다.

30 기업의 정보시스템의 일종으로 주로 데이터의 수집과 분류・저장 등의 기능을 수행하며, 그 최종 산물은 데이터베이스의 구축인 시스템은?

① TPS(Transaction Processing System)
② DSS(Decision Support System)
③ EIS(Executive Information System)
④ ES(Expert System)

해설 TPS(Transaction Processing System)는 컴퓨터를 이용하여 거래 및 업무처리를 자동화하기 위해 개발된 시스템이다. 경영정보시스템의 제일 처음 단계로 거래처리로부터 발생하는 데이터를 수집(Gathering)과 분류(Classifying), 저장(Storing), 관리하는 가장 기본적인 정보시스템이다.

31 새스(Sass)와 키프(Keefe)의 전략정보시스템(SIS)을 통한 경쟁우위를 획득할 수 있는 5가지 방법으로 틀린 것은?

① 시장에 대한 경쟁기업의 진입장벽을 만든다.
② 고객의 전환비용과 운영 종속성을 낮춘다.
③ 새로운 제품, 서비스 및 정보를 제공한다.
④ 사업의 본질(환경)을 전환하여 기업운영을 변화시킨다.

해설 ② 고객의 전환비용과 운영 종속성을 높인다. 이외에 제품이나 서비스의 적정가격 전략을 선택하기 위해 전산화되고, 자동화된 프로세스를 도입한다.

정답 29 ② 30 ① 31 ②

32 **관리자들에게 정보를 제공하며, 조직 내의 운용과 경영 및 관리자의 의사결정기능을 지원하는 종합적인 사용자-기계시스템 간의 정보시스템은?**

① TPS
② IRS
③ MRP
④ MIS

해설 ④ **경영정보시스템(MIS ; Management Information System)** : TPS의 성장을 통해 경영정보시스템(MIS)이 등장하게 되었는데 이는 정보시스템을 보다 합리적으로 계획함으로써 단순히 자료를 처리하는 TPS에서 그 이상의 기능으로 확대시키게 된 것이다.

① **거래처리시스템(TPS ; Transaction Processing System)** : 판매, 급여, 구매, 재고 등의 업무수행에 의해 발생되는 거래자료를 신속하고 정확하게 처리하는 정보시스템으로 회계처리를 위한 시스템이다. 거래처리시스템은 현장업무 및 사무를 컴퓨터를 이용하여 처리하기 때문에 단순하고 명백한 업무에 적용되며 상대적으로 쉽게 분석하고 설계될 수 있다.

② **정보보고시스템(IRS ; Information Reporting System)** : 중간관리층의 경영관리 업무를 지원하기 위해 구축되는 협의의 경영정보시스템으로 경영관리 및 정보보고를 주목적으로 하는 시스템이다.

③ **자재소요량계획(MRP ; Material Requirement Planning)** : 최종 제품의 생산계획에 근거하여 소요되는 자재소요량의 흐름을 컴퓨터를 이용하여 종합적으로 관리하는 생산관리시스템으로 단순 재고비용 감소가 목적인 기법이다.

33 **경제적 주문량과 주문점 산정을 기초로 하는 전통적인 재고통제기법의 여러 약점을 보완하기 위하여 개발된 자재관리 및 재고통제기법은?**

① CRM
② MRP
③ SCM
④ CALS

해설 ② **MRP(Material Requirement Planning)** : MRP는 자재소요계획이라고 한다. 경제적 주문량과 주문점 산정을 기초로 하는 전통적인 재고통제기법의 여러 약점을 보완하기 위하여 미국 IBM사의 올리키(J. Orlicky)에 의하여 개발된 자재관리 및 재고통제기법이다.

34 **MIS(Management Information System)의 기능구조에 속하지 않는 것은?**

① 거래처리시스템
② 정보처리시스템
③ 의사소통시스템
④ 기업협력시스템

해설 **MIS(Management Information System)의 기능구조** : 거래처리시스템, 정보처리시스템, 프로그램화 의사결정시스템, 의사결정지원시스템, 의사소통시스템

정답 32 ④ 33 ② 34 ④

35 **다음 중 대규모의 컴퓨터 시스템을 소규모 컴퓨터의 네트워크로 대체하려는 경향을 무엇이라 하는가?**

① 벤치마킹　　② 리엔지니어링
③ 아웃소싱　　④ 다운사이징

해설 ④ **다운사이징** : 대규모의 컴퓨터 시스템을 소규모 컴퓨터의 네트워크로 대체하려는 경향을 말한다.
① **벤치마킹** : 경쟁업체의 경영방식을 면밀히 분석하여 경쟁업체를 따라잡는 경영전략이다.
② **리엔지니어링** : 기업의 체질 및 구조와 경영방식을 근본적으로 재설계하여 경쟁력을 확보하는 경영혁신기법이다.
③ **아웃소싱** : 핵심능력이 없는 부분은 과감히 떼어 내어 외주로 돌린다.

36 **정보를 필요로 하는 목적에 맞게 사용될 수 있는 정보의 특성은?**

① 관련성(relevance)　　② 정확성(accuracy)
③ 적시성(timeliness)　　④ 경제성(economics)

해설 ① **관련성** : 정보를 필요로 하는 목적에 맞게 사용될 수 있는 정보이다.
② **정확성** : 정보의 오류 및 왜곡을 제거하는 정보의 속성을 의미한다.
③ **적시성** : 정보를 필요로 하는 사람에게 적절한 시간에 정보가 제공되어야 함을 의미한다.
④ **경제성** : 정보의 가치가 정보의 생성비용보다 커야 한다는 속성이다.

37 **다음 중 정보자원관리의 일환으로서 정보기술이 기업에 대해 가지는 가치를 인식하는 것을 의미하는 것으로 오류관리, 재난관리, 시스템 관리, 정보시스템 감사 등을 그 내용으로 하는 것은?**

① 분산관리　　② 기술관리
③ 기능관리　　④ 전략관리

해설 **기술관리** : 정보기술이 기업에 대해 가지는 가치를 인식하는 것으로 오류관리, 재난관리(하드웨어 관리, 소프트웨어 백업, 인력 백업), 시스템 관리(입력, 전산처리, 출력, 데이터베이스, 원거리 통신, 접근관리), 정보시스템 감사 등이 있다.

38 **다음 중 지식경영시스템의 장애물이 아닌 것은?**

① 지식 공유에 대한 사용자의 저항　　② 지식경영 관련 기술의 미성숙
③ 데이터의 조직화　　④ 지식경영 산업의 미성숙

정답 **35** ④ **36** ① **37** ② **38** ③

해설 지식경영시스템의 장애물
㉠ 지식 공유에 대한 사용자의 저항 → 가장 큰 장애물
㉡ 지식경영 관련 기술의 미성숙
㉢ 지식경영 산업의 미성숙
㉣ 비용
㉤ 요구의 부재

39 **시스템은 시스템 환경과 상호작용 여부에 의해 구분한다. 시스템의 유형에 속하는 것은?**

① 상위시스템과 하위시스템
② 확정시스템과 확률시스템
③ 추상시스템과 물리시스템
④ 폐쇄적 시스템과 개방적 시스템

해설 시스템은 상호작용에 따라 폐쇄적 시스템과 개방적 시스템으로 구분한다. 폐쇄적 시스템은 물적 자원이나 정보, 에너지 등을 외부 환경과 주고받음 없이 자체적으로 운영되는 시스템이며, 개방적 시스템은 입력과 출력을 통해서 그들의 환경과 상호작용하는 시스템을 의미한다.

40 **BPR(Business Process Reengineering)을 수행하기 위한 3R 방법들 중에서 특정한 방법을 선택하기 위한 기준들로 잘 짝지어진 것은?**

① 기술적 측면 – 행태적 측면
② 원가절감 – 제품 및 서비스 차별화
③ 기능적 품질(What) – 기술적 품질(How)
④ 가치체인활동 내의 정보집약도 – 제품 내용에서의 정보비중

해설 BPR 구성요소(3R)의 선택

		기술적 품질(How) 저(낮음)	기술적 품질(How) 고(높음)
기능적 품질(What)	고(높음)	역공학, 리스트럭처링	無
	저(낮음)	순공학	리엔지니어링

정답 39 ④ 40 ③

41 다음 〈보기〉와 같은 상황에서 요구되는 정보의 특성은?

> 보기
> - 고객의 정보데이터 중 A고객의 전화번호가 누락
> - 각 대리점의 분기별 매출보고서에서 1/4분기 누락

① 적시성　② 정확성
③ 완전성　④ 경제성

해설 **완전성**(complete) : 정보 속에 필요한 자료가 모두 용해되어야 함을 의미한다. 즉, 완전성은 의사결정자가 필요로 하는 모든 정보를 포함하는 것이다.

42 다음 중 시스템의 종류에 대한 설명으로 틀린 것은?

① 인간의 개입에 따라 자연적 시스템과 인위적 시스템으로 구분한다.
② 확실성에 따라 확정적 시스템과 확률적 시스템으로 구분한다.
③ 외형적 특성에 따라 폐쇄적 시스템과 개방적 시스템으로 구분된다.
④ 목적에 따라 요소와 요소들의 관계로 표현이 되는데, 대표적인 시스템의 형태에는 경영시스템, 제조시스템, 서비스시스템, 정보시스템 등이 있다.

해설 시스템은 상호작용에 따라 폐쇄적 시스템과 개방적 시스템으로 구분된다.

43 제품이나 서비스의 판매, 가격, 유통, 광고, 기획, 관리 등과 관련된 데이터를 처리하고 의사결정에 필요한 정보를 제공하는 것은?

✔ 2017년 기출

① 유통정보 시스템　② 마케팅정보 시스템
③ 인사정보 시스템　④ 재무정보 시스템

해설 마케팅정보 시스템(MkIS)은 경영정보 시스템(MIS)의 구성요소 중에서 마케팅 관련 의사결정을 지원하기 위해 독자적으로 개발된 시스템이다.

정답 41 ③ 42 ③ 43 ②

44 다음 〈보기〉의 내용이 의미하는 것은 무엇인가?

> **보기**
> 비용, 품질, 서비스, 속도와 같은 핵심부문에서 기업이 극적인 성과 향상을 이루기 위해서 기업의 체질 및 구조와 경영방식을 근본적으로 다시 생각하고, 재설계하는 것이다.

① 리스트럭처링　　② 리엔지니어링
③ 시스템 역공학　　④ 다운사이징

해설 ② **리엔지니어링** : 기업의 체질 및 구조와 경영방식을 근본적으로 재설계하여 경쟁력을 확보하는 경영혁신기법을 말한다.
① **리스트럭처링** : 시스템의 기능적인 변화없이 다른 새로운 시스템으로 변환하는 것을 말한다.
③ **시스템 역공학** : 현재 존재하는 것으로부터 구성요소들 간의 상호 관련을 규명하기 위해 시스템을 분석해가는 과정을 말한다.
④ **다운사이징** : 대규모의 컴퓨터 시스템을 소규모 컴퓨터의 네트워크로 대체하려는 경향을 말한다.

45 최고경영자가 경영의 관리적 계획, 감독 그리고 분석을 증진할 수 있도록 정보를 제공하기 위해 설계된 데이터 지향시스템은?

① MIS　　② EIS
③ ERP　　④ PMS

해설 경영정보시스템(EIS ; Executive Information System)은 최고경영자가 경영의 관리적 계획, 감독 그리고 분석을 증진할 수 있도록 정보를 제공하기 위해 설계된 데이터 지향시스템으로, 최고경영자들이 조직의 성공적인 경영을 위하여 필요로 하는 조직 내부 혹은 조직 외부의 정보를 효과적으로 제공할 수 있는 컴퓨터 기반의 정보시스템이라고 할 수 있다. 또한 경영정보시스템은 요구되는 정보의 질, 사용자 인터페이스, 정보기술적 능력 등에서 다른 정보시스템과 구별되는 특징을 갖고 있다.

46 정보화를 위한 조직기술 오그웨어 중 기업경영의 내용이나 경영과정 전반을 분석하여 경영목표의 달성에 가장 적합하도록 재설계하고, 그 설계에 따라 기업형태, 사업내용, 조직, 사업분야 등을 재구성하는 것은?

① Netware
② Benchmarking
③ Business Process Reengineering
④ Response Management

정답 44 ② 45 ② 46 ③

해설 업무재설계(BPR ; Business Process Reengineering)는 업무성과 향상을 위해 기업프로세스 혁신을 추구하는 방법으로 기업경영의 내용이나 경영과정 전반을 분석하여 경영목표의 달성에 가장 적합하도록 재설계하고, 그 설계에 따라 기업형태, 사업내용, 조직, 사업분야 등을 재구성하는 방법이다.

47 다음 〈보기〉는 무엇에 대한 설명인가?

> **보기**
> 구조적 의사결정을 위한 시스템으로서 주로 시스템에 의해서 의사결정이 자동적으로 이루어지게 한다. 이러한 시스템은 의사결정절차가 구조적이며 업무처리절차가 정의된 업무에 적용된다.

① 거래처리시스템
② 정보처리시스템
③ 프로그램화 의사결정시스템
④ 의사소통시스템

해설 프로그램화 의사결정시스템은 구조적 의사결정을 위한 시스템으로서 주로 시스템에 의해서 의사결정이 자동적으로 이루어지게 한다. 이러한 시스템은 의사결정절차가 구조적이며 업무처리절차가 정의된 업무에 적용된다.

48 다음 용어들 중에서 '기능'을 구성하는 최소한의 단위를 지칭하는 개념으로 독립적으로 완전한 하나의 기능을 구현할 수 있는 것을 지칭하는 용어는?

① 통제(Control)
② 흐름(Flow)
③ 모듈(Module)
④ 피드백(Feedback)

해설 ③ 모듈(Module)은 기계 또는 시스템의 구성단위로 복수의 전자부품이나 기계부품 등으로 조립된 특정 기능을 가진 조그만 장치를 말한다. 하나의 기능은 하나의 모듈만으로 구성될 수도 있고, 여러 개의 모듈들로 구성될 수 있다는 특징이 있다.

49 정보시스템이 조직의 구조적 변화와 결합할 때 경쟁우위를 확보하기 위한 전략적 활동방안이 아닌 것은?

✔ 2014년 기출

① 원가의 절감
② 시장진입장벽의 강화
③ 거래선의 다양화
④ 제품 및 서비스의 차별화

해설 ③ 거래선을 다양화하는 것보다 고정화하는 것이 유리하다.

정답 47 ③ 48 ③ 49 ③

CHAPTER

2 경영정보시스템의 구조

01 경영계층별 정보시스템의 구조

(1) 거래처리시스템(TPS ; Transaction Processing System)

① 거래처리시스템의 개념

㉠ 거래처리는 조직의 기본적인 활동으로 거래처리시스템 역시 정보시스템의 기본이 되는 시스템이다.

㉡ 거래처리시스템(TPS)은 판매, 급여, 구매, 재고 등의 업무수행에 의해 발생되는 거래자료를 신속하고 정확하게 처리하는 정보시스템이다. 현장업무 및 사무를 컴퓨터를 이용하여 처리하기 때문에 단순하고 명백한 업무에 적용된다.

② 거래처리시스템의 특징

㉠ 거래처리 담당자를 포함하는 하위경영층에 의해 사용된다.

㉡ 일상적인(정형적, 표준화) 거래처리 : 기본적인 시스템

㉢ 다른 유형의 정보시스템을 위한 데이터를 제공한다.

㉣ 많은 양의 상세한 데이터를 처리한다.

㉤ 의사결정을 지원하지는 않는다.

㉥ 데이터를 주기적으로 처리한다.

㉦ 대량의 데이터를 신속·효율적으로 입력, 처리, 출력할 수 있어야 한다.

㉧ 데이터의 정확성 및 현재성 유지를 위해 지속적인 갱신노력이 필요하다.

(2) 운영통제시스템

① 운영통제시스템의 개념

㉠ 운영통제활동은 조직의 말단에서 이루어지는 거래처리업무가 효율적이고 효과적으로 수행될 수 있도록 통제하는 활동으로 대부분의 업무가 정형화되어 있는 것이 보통이다.

㉡ 운영통제시스템에서의 자료처리의 유형은 크게 보고서처리(report processing)와 조회처리(inquiry processing)의 두 가지로 나눌 수 있고, 여기서 이용되는 데이터베이스는 주로 거래처리와 관련된 자료로 구성되어 있다.

② 운영통제시스템의 특징

㉠ 운영통제시스템의 업무는 대부분 정형화되어 있다.

㉡ 주로 기업의 내부 데이터를 활용한다.

㉢ 일반적으로 하위관리층이 업무와 관련된 의사결정을 하기 위해 사용한다.

㉣ 정보처리에 있어 관련된 데이터의 구성이 데이터베이스이다.

㉤ 시스템화하기 쉬운 것은 운영통제활동이 정형적・구조적이기 때문이다.

(3) 관리통제시스템

① 관리통제시스템의 개념

㉠ 중간관리층의 업무를 지원해 주는 시스템으로, 관리통제활동을 위한 정보는 주로 각 부서의 성과 특성 및 통제, 부서원의 업무수행규칙의 결과 등과 직접 관련을 맺고 있다.

㉡ 이때 경우에 따라 조직 외부의 자료를 활용하기도 하고, 또 여러 가지 의사결정모형이나 분석모형을 도입하기도 한다.

② 관리통제시스템의 특징

㉠ 의사결정을 지원하는 것은 중간관리층이다.

㉡ 외부 데이터나 내부 데이터가 활용한다.

㉢ 일반적으로 데이터베이스는 거래처리시스템으로부터 제공된다.

(4) 전략계획시스템

① 전략계획시스템의 개념

㉠ 어떤 조직에서 전략계획을 수립하는 경우 조직의 내・외부를 막론하고 매우 광범위한 정보를 필요로 한다.

㉡ 정보시스템이 전략계획의 과정에 어느 정도 실질적인 도움을 줄 수 있도록 조직 내부의 데이터는 보다 미래지향적인 자료분석을 통해, 그리고 조직 외부와 관련된 정보는 주요 외부 데이터를 통해 조직 내 데이터베이스에 포함시켜 조직의 전략계획을 수립하도록 하는 시스템이다.

② 전략계획시스템의 특징

㉠ 의사결정을 지원하는 것은 최고관리층이다.

㉡ 외부 데이터와 내부 데이터가 활용한다.

㉢ 시스템화하기 어려운 것은 정보의 원천이 다양하고 정보의 요구도 불명확하여 직관이나 판단에 의존하여 의사결정을 하는 경우가 많다.

㉣ 조직의 목표를 설정하고 장기적인 전략을 수립하는 활동을 지원한다.

02 경영기능별 정보시스템의 구조

(1) 생산정보시스템

① 생산정보시스템의 정의

㉠ 생산정보시스템이란 생산관련 데이터를 통계적 공정관리 개념의 프로그램을 통하여 실시간으로 처리하는 방식의 통계적 공정관리시스템이다.

㉡ 즉, 생산정보시스템을 통하여 생산·공정상에서 발생하는 데이터를 수집·분석하여 기초통계량 및 불량개수 등을 품질관리팀으로 실시간 전송하고 네트워크 연결을 통하여 전사적으로 데이터를 공유하고 실시간 관리할 수 있는 시스템을 의미한다.

② **생산정보시스템의 구성** : 생산정보시스템은 크게 기본정보, 수주정보, 출하관리, 소요량계산, 작업지시, 실적관리, 재고관리 등 생산 전반에 걸쳐 광범위하게 구성되고 있다.

③ **생산정보시스템의 유형** : 생산정보시스템의 유형은 CAD(컴퓨터 지원설계), CAM(컴퓨터 지원제조), CAPP(컴퓨터 지원공정계획), MRP(자재소요계획), CIM(컴퓨터 통합제조) 등이 있다.

㉠ CAD(Computer Aided Design) : 컴퓨터를 이용하여 각종 디자인(설계)의 기획, 도면작성, 수정, 분석 등을 최적의 상태로 수행하며 데이터베이스의 구축으로 설계업무의 제반 사항을 신속, 정확하게 처리하여 주는 S/W를 의미한다.

㉡ CAM(Computer Aided Manufacturing) : CAM이라는 말은 컴퓨터에 의해 구체화되고 형상화된 모델을 이용하여 가공 및 생산에 필요한 자료를 얻어내는 기술로, 그에 필요한 과정들은 NC 프로그래밍에 의한 NC 공작기계를 사용하는 과정 등의 제품을 만드는 과정과 같은 가공 및 생산분야에서 컴퓨터를 활용하는 기술을 말한다.

㉢ CAPP(Computer Aided Processing Planning) : CAPP는 자재소요계획이나 용량계획 등과 같은 공정기획업무를 지원하는 정보시스템을 의미한다.

㉣ MRP(Material Requirement Planning) : MRP는 자재소요계획이라고 한다. 경제적 주문량과 주문점 산정을 기초로 하는 전통적인 재고통제기법의 여러 약점을 보완하기 위하여 개발된 자재관리 및 재고통제기법이다.

㉤ MRP II : MRP의 범위를 더욱 확장하여 자금, 인력, 시설을 포함하는 모든 제조자원을 통합적으로 계획하고 통제하는 관리시스템으로, MRP의 확장된 시스템이라는 의미로 MRP II 혹은 제조자원계획(Manufacturing Resource Planning)이라 한다.

㉥ CIM(Computer Integrated Manufacturing) : 제조, 개발, 판매로 연결되는 정보흐름의 과정을 일련의 정보시스템으로 통합한 종합적인 생산관리시스템이다. CIM은 부분적으로 자동화되어 있는 각 생산분야(계획·설계·제조·생산관리 등)를 통합하고 그 위에 영업, 유통, 연구분야의 시스템을 구축하여 기업 전체의 생산관련 시스템을 유기적으로 통합화함으로써 다양화된 소비자 요구에 신속히 대응하고 고도의 생산성 향상을 도모하려는 것이다.

④ **생산정보화시스템 도입의 효과** : 생산정보시스템의 도입에 따른 효과는 여러 기업에서 업무능률의 향상 효과가 나타나고 있으며, 특히 서류작업시간의 감소, 데이터 도입시간의 감소, 정보분석비용의 감소 등 시스템의 구축 전보다 도입에 따른 효과가 크게 향상되었다.

플러스 UP 놀란(Nolan)의 정보시스템 성장모형

㉠ 도입(initation)단계
㉡ 전파(contagion)단계
㉢ 통제(control)단계
㉣ 통합(integration)단계
㉤ 데이터관리(data administration)
㉥ 성숙(maturity)단계

(2) 마케팅정보시스템

① **마케팅정보시스템의 개념**

㉠ 마케팅정보시스템(Marketing Information System)이란 마케팅 의사결정자가 필요로 하는 정보를 적시에 수집・분류・분석・평가・배분하기 위한 사람, 기구 및 절차로 구성되는 시스템이다.

㉡ MIS는 마케팅 관리자들과 상호작용하며 회사의 내부기록, 마케팅 일상정보활동과 마케팅조사로부터 필요한 정보를 개발한다.

② **마케팅정보시스템의 구성** : 마케팅정보시스템은 크게 내부정보시스템, 고객정보시스템, 마케팅 인텔리전스시스템, 마케팅 의사결정지원시스템, 마케팅조사시스템의 하부요소로 구성된다.

㉠ **내부정보시스템(Internal Information System)**

ⓐ 내부정보는 마케팅 관리자들이 마케팅 의사결정을 하는 데 있어 가장 기본적인 정보로, 상품별・지역별・기간별 매출, 재고수준, 외상거래, 지역별 점포 수 및 점포 실적에 관한 정보, 판매가격 등을 포함한다.

ⓑ 내부정보는 매출관리, 시장점유율 관리, 가격반응, 광고를 포함한 촉진활동의 매출효과 등을 파악하여 최적의 마케팅 의사결정을 위한 정보를 지원하는 것이 목적이다.

㉡ **고객정보시스템(Customer Information System)**

ⓐ 1980년대 중반에 들어 개별 고객의 특성과 욕구에 부합되는 차별화된 마케팅 노력을 제공하는 기업활동인 데이터베이스 마케팅(Database Marketing ; DB 마케팅)의 도입을 가능하게 하였다.

ⓑ 고객정보시스템은 인구통계적 특성, 라이프스타일, 고객이 추구하는 혜택, 구매정보 등의 정보를 포함한다. 이러한 고객정보는 기존고객의 제품에 대한 충성도의 제고 및 이탈방지, 신규고객의 유인을 위한 마케팅전략의 수립에 활용된다.

㉢ 마케팅 인텔리전스시스템(Marketing Intelligence System)

ⓐ 마케팅 인텔리전스시스템은 기업을 둘러싼 마케팅 환경에서 발생되는 일상적인 정보를 수집하기 위해서 기업이 사용하는 절차와 정보원의 집합을 의미한다.

ⓑ 마케팅 인텔리전스시스템은 마케터의 의사결정을 지원해 줄 수 있는 여러 가지 정보경로를 공식화・체계화한 것이라고 할 수 있다.

㉣ 마케팅조사시스템(Marketing Research System)

ⓐ 지금까지 설명한 내부정보시스템, 고객정보시스템, 마케팅 인텔리전스시스템은 각기 다른 목적으로 수집된 2차 자료로서 당면한 마케팅 문제의 해결에 적절하거나 직접적인 관련성이 높지 않을 수 있다.

ⓑ 마케팅조사는 당면한 마케팅문제의 해결에 직접적으로 관련된 1차 자료를 수집하기 위해 도입된다.

㉤ 마케팅 의사결정지원시스템

ⓐ 내부정보시스템, 고객정보시스템, 마케팅 인텔리전스시스템, 마케팅조사시스템에 의해 얻어진 자료는 기술적(descriptive) 정보이기 때문에 마케팅 의사결정의 결과를 예측하는 데 큰 도움이 되지 않을 수 있다.

ⓑ 이러한 문제를 해결하기 위해 도입된 것이 마케팅 의사결정지원시스템인데, 마케팅 의사결정지원시스템(Marketing Decision Support System)은 마케팅 환경으로부터 수집된 정보를 해석하고 마케팅 의사결정의 결과를 예측하기 위해 사용되는 관련자료, 지원소프트웨어와 하드웨어, 분석도구 등을 통합한 것이다.

ⓒ 마케팅 의사결정지원시스템은 자료(data), 모형(model), 통계(statistics), 최적화(optimization), 그리고 시스템과의 의사소통(Q/A)의 다섯 가지로 구성되어 있다.

③ 경영활동수준별 마케팅정보시스템의 구조

㉠ **전략계획** : 조직의 목표설정, 목표를 달성하기 위한 장기계획의 수립, 목표달성에 필요한 자원의 정의 및 자원의 획득, 이용에 관한 정책 등을 결정하는 활동으로, 신제품의 개발계획 등을 지원한다.

㉡ **경영통제** : 조직의 목표달성에 필요한 각종 자원이 효과적・효율적으로 획득되어 이용될 수 있도록 보장하는 활동으로, 마케팅조사나 촉진활동, 가격결정 등을 지원한다.

㉢ **운영통제** : 구체적인 조직의 기본업무 또는 거래활동들이 효과적・효율적으로 수행될 수 있도록 통제하는 활동으로, 새로운 고객과의 접촉이나 고객서비스 제공 등을 지원한다.

플러스 UP **경영정보시스템의 역할**

경영정보시스템은 기업 내에서 기본적으로 전략적 역할, 관리적 역할, 운영적 역할 등 3가지 중요한 역할을 수행한다.
㉠ 전략적 역할 : 기업 전체의 전략적 경쟁우위의 확보 지원
㉡ 관리적 역할 : 경영관리적인 의사결정의 지원
㉢ 운영적 역할 : 기업활동의 운영적 업무의 효율적 처리

(3) 인적자원정보시스템

① **인적자원정보시스템**(Human Resource Information System)**의 개념**

㉠ 인적자원정보시스템(HRIS)은 조직 구성원의 인적 사항, 교육사항, 직무, 보상 등 각종 인사정보들을 수집, 저장 및 분석하는 컴퓨터 시스템을 말한다.

㉡ 경영의사결정 중에서 경영관리활동의 주체로서 인적자원관리와 관련된 의사결정문제의 해결은 HRIS를 설계함으로써 가장 합리적으로 이루어질 수 있다.

② **인적자원정보시스템의 목표**

㉠ HRIS는 기업의 핵심인 인적자원의 역량을 극대화하기 위해 정보기술을 인적자원관리 업무에 적용한 것이라고 정의할 수 있다.

㉡ 이에 따라 HRIS는 조직이 필요로 하는 인적자원과 인적자원관리 및 조직단위의 특성에 관한 정보를 수집, 저장, 유지시키기 위한 체계적인 과정을 지원할 수 있어야 한다.

③ **인적자원정보시스템의 구축효과**

㉠ 인사업무의 질적 변화
㉡ 인사담당 관리자 역할의 변화
㉢ 조직관리 및 기업문화의 변화
㉣ 경영층의 의사결정에 필요한 정보의 제공
㉤ 그 외의 다른 업무와 연계

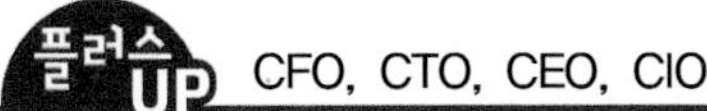

CFO, CTO, CEO, CIO

㉠ CFO(Chief Financial Officer) : 최고 재무경영자
㉡ CTO(Chief Technology Officer) : 기업의 정보기술 계획과 적용을 담당하는 최고경영자
㉢ CEO(Chief Executive Officer) : 최고 대표이사, 회장과 동급, 실질적인 경영결정권을 갖는다.
㉣ CIO(Chief Information Officer) : 기업의 정보기술을 관장하는 최고경영자

CIO는 한 기업의 정보기술 및 컴퓨터 시스템 부문을 책임지고 있는 사람에게 보편적으로 부여되는 직무 명칭이다. 단순히 컴퓨터로 전산처리를 담당하는 임원과는 달리, 기업전략으로서의 정보시스템을 어떻게 활용할 것인가를 입안·실행하는 임원을 말한다. CIO의 주요 역할은 다음과 같다.

ⓐ 여타 정보시스템 기술지원 서비스를 책임진다.
ⓑ 비즈니스 및 정보기술 계획과 전략연구 및 개발활동에 집중한다.
ⓒ CEO와 다른 부문의 최고경영자들과 함께 정보기술의 전략적인 활용방안을 세운다.

플러스UP 아웃소싱(Outsourcing)

㉠ 아웃소싱은 기업이 고객서비스의 향상, 비용의 절감 등을 효율화할 수 있도록 자사의 정보시스템의 운용·관리·보수·유지 등 전체 혹은 일부를 외부의 전문업체에 위탁하는 것을 말한다. 즉, 아웃소싱은 핵심능력이 없는 부분은 과감히 떼어 내어 외부의 전문업체에 위탁하는 것을 말한다.
㉡ 아웃소싱은 기업의 내부 프로젝트나 제품의 생산·유통·용역 등을 외부의 제3자에게 위탁, 처리하는 것을 말한다. 원래는 미국 기업이 제조업 분야에서 활용하기 시작했으며 경리, 인사, 영업, 신제품 개발 등 모든 분야로 확대되고 있다. 기업은 핵심사업에만 집중하고 나머지 부수적인 부문은 외주에 의존함으로써 생산성 향상을 극대화할 수 있다.

(4) 재무 및 회계정보시스템

① 재무정보시스템(Financial Information System)

㉠ 재무정보시스템(FIS)은 자금조달 및 재무자원의 운용 및 평가에 관한 정보를 제공하여 이와 관련된 의사결정을 지원하는 정보시스템을 의미한다.
㉡ 따라서 FIS는 기업과 관련된 현금과 유가증권의 관리, 자본예산의 수립, 재무계획 등이 하위시스템으로 구성되며, 뒤에 나오게 될 회계정보시스템과 유기적인 연결관계를 유지하게 된다.

② 회계정보시스템(Accounting Information System)

㉠ 회계정보시스템은 기업의 재무에 관한 자료를 수집·기록·정리하여 경영자 및 외부의 이용자가 의사결정을 하는 데 유용한 회계정보를 제공하는 시스템이다.
㉡ 회계정보시스템은 원가주의에 근거하여 자금의 흐름을 기록하고 보고하며, 재무상태표(대차대조표)와 손익계산서와 같은 중요한 재무보고서를 만들어 낸다.

플러스 UP 경영정보시스템(MIS)의 구조

경영정보시스템(MIS)의 구조는 경영활동수준과 조직기능의 두 가지 기준으로 구분한다.
㉠ **경영활동수준** : 거래처리시스템, 운영통제시스템, 관리통제시스템, 전략계획시스템
㉡ **조직기능** : 생산정보시스템, 마케팅정보시스템, 인적자원정보시스템, 재무정보시스템

플러스 UP 균형성과표(BSC)

㉠ **균형성과표(BSC)의 개념** : 균형성과표(BSC ; Balanced Score Card)는 기업의 성과측정에 있어서 전통적인 재무제표를 보완하여 고객, 내부 프로세스, 혁신 및 개선활동에 대한 성과를 추가적으로 측정하여 반영하는 기법(시스템)이다. 균형성과표(BSC)는 조직의 비전과 전략에서 파생된 성과지표의 조합으로 조직의 전략적 방향 제시 및 변화에 대한 동기를 부여하며, 기업활동의 의사결정의 기초를 제공한다.
㉡ **균형성과표(BSC) 구현의 전제조건** : 경영자의 적극적인 후원과 지지, 도입하려는 회사에 맞는 균형성과표(BSC)의 기본틀 구성, 균형성과표(BSC)를 경영자에서 쉽고 빠르고 정확한 정보를 제공할 수 있도록 시스템으로 구현한다.
㉢ **균형성과표(BSC)의 구성** : 재무적 관점, 고객 관점, 비즈니스 프로세스 관점, 학습 및 성장 관점 등 4분야에 대해 측정지표를 선정해 평가한 뒤 각 지표별로 가중치를 적용해 산출한다. 균형성과표(BSC)는 비재무적 성과까지 고려하고 성과를 만들어낸 동인을 찾아내 관리하는 것이 특징이며, 이런 점에서 재무적 성과에 치우친 경제적 부가가치(EVA), 투자수익률(ROI) 등의 한계를 극복할 수 있다.

CHAPTER 2

기출유형 다잡기

01 **관리처리 관련자료 이외에도 예산이라든가 각종 표준계획 등과 관련된 자료를 이용해서 실제 성과와 비교함으로써 문제점을 찾아내고, 그 문제점을 분석하여 가능한 통제방법을 모색하는 데 도움을 줄 수 있는 시스템은?**

① 거래처리시스템 ② 운영통제시스템
③ 관리통제시스템 ④ 전략계획시스템

해설 관리통제시스템은 관리처리 관련자료 이외에도 예산이라든가 각종 표준계획 등과 관련된 자료를 이용해서 실제 성과와 비교함으로써 문제점을 찾아내고, 그 문제점을 분석하여 가능한 통제방법을 모색하는 데 도움을 줄 수 있다.

02 **제조, 개발, 판매로 연결되는 정보흐름의 과정을 일련의 정보시스템으로 통합한 시스템은?**

① CAD ② CAM
③ CIM ④ MRP

해설 컴퓨터 통합생산(CIM)은 제조, 개발, 판매로 연결되는 정보흐름의 과정을 일련의 정보시스템으로 통합한 종합적인 생산관리시스템이다.

03 **다음 〈보기〉는 무엇에 대한 설명인가?**

> **보기**
> 인구통계적 특성, 라이프스타일, 고객이 추구하는 혜택, 구매정보 등의 정보를 포함한다. 최근 들어 구매정보는 더욱 세분화되어서 고객의 구매일자(recency), 구매빈도(frequency), 구매가격(monetary)까지 포함하고 있다.

① 내부정보시스템 ② 마케팅정보시스템
③ 고객정보시스템 ④ 마케팅조사시스템

해설 고객정보시스템은 인구통계적 특성, 라이프스타일, 고객이 추구하는 혜택, 구매정보 등의 정보를 포함한다. 최근에 들어 구매정보는 더욱 세분화되어서 고객의 구매일자(recency), 구매빈도(frequency), 구매가격(monetary)까지 포함하고 있다. 이러한 고객정보는 기존고객의 제품에 대한 충성도의 제고 및 이탈방지, 신규고객의 유인을 위한 마케팅 전략의 수립에 활용된다.

정답 01 ③ 02 ③ 03 ③

04 **마케팅 의사결정자가 필요로 하는 정확하고 시기적절한 정보를 적시에 수집 · 분류 · 분석 · 평가 · 배분하기 위한 사람, 기구 및 절차로 구성되는 시스템은?** ✔ 2017년 기출유사

① 생산정보시스템 ② 마케팅정보시스템
③ 인사정보시스템 ④ 재무 및 회계정보시스템

해설 마케팅정보시스템은 마케팅 의사결정자가 필요로 하는 정확하고 시기적절한 정보를 적시에 수집 · 분류 · 분석 · 평가 · 배분하기 위한 사람, 기구 및 절차로 구성되는 시스템이다.

05 **마케팅 의사결정지원시스템에서 통계자료와 모형을 이용하여 시장여건과 주어진 마케팅 예산 하에서 효율적인 마케팅 투자를 위한 답을 찾는 과정을 무엇이라 하는가?**

① 자료 ② 모형
③ 통계 ④ 최적화

해설 최적화는 마케팅 의사결정지원시스템에서 통계자료와 모형을 이용하여 시장여건과 주어진 마케팅 예산 하에서 효율적인 마케팅 투자를 위한 답을 찾는 과정을 말한다.

06 **재무정보시스템의 하위시스템에 속하지 않는 것은?**

① 유가증권 관리시스템 ② 자본예산 수립시스템
③ 재무계획시스템 ④ 홈 트레이딩 시스템

해설 홈 트레이딩 시스템은 개인이 온라인으로 직접 주식을 사고팔 때, 접속하여 거래를 진행할 수 있도록 하는 소프트웨어를 의미한다.

07 **회계정보시스템의 하위시스템에 속하지 않는 것은?**

① 외상매출금시스템 ② 외상매입금시스템
③ 총계정원장시스템 ④ 재무제표관리시스템

해설 회계정보시스템의 하위시스템으로는 외상매출금시스템, 외상매입금시스템, 총계정원장시스템 그리고 급여처리시스템이 있다.

정답 04 ② 05 ④ 06 ④ 07 ④

08 **조직의 말단에서 이루어지는 거래처리업무가 효율적이고 효과적으로 수행될 수 있도록 통제하는 활동으로, 대부분의 업무가 정형화되어 있는 자료를 처리하는 시스템은?**

2014년 기출

① 거래처리시스템 ② 전략계획시스템
③ 관리통제시스템 ④ 운영통제시스템

해설 운영통제시스템은 조직의 말단에서 이루어지는 거래처리업무가 효율적이고 효과적으로 수행될 수 있도록 통제하는 활동으로, 대부분의 업무가 정형화되어 있는 자료를 처리하는 것에 이용된다.

» 운영통제시스템의 특징
㉠ 운영통제시스템의 업무는 대부분 정형화되어 있다.
㉡ 주로 기업의 내부 데이터를 활용한다.
㉢ 일반적으로 하위관리층이 업무와 관련된 의사결정을 하기 위해 사용한다.
㉣ 정보처리에 있어 관련된 데이터의 구성이 데이터베이스이다.
㉤ 시스템화하기 쉬운 것은 운영통제활동이 정형적・구조적이기 때문이다.

09 **현장작업자의 업무를 신속하고 정확하게 처리하는 정보시스템으로, 일반적으로 데이터가 반복적으로 대량 발생되는 정보시스템 유형은?**

2019년 기출

① 전략계획시스템 ② 운영통제시스템
③ 관리통제시스템 ④ 거래처리시스템

해설 현장작업자의 업무를 신속하고 정확하게 처리하는 정보시스템은 거래처리시스템(TPS)이다. 거래처리시스템은 컴퓨터를 이용한 사무업무나 운용적 업무의 신속・정확한 처리를 위한 시스템으로서 그 주요 기능은 거래처리, 마스터파일의 보전, 보고서 출력, 데이터베이스에 자료의 제공과 검색 등이다.

10 **기업을 둘러싼 마케팅환경에서 발생되는 일상적인 정보를 수집하기 위해서 기업이 사용하는 절차와 정보원의 집합을 무엇이라 하는가?**

① 내부정보시스템 ② 마케팅 인텔리전스시스템
③ 고객정보시스템 ④ 마케팅조사시스템

해설 마케팅 인텔리전스시스템은 기업을 둘러싼 마케팅 환경에서 발생되는 일상적인 정보를 수집하기 위해서 기업이 사용하는 절차와 정보원의 집합을 의미한다.

정답 08 ④ 09 ④ 10 ②

11 **조직기능을 지원하기 위해 기능별로 운영해오던 정보시스템을 자원과 고객서비스의 효율적 관리를 위해 통합하는 전사적 애플리케이션의 유형에 해당하지 않는 것은?**

① ERP ② CAD
③ SCM ④ CRM

해설 ② CAD(Computer Aided Design) : 컴퓨터를 이용하여 각종 디자인의 기획, 도면작성, 수정, 분석 등을 최적의 상태로 수행하며, 데이터베이스의 구축으로 설계업무의 제반 사항을 신속, 정확하게 처리하여 주는 S/W를 말한다. CAD는 생산정보시스템에 해당한다.

12 **다음 중 놀란(Nolan)의 정보시스템 성장모형의 6단계로 옳은 것은?**

① 도입 – 전파 – 데이터관리 – 통제 – 통합 – 성숙
② 도입 – 전파 – 데이터관리 – 성숙 – 통제 – 통합
③ 도입 – 전파 – 통제 – 데이터관리 – 성숙 – 통합
④ 도입 – 전파 – 통제 – 통합 – 데이터관리 – 성숙

해설 **Nolan의 정보시스템 성장모형 6단계** : 도입(initation)단계 → 전파(contagion)단계 → 통제(control)단계 → 통합(integration)단계 → 데이터관리(data administration) → 성숙(maturity)단계

13 **다음 설명 중 틀린 것은?**

① 인사관리의 정보화 목표는 정보기술(IT)을 활용하여 정보를 체계화하고 업무를 간소화·근대화하여 과학적 인사관리의 기반을 구축하는 한편, 급변하는 정보수요에 대처하기 위함이다.
② 인사정보시스템은 기업의 핵심인 인적자원의 역량을 극대화하기 위해 정보기술을 인사업무에 적용한 것이라고 정의할 수 있다.
③ 체계적 과정과 정확한 정보의 제공을 통해 인사정보시스템은 인적자원의 계획, 채용, 충원, 노사관계 등에 관련된 의사결정을 지원할 수 있어야 한다.
④ 많은 기업들은 기존의 인사정보를 메인 컴퓨터의 집중적 환경으로 전환하고 GUI를 이용해서 사용자가 편리하게 인사정보를 이용하도록 만들었다.

해설 인사정보시스템의 경우 많은 기업들은 기존의 메인프레임 컴퓨터에서 운용되는 인사정보를 클라이언트/서버 환경으로 전환하고 GUI(Graphic User Interface)를 이용해서 사용자가 편리하게 인사정보를 이용하도록 만들었다.

정답 **11** ② **12** ④ **13** ④

14 다음 중 기업정보시스템의 역사가 가장 오래된 것은?

① 회계정보시스템 ② 거래처리시스템
③ 재무계획시스템 ④ 생산정보시스템

해설 회계정보시스템은 기업의 재무에 관한 자료를 수집·기록·정리하여 경영자 및 외부의 이용자가 의사결정을 하는데 유용한 회계정보를 제공하는 시스템이라고 할 수 있는데, 역사적으로도 가장 먼저 기업경영에 도입된 정보시스템이다.

15 다음 〈보기〉의 ( ) 안에 공통으로 들어갈 말로 알맞은 것은?

✔ 2019년 기출

보기

( )는 유통업체로부터 소스마킹된 단품의 판매기록이 수록되어 있는 ( ) 데이터를 구매시점에 스캐너로 읽으면 각종 판매정보가 기록되고 저장된다. ( )는 소매업체의 경영활동에 관한 각종 정보를 판매시점에 파악하여 관리하게 하는 종합적 소매 정보시스템이다.

① 바코드
② POS(Point Of Sales)
③ IDC(Internet Data Center)
④ ASP(Application Service Provider)

해설 판매시점정보관리시스템(POS)은 소매점포의 판매시점(point of sales)에서 수집한 POS 데이터를 통해 재고관리, 제품 생산관리, 판매관리를 효율적으로 하려는 정보 의사소통 방법을 말한다. POS 시스템에서는 상품별 판매정보가 컴퓨터에 보관되고, 그 정보는 발주, 매입, 재고 등의 정보와 결합하여 필요한 부문에 활용된다.

16 전통적인 컴퓨터 기반의 정보처리뿐만 아니라 인터넷, 인트라넷, 엑스트라넷, 전자상거래, 협업시스템 등과 같은 '고립된 기술(Islands of Technology)'들을 정보자원관리라는 방식을 통해 통합하고 있다. 이러한 통합을 주도하는 인력을 지칭하는 명칭은?

① CEO(Chief Executive Officer)
② CFO(Chief Finance Officer)
③ CIO(Chief Information Officer)
④ CKO(Chief Knowledge Officer)

해설 CIO(Chief Information Officer)는 한 기업의 정보기술 및 컴퓨터 시스템 부문을 책임지고 있는 사람에게 보편적으로 부여되는 직무 명칭이다. 단순히 컴퓨터로 전산처리를 담당하는 임원과는 달리, 기업전략으로서의 정보시스템을 어떻게 활용할 것인가를 입안·실행하는 임원을 말한다.

정답 14 ① 15 ② 16 ③

17 **다음 중 CIO(Chief Information Officer)의 주요 역할로 틀린 것은?**

① 일상의 정보서비스 활동을 직접 지휘한다.
② 여타 정보시스템 기술지원 서비스를 책임진다.
③ 비즈니스 및 정보기술 계획과 전략연구 및 개발활동에 집중한다.
④ CEO와 다른 부분의 최고경영자들과 함께 정보기술의 전략적인 활용방안을 세운다.

해설 CIO(Chief Information Officer)의 주요 역할
㉠ 여타 정보시스템 기술지원 서비스를 책임진다.
㉡ 비즈니스 및 정보기술 계획과 전략연구 및 개발활동에 집중한다.
㉢ CEO와 다른 부문의 최고경영자들과 함께 정보기술의 전략적인 활용방안을 세운다.

18 **다음 중 운영통제시스템의 특징으로 옳지 않은 것은?**

① 운영통제시스템의 업무는 대부분 정형화되어 있다.
② 대부분 기업은 외부의 데이터를 활용한다.
③ 일반적으로 하위관리층이 업무와 관련된 의사결정을 하기 위해 사용한다.
④ 정보처리에 있어 관련된 데이터의 구성이 데이터베이스이다.

해설 운영통제시스템은 조직의 말단에서 이루어지는 거래처리업무가 효율적이고 효과적으로 수행될 수 있도록 통제하는 활동으로, 대부분의 업무가 정형화되어 있는 것이 보통이다. 따라서 대부분의 기업들은 내부의 데이터를 활용한다. 운영통제시스템에서 자료처리의 유형은 크게 보고서처리(report processing)와 조회처리(inquiry processing)의 두 가지로 나눌 수 있다.

19 **다음 중 경영정보시스템을 경영기능적 관점으로 분류할 때, 이에 해당하는 것은?**

① 전략계획시스템 ② 생산정보시스템
③ 중역정보시스템 ④ 의사결정지원시스템

해설 정보시스템의 분류
㉠ **경영계층별 정보시스템에 따른 분류** : 전략계획시스템, 관리통제시스템, 운영통제시스템, 거래처리시스템
㉡ **경영기능별 정보시스템에 따른 분류** : 생산정보시스템, 마케팅정보시스템, 인사정보시스템, 재무 및 회계정보시스템

정답 17 ① 18 ② 19 ②

20 다음 중 SCM 시스템의 기능으로 옳지 않은 것은?

① 공급망 계획(Supply Chain Planning)
② 공급망 실행(Supply Chain Execution)
③ 공급망 복구(Supply Chain Recovery)
④ 공급망 가시화(Supply Chain Visibility)

해설 SCM의 기능
㉠ **공급망 전략(Supply Chain Strategy)** : 정책과 운영방식 등의 기준을 세우는 단계
㉡ **공급망 계획(Supply Chain Planning)** : 수요계획, 공급계획, 생산계획, 유통계획, 운송계획
㉢ **공급망 실행(Supply Chain Execution)** : 주문관리, 생산관리, 유통관리 및 역물류관리
㉣ **공급망 가시화(Supply Chain Visibility)** : 구매, 공급, 생산, 판매 등 전체 기업활동에서 발생하는 자재, 제품, 비용의 흐름을 연결해 하나의 정보흐름으로 파악하는 것을 말한다.

21 다음 중 관련이 깊은 것들로 연결된 것은?

① 생산정보시스템 – DSS
② 마케팅정보시스템 – CRM
③ 관리통제시스템 – CAD
④ 재무 및 회계정보시스템 – CAM

해설 마케팅정보시스템이란 마케팅 의사결정자가 필요로 하는 정확하고 시기적절한 정보를 적시에 수집・분류・분석・평가・배분하기 위한 사람, 기구 및 절차로 구성되는 시스템이다. CRM은 마케팅정보시스템과 SFA(Sales Force Automation), Call Center를 모두 망라하고 있다.

22 거래처리시스템(Transaction Processing System)에 대한 설명으로 적합하지 않은 것은?

✔ 2018년 기출

① 다른 정보시스템과 경영기능에 기초적인 데이터를 제공해 주는 주요 원천이다.
② 고급 분석모델과 데이터베이스를 활용하여 비구조적인 의사결정 문제에 대한 대안을 제시한다.
③ 업무처리에 중추적인 역할을 담당하고 있어서 잠깐의 고장도 기업에 심각한 영향을 미칠 수 있다.
④ 판매주문 입력, 호텔 예약, 급여, 인사기록관리, 출하 등 경영에 필요한 일상적인 거래를 수행하고 기록하는 전산 시스템이다.

해설 ② 고급 분석모델과 데이터베이스를 활용하여 비구조적인 의사결정 문제에 대한 대안을 제시하는 것은 의사결정지원시스템(DSS)이다.

정답 **20** ③ **21** ② **22** ②

23 **복잡한 마케팅현상을 단순화시키기 위해 마케팅 의사결정에 중요한 변수들에 대한 가정을 설정하고, 이를 토대로 변수들의 변화에 따른 마케팅현상의 변화를 분석하고 예측하는 도구를 무엇이라 하는가?**

① 모형
② 자료
③ 통제
④ 최적화

해설 모형은 마케팅 의사결정지원시스템의 두 번째 요소로 복잡한 마케팅현상을 단순화시키기 위해 마케팅 의사결정에 중요한 변수들에 대한 가정을 설정하고, 이를 토대로 이들 변수들의 변화에 따른 마케팅현상의 변화를 분석・예측하는 도구로서, 시장분석, 계획수립, 계획의 실행 등의 의사결정과정의 모든 단계를 지원한다.

24 **자재소요계획이나 용량계획 등과 같은 공정기획업무를 지원하는 정보시스템은?**

① CAPP 시스템
② MRP 시스템
③ CIM 시스템
④ CAM 시스템

해설 CAPP(Computer Aided Processing Planning, 컴퓨터 지원공정계획) 시스템
㉠ **정의** : 자재소요계획이나 용량계획 등과 같은 공정기획업무를 지원하는 정보시스템을 의미한다.
㉡ **장점** : 공정합리화와 표준화를 달성할 수 있고, 자동화된 공정기획은 수작업시보다 더 효율적이고 일관성 있게 처리되며, 표준화를 통해 생산비용의 절감과 품질이 향상된다.

25 **경영정보시스템의 유형 중 조직계층의 지원업무에 따른 분류로 옳은 것은?**

① 운영지원시스템
② 개인정보관리시스템
③ 글로벌정보시스템
④ 집단정보시스템

해설 ④ 집단정보시스템은 조직계층의 지원업무와 관련이 있는 경영정보시스템이다.
① 운영지원시스템은 기업의 내부적・외부적 관리를 위한 여러 가지 정보를 제공하는 정보시스템으로 거래처리시스템, 처리제어시스템, 기업협력시스템 등이 있다.
② 개인정보관리시스템(PIMS)은 현대인의 사회생활과 개인생활에서 발생되는 각종 정보를 효율적으로 관리해 주는 종합시스템이다. PIMS(Personal Information Management System)는 컴퓨터나 네트워크 사용자들이 개인정보를 쉽게 관리할 수 있게 해주는 소프트웨어 프로그램을 말하기도 하고, 개인정보를 관리할 수 있는 웹사이트를 의미하기도 한다.
③ 대표적인 글로벌정보시스템에는 전사적 자원관리(ERP)가 있다.

정답 23 ① 24 ① 25 ④

26 **다음 중 인사정보시스템의 구축효과로 옳지 않은 것은?**

① 인사업무의 양적인 변화
② 인사담당 관리자 역할의 변화
③ 조직관리 및 기업문화의 변화
④ 경영층의 의사결정에 필요한 정보의 제공

해설 인사정보시스템의 구축효과
㉠ 인사업무의 질적 변화
㉡ 인사담당 관리자 역할의 변화
㉢ 조직관리 및 기업문화의 변화
㉣ 경영층의 의사결정에 필요한 정보의 제공
㉤ 그 외의 다른 업무와 연계

27 **다음 〈보기〉와 같은 분류의 기준은?**

보기
경영정보시스템, 거래처리시스템, 운영통제시스템, 관리통제시스템, 전략계획시스템

① 시간적인 구분
② 수평적인 구분
③ 수직적인 구분
④ 기능적인 구분

해설 경영정보시스템, 거래처리시스템, 운영통제시스템, 관리통제시스템, 전략계획시스템 등으로 분류하는 것은 경영계층별 구조이다. 즉, 수직적인 구분이다.

28 **BSC(Balanced Score Card)의 4가지 관점 중에서 가장 미래지향적인 관점으로, 특히 구성원의 역량을 강조하고 있는 관점은?**

① 재무적 관점
② 고객 관점
③ 학습과 성장 관점
④ 내부 프로세스 관점

해설 학습과 성장 관점은 BSC(Balanced Score Card)의 4가지 관점 중에서 가장 미래지향적인 관점이다. 다른 3가지 관점의 성과를 이끌어내는 원동력으로서, 특히 구성원의 역량을 강조하고 있다. 현재에는 그 가치가 보이지 않지만, 회사의 장기적인 잠재력에 대한 투자가 기업의 성장에 얼마나 영향을 미칠 수 있을지를 이 관점에서 파악할 수 있다.

정답 26 ① 27 ③ 28 ③

29 **다음 중 마케팅정보시스템에 대한 설명으로 틀린 것은?** 2014년 기출

① 마케팅정보시스템은 마케팅 의사결정자가 필요로 하는 정확하고 시기적절한 정보를 적시에 수집・분류・분석・평가・배분하기 위한 사람, 기구 및 절차로 구성되는 시스템이다.

② 마케팅정보시스템은 판매, 급여, 구매, 재고 등의 업무수행에 의해 발생되는 거래자료를 신속하고 정확하게 처리하는 정보시스템으로 회계처리를 위한 시스템이다.

③ 마케팅정보시스템의 주요 활동은 정보욕구의 평가, 정보개발, 정보분석 그리고 정보배분으로 설명할 수 있다.

④ 마케팅정보시스템은 크게 내부정보시스템, 고객정보시스템, 마케팅 인텔리전스시스템, 마케팅 의사결정지원시스템, 마케팅조사시스템의 하부요소로 구성된다.

해설 ②는 거래처리시스템(TPS ; Transaction Processing System)에 대한 설명이다.

정답 29 ②

CHAPTER 3 정보시스템과 컴퓨터 하드웨어 및 소프트웨어

01 컴퓨터의 발전과 역사

(1) 컴퓨터의 진화

① 제1세대 컴퓨터(진공관 컴퓨터)

㉠ 진공관을 이용한 최초의 컴퓨터는 아타나소프(J. V. Atanasoff)가 1939년에 만든 ABC(Atanasoff Berry Computer)이다.

㉡ 본격적인 컴퓨터라 할 수 있는 것은 1944년 IBM에서 개발한 ASCC로 불리운 Mark－I을 들 수 있다. Mark－I의 후속으로 1948년 ASCC의 후속 모델인 SSEC가 발표되었다.

② 제2세대 컴퓨터(트랜지스터 컴퓨터)

㉠ 1950년대 최초의 대규모 컴퓨터 네트워크인 SAGE 시스템이 대공방어장치로 개발되면서 시작되었는데, 전체를 통제하는 컴퓨터는 MIT의 실시간 컴퓨터가 채택되었다.

㉡ 이 시기 컴퓨터 발전의 또 다른 신기원은 1947년 벨 연구소의 트랜지스터의 발명이다. 1958년 가을 트랜지스터를 갖춘 IBM 7000시리즈의 출현은 상업용 데이터처리부문에 신기원을 이룩하였다.

③ 제3세대 컴퓨터(집적회로 컴퓨터)

㉠ 1959년 TI(Texas Instruments)사의 잭 킬비가 게르마늄 칩 위에 최초의 게르마늄 저항기와 축전기를 포함한 서너 개의 중요 부품을 집적하는 데 성공했다.

㉡ 1960년대 중반의 컴퓨터 기술분야에서 가장 중요한 진보는 집적회로(IC ; Integrated Circuit)이다. 집적회로는 단일 부품으로 생산되었으나 그 안에 여러 개의 부품을 모아 단일 품목으로 만든 것이다.

플러스 UP 무어의 법칙(Moore's Law)

'무어의 법칙'은 인텔의 공동창업자인 무어가 1965년 발표한 논문에서 "동일한 비용으로 컴퓨터 집적회로에 집적할 수 있는 트랜지스터의 수가 2년마다 2배 늘어난다."는 법칙이다. 이 법칙은 오늘날까지 적용되고 있다.

④ 제4세대 컴퓨터(LSI 컴퓨터)

㉠ 1970년대 컴퓨터회사들에 의해 제작된 컴퓨터들은 보다 더 정교하게 집적된 대규모 집적회로(LSI ; Large Scale IC)와 초규모 집적회로(VLSI ; Very Large Scale IC)이다. 초규모 집적회로는 하나의 실리콘 조각에 수만 개의 회로를 집적시킨 것을 의미한다.

㉡ 1979년에 모토로라(Motorola)는 6,800개의 트랜지스터에 상당하는 것들을 포함하는 마이크로 처리장치인 MC 6800을 개발하였다.

⑤ 제5세대 컴퓨터(VLSI 컴퓨터)

㉠ VLSI(Very Large Scale IC)의 성능이 발전하여 단일칩 내에 수만 개 이상의 회로를 집적하고 있을 정도로 대량의 병렬 컴퓨터와 인공신경망 컴퓨터의 개발을 특징으로 한다.

㉡ 종전까지 개발된 컴퓨터에 비해 사람의 두뇌에 더 가까우며 학습, 추론, 음성이나 도형의 인식 등의 기능을 포함하여 인공지능(AI)을 실현하기 위한 컴퓨터이다.

⑥ 클라우드 컴퓨팅(Cloud Computing)

㉠ 클라우드 컴퓨팅(Cloud Computing)은 정보가 인터넷상의 서버에 영구적으로 저장되고, 데스크톱·태블릿 컴퓨터·노트북·넷북·스마트폰 등의 IT 기기 등과 같은 클라이언트에는 일시적으로 보관되는 컴퓨터 환경을 뜻한다.

㉡ 클라우드 컴퓨팅 서비스는 사업자가 제공하는 IT 자원의 종류에 따라 인프라스트럭처 서비스(IaaS ; Infrastructure as a Service), 플랫폼 서비스(PaaS ; Platform as a Service), 소프트웨어 서비스(SaaS ; Software as a Service)로 분류한다.

ⓐ 인프라스트럭처 서비스(IaaS ; Infrastructure as a Service) : 물리적 서버(CPU, Memory, O/S), 스토리지, 네트워크를 가상화 환경으로 만들어, 필요에 따라 인프라 자원을 사용할 수 있게 서비스를 제공하는 형태라고 한다.

ⓑ 플랫폼 서비스(PaaS ; Platform as a Service) : 기업이 Web Application을 개발하기 위한 환경을 서비스 형태로 제공하는 것이다.

ⓒ 소프트웨어 서비스(SaaS ; Software as a Service) : 기업 또는 일반소비자가 다양한 소프트웨어를 인터넷 및 웹브라우저를 통해 제공하는 서비스로 제공하는 것이다.

⑦ 차세대 컴퓨팅

㉠ 가상현실(virtual reality) : 가상현실은 어떤 특정한 환경이나 상황을 컴퓨터로 만들어서, 그것을 사용하는 사람이 마치 실제 주변 상황·환경과 상호작용을 하고 있는 것처럼 만들어 주는 인간-컴퓨터 사이의 인터페이스를 말한다. 인공현실(artificial reality), 사이버 공간(cyberspace)이라고도 한다. 사용 목적은 사람들이 일상적으로 경험하기 어려운 환경을 직접 체험하지 않고서도 그 환경에 들어와 있는 것처럼 보여주고 조작할 수 있게 해주는 것이다.

㉡ 증강현실(augmented reality) : 증강현실은 실세계에 3차원 가상물체를 겹쳐 보여주는 기술을 말한다. 즉, 사용자가 눈으로 보는 현실세계에 가상 물체를 겹쳐 보여주는 기술이다. 현실세계에 실시간으로 부가정보를 갖는 가상세계를 합쳐 하나의 영상으로 보여주므로 혼합현실(MR : Mixed Reality)이라고도 한다.

컴퓨터 하드웨어 기반구조의 발전단계

컴퓨터 하드웨어 기반구조의 발전단계는 '메인프레임 시대 → 개인용 컴퓨터 시대 → 클라이언트-서버 시대 → 전사적 컴퓨팅 시대(인터넷 비즈니스) → 클라우드 및 모바일 컴퓨팅 시대'의 순서로 진화하였다.

㉠ **메인프레임 시대** : 하나의 하드웨어 및 소프트웨어 제조업체에 의해서 기반구조 요소들의 대부분이 공급되는 미니컴퓨터 시대이다.

㉡ **개인용 컴퓨터 시대** : 1980~1990년대의 개인용 컴퓨터의 확산은 개인용 소프트웨어의 범람을 초래하였다.

㉢ **클라이언트-서버 시대** : 이용자/요구자 체계로, 구내 정보통신망(LAN) 등에서 하나의 프로세스를 클라이언트와 서버에 나누는 분산처리방식이다. 클라이언트 쪽에서 요구하면 서버에서 그것에 대해 프로세스하여 응답한다.

㉣ **전사적 컴퓨팅(Enterprise Computing) 시대** : 전사적 컴퓨팅이란 통합된 대규모 시스템에서 사용되는 컴퓨터 기술의 집합을 말한다.

㉤ **클라우드 및 모바일 컴퓨팅 시대** : 이용자의 모든 정보를 인터넷상의 서버에 저장하고, 이 정보를 각종 IT 기기를 통하여 언제 어디서든 이용할 수 있다는 개념이다.

(2) 컴퓨터의 분류

① **데이터를 표현하는 방법에 따른 분류** : 아날로그 컴퓨터, 디지털 컴퓨터

㉠ 아날로그 컴퓨터는 프로그램이 어렵지만, 디지털 컴퓨터는 프로그램이 쉽다.

㉡ 아날로그 컴퓨터는 특수목적용이지만, 디지털 컴퓨터는 범용이다.

㉢ 아날로그 컴퓨터는 속도가 느리지만, 디지털 컴퓨터는 속도가 빠르다.

㉣ 아날로그 컴퓨터는 증폭회로를 사용하지만, 디지털 컴퓨터는 논리회로를 사용한다.

㉤ 데이터의 표현방법이 아날로그 컴퓨터는 전압, 온도, 압력 등에 사용하지만, 디지털 컴퓨터는 2진수를 사용한다.

② **규모와 성능에 따른 분류**

㉠ **슈퍼 컴퓨터** : 슈퍼 컴퓨터는 복잡한 수학적 표현과 계산이 필요한 현실세계의 거대한 시뮬레이션을 만들거나, 기상청에서 예보시스템을 시뮬레이션 하는 데 사용된다. 주로 사용하는 분야는 과학분야이다.

㉡ **메인프레임 컴퓨터** : 데이터 처리가 중앙집중화되어 있어 거대한 데이터베이스가 관리되는 기업에서 사용하며, 응용 프로그램들은 매우 복잡하다. 대기업에서 주로 사용한다.

㉢ **미니 컴퓨터** : 작고, 싸고, 단순한 컴퓨터로 프로세서 제어, 과학연구, 공학 애플리케이션과 같은 특수한 작업에 적합하도록 설계된 컴퓨터이다.

㉣ **워크스테이션** : RISC(한정명령집합 컴퓨터) 구조를 기반으로 하고 있으며, 고화질의 컬러 화면과 빠른 속도를 제공하고 여러 전문기관이나 기업체의 다양한 용도에 사용된다.

㉤ **마이크로 컴퓨터** : 마이크로 프로세서를 중앙처리장치로 사용하는 컴퓨터를 의미하며 데스크톱 컴퓨터, 이동식 컴퓨터, 노트북(랩탑) 컴퓨터, 팜탑 컴퓨터 등이 있다.

그리드컴퓨팅(Grid Computing)

그리드컴퓨팅은 최근 활발히 연구가 진행되고 있는 분산 병렬 컴퓨팅의 한 분야로서, 원거리 통신망(WAN)으로 연결된 서로 다른 기종의 컴퓨터들을 묶어 가상의 대용량 고성능 컴퓨터를 구성하여 고도의 연산작업 혹은 대용량처리를 수행하는 것을 일컫는다.

02 컴퓨터 시스템의 구성요소

(1) 중앙처리장치(CPU ; Central Processing Unit)

컴퓨터의 기본 구성요소 중에서 연산장치와 제어장치를 합쳐서 중앙처리장치(CPU)라고 하며, 컴퓨터의 두뇌에 해당하는 부분으로 사실상 컴퓨터의 특성과 성능을 대부분 결정한다. 즉, CPU가 한 번에 처리하는 데이터의 길이에 따라 32비트 컴퓨터 혹은 64비트 컴퓨터 등으로 분류한다.

① **연산장치**(ALU ; Arithmetic & Logic Unit) : 입력된 데이터를 처리하는 부분이다. 일종의 CPU가 처리하는 연산에 해당된다. 연산장치는 기억장치로부터 데이터를 넘겨받아 연산한 후 다시 기억장치에게 그 연산 결과를 돌려준다.

② **제어장치**(Control Unit) : 입력, 기억, 연산, 기억, 출력의 일련의 과정을 수행하기 위해서는 이를 제어하는 장치가 필요하다. 제어장치가 없다면 모든 처리는 수행되지 않을 것이다.

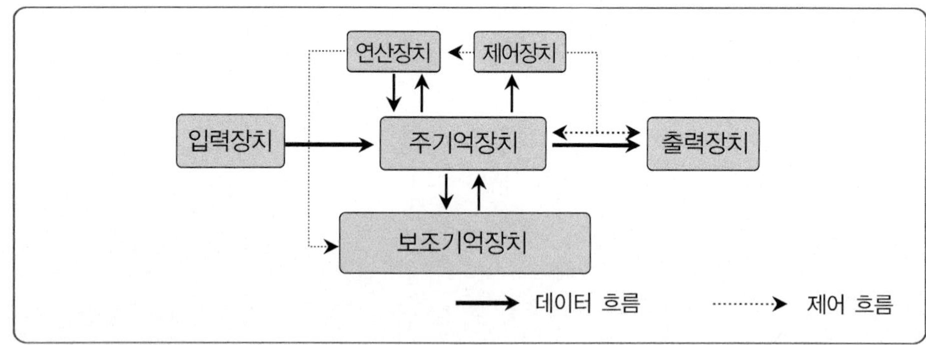

▌CPU의 데이터 처리과정 ▌

(2) 기억장치(Memory Device)

입력장치로부터 데이터를 입력받아 출력하기 위해서는 우선 입력된 데이터를 기억해야 한다. 따라서 기억장치는 반드시 필요하다. 컴퓨터에서는 임시기억장치인 레지스터, 주기억장치인 메인 메모리, 그리고 보조기억장치인 하드디스크 등이 있다.

① **주기억장치** : 주기억장치는 중앙처리장치(CPU)에 의해 프로그램과 자료들에 즉시 접근할 수 있도록 저장용으로 사용된다. 중앙처리장치(CPU)와 호환성이 있는 접근시간을 가진 입출력 RAM(Random Access Memory)이 주로 활용되고 있으며, 변하지 않는 프로그램과 자료들은 ROM(Read Only Memory)을 활용한다.

㉠ 중앙처리장치가 수행하는 작업에 필요한 데이터와 프로그램을 보관한다.

㉡ 입력장치와 보조기억장치로부터 접수된 프로그램 문장과 명령을 보관한다.

㉢ 처리과정마다 데이터의 결과를 저장한다.

② **보조기억장치**

㉠ 보조기억장치는 주기억장치에 비하여 방대한 양의 소프트웨어와 데이터를 저장하기 위한 장치로 상대적으로 느린 속도를 가지고 있지만 데이터의 이동이 용이하다.

㉡ 보조기억장치에는 자기테이프, 자기디스크, 광디스크(CD-ROM, DVD) 등이 주로 사용되고 있다. 최근에는 USB 드라이브를 많이 이용하고 있으며, 저장용량도 수백 GB 이상이다.

플러스UP 메모리 용량

㉠ 디지털 세상에서 가장 기본적인 단위는 비트(bit)로 1비트는 0 또는 1을 나타내며, 비트 8개가 모이면 1바이트(byte)가 된다.

㉡ 바이트가 1,000개이면 킬로바이트(1KB는 정확히 1,024바이트이지만 편의상 1,000바이트라고 쓴다)이고, 1,000KB, 즉 100만 바이트는 1메가바이트(MB)가 된다. 1,000MB에는 10억을 의미하는 기가(giga)를 붙여 1기가바이트(GB)라고 한다.

㉢ 1,000GB는 1테라바이트(TB), 1,000TB는 1페타바이트(PB), 1,000PB는 1엑사바이트(EB)이다.

③ **캐시기억장치**

㉠ 주기억장치에 저장되어 있는 명령어와 데이터 중의 일부를 임시적으로 복사해서 저장하는 장치이다.

㉡ 데이터를 저장하고 인출하는 속도가 주기억장치보다 빠르다.

㉢ 주기억장치와 중앙처리장치 사이에서 속도 차이를 줄여 중앙처리장치에서의 데이터와 명령어의 처리속도를 향상시킨다.

플러스 UP 롬(ROM)과 램(RAM)

㉠ 롬(ROM ; Read Only Memory)
ⓐ 컴퓨터를 제작할 때 미리 필요한 정보를 보관하고 필요할 때 읽을 수 있으며, 영구히 데이터를 보관되도록 기록하는 저장매체이다.
ⓑ 전원의 공급에 상관없이 보관된 프로그램 명령은 계속 유지되며, 데이터가 기록되고 나면 수정·삭제할 수 없다.

㉡ 램(RAM ; Read Access Memory)
ⓐ 데이터가 저장되어 있는 위치에 관계없이 일정한 시간 내에 기억된 내용을 읽거나 쓸 수 있는 기억장치이다.
ⓑ 전원이 끊어지면 기록된 정보도 날아가기 때문에 휘발성 메모리라고 한다.
ⓒ 동적 램(DRAM)과 정적 램(SRAM)이 있다.

(3) 입력장치(Input Device)

① 입력장치를 사용하여 사용자가 입력하고자 원하는 인자(데이터)를 컴퓨터의 기억장치에 전달한다.
② 입력장치의 종류에는 키보드(가장 대표적인 입력장치), 마우스, 스캐너, POS 터미널, 터치스크린, 통신포트, 라이트 펜, 디지타이저 등은 모두 입력장치가 될 수 있다.

(4) 출력장치(Output Device)

① 입력된 인자를 처리한 데이터(출력 값)를 출력장치를 통해서 사용자에게 전달한다.
② 모니터를 비롯하여, 사운드 출력을 위한 스피커, 프린터 등이 출력장치의 대표적인 경우이다.

03 컴퓨터 소프트웨어

(1) 소프트웨어의 종류

① 소프트웨어의 특징
㉠ 소프트웨어는 컴퓨터와 인간 사이의 언어이며, 그 결과물로 도표를 작성하고, 수식을 계산하며, 복잡한 통계자료를 처리하고, 그래픽 또는 동영상을 제공하는 등 다양한 업무를 수행하는 등 컴퓨터의 비기계적인 부분으로 컴퓨터를 작동하는 명령어와 데이터, 문서를 포함하여 지칭하는 용어이다.

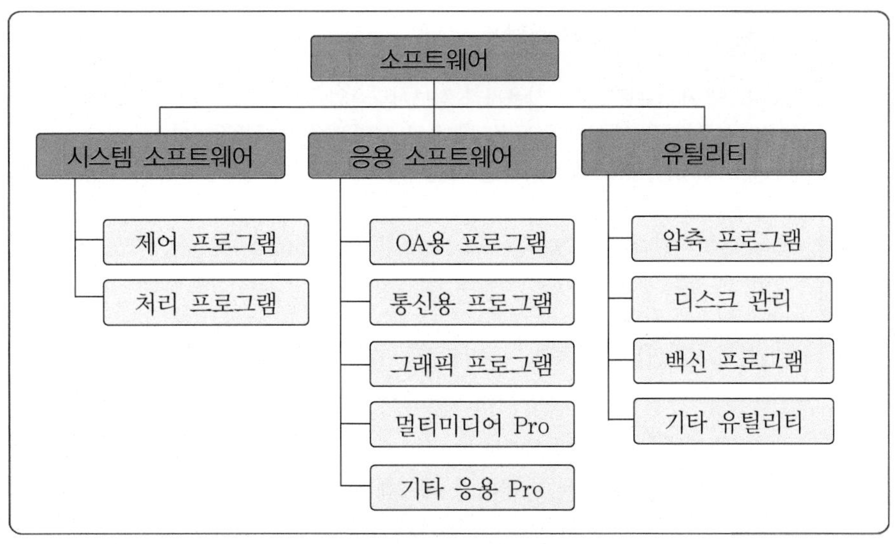

▍소프트웨어의 구조▐

㉡ 소프트웨어의 종류에는 크게 시스템 소프트웨어(Operation System S/W)와 응용 소프트웨어(Application S/W) 등으로 나눌 수 있다.

㉢ 펌웨어(Firmware)는 일반적으로 롬(ROM)에 저장된 하드웨어를 제어하는 마이크로 프로그램을 의미한다. 프로그램이라는 관점에서는 소프트웨어와 동일하지만 하드웨어와 밀접한 관계를 가지고 있다는 점에서 일반 응용 소프트웨어와 구분되어, 소프트웨어와 하드웨어의 특성을 모두 가지고 있다고 할 수 있다.

② 시스템 소프트웨어(System Software)

㉠ 시스템 소프트웨어는 컴퓨터를 사용하기 위해 가장 근본적으로 필요한 소프트웨어이다. 시스템을 효율적으로 이용하거나 사용자들이 시스템을 쉽게 사용할 수 있도록 도와주는 소프트웨어이다.

㉡ 시스템 소프트웨어는 운영체제, 컴파일러, 어셈블러, 라이브러리 프로그램, 텍스트 에디터 등이 포함된다. 이는 사용자들이 자신이 필요한 업무를 처리하기 위해 사용하는 응용 프로그램의 기초가 되며 그 위에서 응용 프로그램을 개발하거나 사용할 수 있도록 해준다.

㉢ 시스템 소프트웨어는 컴퓨터를 작동하고, 효율적으로 사용하기 위한 프로그램으로, 운영체제(Window, UNIX 등), 언어프로그램(자바, 델파이 등), 유틸리티 프로그램(노턴 유틸리티, V3 등) 등이 있다.

플러스UP 시스템 소프트웨어

㉠ **시스템 제어프로그램** : 사용자가 정보처리작업을 수행하는 동안 하드웨어, 소프트웨어, 데이터 사용 등을 제어하는 프로그램으로 운영체제가 대표적이다.
㉡ **시스템 지원프로그램** : 다양한 지원서비스를 제공함으로써 컴퓨터 사용자, 연산, 관리 등을 지원하는 프로그램이다.
  ⓐ 유틸리티 프로그램
  ⓑ 시스템 성능측정기
  ⓒ 시스템 보안감시기
  ⓓ 시스템 개발프로그램 : 컴파일러, 인터프리터

㉣ 운영체제(Operating System)
  ⓐ 운영체제(OS)는 컴퓨터의 하드웨어 시스템을 효율적으로 운영하기 위한 소프트웨어로 컴퓨터를 작동하고 시스템 전체를 감시하며, 처리하여야 할 데이터의 관리와 작업계획 등을 조정하는 여러 가지의 프로그램으로 구성되어 있다.
  ⓑ 사용자가 컴퓨터 자원을 효율적으로 관리할 수 있도록 편의를 제공하는 프로그램으로, 사용자와 컴퓨터의 중간자적인 역할을 담당한다.
  ⓒ 중앙처리장치, 주기억장치, 보조기억장치, 주변기기 등의 컴퓨터 자원을 관리하고 제어하는 프로그램에 적합하다.

㉤ 컴파일러(Compiler)
  ⓐ 컴파일러는 고급언어로 쓰여진 프로그램을 그와 의미적으로 동등하며 컴퓨터에서 즉시 실행될 수 있는 형태의 목적 프로그램으로 바꾸어 주는 번역 프로그램이다.
  ⓑ 고급언어로 쓰여진 프로그램이 컴퓨터에서 수행되기 위해서는 컴퓨터가 직접 이해할 수 있는 언어로 바꾸어 주어야 하는데 이러한 일을 하는 프로그램을 컴파일러라고 한다.

㉥ 인터프리터(Interpreter) : 인터프리터는 중간언어를 입력으로 받아 목적언어로 변환하지 않고 직접 수행하는 프로그램이다.

㉦ 어셈블러(Assembler) : 어셈블러는 어셈블리 언어로 쓰여진 프로그램을 입력으로 받아 기계어 프로그램으로 바꾸어 주는 번역기이다.

㉧ 유틸리티(Utility) 프로그램
  ⓐ 컴퓨터 이용에 도움이 되거나 쓸모가 있는 프로그램으로, 편집(editor)이나 결함수정(debugger) 등과 같은 특정한 기능을 수행하도록 설계된 프로그램이다.
  ⓑ 일반적으로는 응용 프로그램의 작성이나 실행을 용이하게 하기 위한 여러 가지 문제 해결에 초점을 맞춘 소프트웨어, 또는 컴퓨터 시스템의 운용과 유지 관리를 지원하는 소프트웨어를 총칭하는 말로 응용, 운영체계(OS)와 대칭되는 용어이다.

③ 응용 소프트웨어(Application Software)

㉠ 응용 소프트웨어는 시스템 소프트웨어와 대비되는 것으로 사용자가 원하는 특정한 기능을 수행하기 위해 만들어진 프로그램이다.

㉡ 응용 소프트웨어의 대표적인 예에는 워드프로세서, 스프레드시트, 미디어 재생기, Excel, HWP, Powerpoint 등이 있다.

플러스 UP 전사적 애플리케이션의 4가지 유형

전사적 애플리케이션은 여러 비즈니스 기능들과 조직영역들의 프로세스를 자동화한다. 전사적 애플리케이션은 조직의 전반적인 성과 향상을 위해 관련 있는 기능들과 비즈니스 프로세스들을 통합한다.

㉠ ERP(Enterprise Resource Planning) : 기업의 인적·물적자원을 효율적으로 활용하는 관리시스템으로서 통합업무 패키지 또는 기간업무 시스템으로 불리우며, 기업경쟁력 강화를 위한 통합정보시스템 구축을 목적으로 한다.

㉡ SCM(Supply Chain Management) : 기업 간 또는 기업 내부에서 제품·부품의 생산자로부터 사용자에 이르는 공급체인에 대하여 비즈니스 재공학 및 동시공학 기법을 활용하여 불필요한 시간과 비용을 절감하려는 관리기법을 말한다.

㉢ CRM(Customer Relationship Management) : 고객과 관련된 자료를 분석하여 고객특성에 기초한 마케팅 활동을 계획, 지원, 평가하는 관리체제이다.

㉣ KMS(Knowledge Management System) : 무형의 지식자산이 기업에게 가치를 제공(기업이 전략적 우위)한다. 지식관리시스템은 조직이나 기업의 인적자원이 축적하고 있는 개별적인 지식을 체계화하여 공유함으로써 경쟁력을 향상시키기 위한 접근 방식이다.

(2) 프로그래밍 언어의 종류

① 기계어

㉠ 기계어는 가장 오래된 프로그래밍 언어로, 컴퓨터가 명령을 수행하기 위하여 직접적으로 이해할 수 있는 언어이다. 기계어는 CPU를 거쳐 해독되는 비트 단위로 쓰여진 컴퓨터 언어를 통틀어 일컫는다.

㉡ 기계어는 어셈블리어와 1 : 1로 쓰일 수 있다. 다시 말해, 컴퓨터 프로그래밍에서 기계어는 어셈블리어를 거쳐 짜이게 된다.

② 어셈블리어(Assembly Language)

㉠ 어셈블리어는 기계어와 일대일 대응이 되는 컴퓨터 프로그래밍의 저급언어이다.

㉡ 기계어에 해당하는 명령어를 인간이 알아볼 수 있는 약어로 표현하였고, 수정과 편집이 가능하도록 했다.

③ 베이직(BASIC)

㉠ 베이직(BASIC)은 프로그래밍 언어의 하나이다. 절차형 언어로 교육용으로 개발되어 언어의 문법이 쉬우며 인터프리터에 속한다.

ⓛ 현재는 다양한 종류의 베이직이 존재하며 서로 문법도 많이 차이가 난다.

④ C++

C언어의 문법을 대부분 사용할 수 있으며, 시각적인 프로그래밍이 가능하고, 객체지향성이 더해진 C언어의 확장형이라고 생각할 수도 있다.

⑤ 자바(JAVA)

㉠ 웹 애플리케이션 개발에 가장 많이 사용되는 언어 가운데 하나이고, 모바일 기기용 소프트웨어에도 널리 사용되고 있다.

ⓛ 자바는 애초에 C++ 언어의 대안으로서 개발되었기 때문에 문법적인 특성은 C++의 조상인 C언어와 큰 차이를 갖지 않는다.

⑥ 프롤로그(PROLOG)

㉠ 인공지능분야에서 사용하는 논리형 고급 프로그래밍 언어로 논리식을 토대로 하여 오브젝트와 오브젝트 간의 관계에 관한 문제를 해결하기 위해 사용한다.

ⓛ 코볼(COBOL), 포트란(FORTRAN), C언어 등의 절차형 언어에 대하여 논리형 언어이다. 추론기구를 간결하게 표현할 수 있기 때문에 인공지능에서 많이 사용된다.

▌고급언어와 저급언어의 특징 ▌

구분	특징
고급언어	• 언어의 습득이 용이한 사용자 중심의 언어이다. • 일반적으로 사용하는 단어를 이용하여 프로그램을 작성하므로 이해하기 쉽다. • 번역기에 의해 기계어로 번역되어 사용된다. • BASIC, FORTRAN, C언어, COBOL, 자바(JAVA), XML 등이 해당된다.
저급언어	• 기계 중심의 언어이다. • 0과 1 또는 기호화된 단어를 이용하여 프로그램을 작성하므로 이해하기 어렵다. • 속도가 빠르다. • 기계어, 어셈블리어가 해당된다.

(3) 프로그래밍 언어의 세대별 구분

① 제1세대 · 제2세대 언어(1950~1960년대 초반)

㉠ 0과 1로 이루어진 기계어를 주로 사용한다. 하드웨어 개발이 중심이 되는 시대이므로, 대부분 고객의 요구사항을 모아서 한꺼번에 처리하는 일괄처리(Batch Processing) 소프트웨어가 대부분이었다.

ⓛ 하드웨어에 대한 많은 지식이 요구되며 다음과 같은 기계 중심의 언어가 먼저 만들어져서, 기계어(제1세대)와 어셈블리어(제2세대)를 사용하였다.

② 제3세대 언어(1960년대 중반~1970년대)

㉠ 컴파일러 개념이 발전하여 많은 수의 프로그래밍 언어가 탄생하였다. 다중 사용자와 다중 프로그래밍 시스템이 인간과 기계 간의 상호작용에 적용시킬 새로운 개념으로 도입되었던 시기이다.

㉡ 제3세대 언어의 종류 : FORTRAN, ALGOL 60, COBOL, BASIC, PASCAL, LISP, C 및 C++ 등이 개발되어 사용되었다.

③ 제4세대 언어(1980년대)

㉠ 제4세대 언어를 비절차적 언어시대라 부른다. 응용문제를 쉽고 빠르게 수행하기 위한 언어 중심으로 개발되었다. 데이터베이스, 스프레드시트 등 응용 프로그램의 기능을 이용할 수 있는 언어이다.

㉡ 대표적 언어로 Power Builder, FOCUS, NOMAD와 RAMIS, SQL, QBE, SAS 등의 언어가 있다. 이러한 언어들은 애플리케이션 생성기라 불리우며, 코드를 빠르게 생성하고 배우기 쉬우며, 사용하기 용이한 특징을 가지고 있다.

④ 제5세대 언어(1990년대 이후)

㉠ 사용자 편리성을 증대시키면서 인공지능에 기반을 둔 언어가 개발되었다. 제5세대 언어는 지식기반시스템, 전문가시스템, 추론엔진, 자연어 처리 등 사용자가 더욱 편하게 사용할 수 있도록 발전하였다.

㉡ 제5세대 언어(5GL)라 칭하는 프로그래밍 언어로는 함수언어, 논리언어, 그리고 자연어를 들 수 있다.

(4) 객체지향 프로그래밍 언어와 웹을 위한 프로그래밍 언어

① 객체지향 프로그래밍 언어

㉠ 객체지향 프로그램의 특징

ⓐ 데이터와 데이터를 연산하는 코드를 함께 묶어 놓은 객체(object)라는 모듈을 단위로 하여 프로그램을 작성하는 기법이다. 객체지향 프로그래밍에서는 공통된 속성을 갖는 객체는 클래스라는 단위로 종합된다.

ⓑ 즉, 객체지향 프로그래밍에서 객체를 표준화시킴으로써, 마치 자동차 부품처럼 재사용하기 위해서 개별 프로그램을 부품화하고 그것들을 조립하여 하나의 크고 복잡한 프로그램을 만들어내는 대신 객체로 구성된 프로그램을 만들어 낼 수 있는 프로그래밍 언어이다.

ⓒ 객체지향 프로그램의 특징으로는 캡슐화와 데이터 은닉, 상속형, 다형성 등이 있다.

ⓓ 객체지향 프로그래밍은 소프트웨어 개발에 있어서 재사용성(reusability)을 활용(시간과 비용의 절약)하는 데 있다.

㉡ 객체지향 프로그래밍 모듈화의 이점 : 객체지향 프로그래밍의 두 가지 이점은 유지・보수의 편리성과 응용 프로그램 개발의 효율성으로 작업수행을 위한 절차보다는 작업에 포함된 객체를 더 강조한다.

㉢ 객체지향 프로그래밍 언어의 유형 : 스몰톡(Smalltalk), C++, 비주얼 베이직(Visual Basic)

② 웹을 위한 프로그래밍 언어

㉠ 웹전용 소프트웨어 도구들은 기업이 웹사이트를 구축하거나 웹에서 운영되는 애플리케이션을 구축할 때 유용하다.

㉡ 자바는 웹에서 운영될 수 있는 애플리케이션을 구축하는 데 사용되고, HTML(HyperText Markup Language)과 XML(extensible markup language)은 인터넷 웹을 구성하는 HTML을 획기적으로 개선한 차세대 인터넷 언어이다.

CHAPTER 3

기출유형 다잡기

01 **다음의 컴퓨터 중 상업적 데이터 처리용으로 이용된 최초의 컴퓨터는?**

① EDSAC ② MARK-I

③ IBM 360 ④ UNIVAC-I

해설 UNIVAC-I은 1951년 에커트와 머큘리에 의해 개발된 세계 최초의 상업용 계산기로, 미국 통계국에서 구입하여 사용하였다.

02 **다음 중 초고밀도 집적회로 세대 및 다음 세대에 관한 기술들이라고 할 수 없는 것은?**

① 집적회로의 밀도는 더욱 높아질 것이다.

② 대중통신망과 일체가 되는 컴퓨터가 보편화될 것이다.

③ 보조기억장치로 자기테이프가 가장 많이 사용될 것이다.

④ 추리력을 갖춘 인공지능형 컴퓨터들이 개발될 것이다.

해설 차세대의 컴퓨터 기술은 보조기억장치로 자기테이프 대신 광매체(CD, DVD)나 메모리나 플래시 메모리 방식을 통해 저장용량을 극대화시키고 있다.

03 **다음 중 집적회로 세대에 관한 설명이라고 할 수 없는 것은?**

① 기본회로소자로 집적회로를 사용하였다.

② 대부분의 집적회로는 실리콘으로 이루어져 있다.

③ 연산속도는 1조분의 1초 단위였다.

④ 운영체제 등의 컴퓨터 운영프로그램이 개발된 시기였다.

해설 집적회로(IC) 세대는 기술면에서는 매우 발전하였으나 컴퓨터 상호간에 호환성이 없는 단점을 가지고 있었으며, 이는 고밀도 칩인 LSI 세대의 운영체제의 개발을 요구하는 충족요건이 되었다.

정답 01 ④ 02 ③ 03 ④

04 트랜지스터 수십만 개에서 수백만 개를 포함하고 있는 칩이며, 서로 다른 몇 개의 처리 칩을 하나의 칩에 결합한 형태는?

① 트랜지스터　　② 집적회로(IC)
③ VLSI　　④ 진공관

해설 VLSI는 초규모 집적회로(VLSI ; Very Large Scale IC)로 하나의 실리콘 조각에 수만 개의 회로를 집적시킨 것을 의미한다. 1970년대 말과 1980년대 초에 초소형의 회로는 마이크로 처리장치, 마이크로 컴퓨터, 기억장치, 또 다른 컴퓨터들이 다양한 작업들을 수행하기 위해 사용되었다.

05 다음 〈보기〉의 설명에 해당하는 컴퓨터 하드웨어는? 2017년 기출

> 보기
> 컴퓨터 시스템의 중앙처리장치 역할로서 제어장치와 산술논리 연산장치로 구성되어 있으며 주요 하드웨어에 적합한 명령을 내리고 고속 연산을 행하는 장치이다. 다양한 명령어 세트 추가, 듀얼(데카 혹은 그 이상) 프로세스의 개발로 지속적인 발전을 꾀하고 있으나 나노공정의 한계 등의 이유로 그 발전 속도가 더뎌지고 있는 상황이다.

① APU　　② RAM
③ CPU　　④ GPU

해설 CPU(중앙처리장치)는 외부에서 정보를 입력받아 기억하고, 컴퓨터 프로그램의 명령어를 해석하여 연산하고 외부로 출력하는 역할을 한다.

06 다음 중 제3세대 컴퓨터의 주요 소자에 해당하는 것은?

① 트랜지스터(transistor)
② 집적회로(IC : Integrated Circuit)
③ 대규모 집적회로(LSI : Large Scale IC)
④ 초규모 집적회로(VLSI : Very Large Scale IC)

해설 제3세대 컴퓨터의 기술분야에서 가장 중요한 진보는 집적회로(IC ; Integrated Circuit)이다. 집적회로는 단일 부품으로 생산되었으나 그 안에 여러 개의 부품을 모아 단일 품목으로 만든 것이다. 집적회로는 실리콘(Si)이나 게르마늄(Ge)에 얇은 막을 입힌 것으로 골무만한 크기에 약 10만 개의 트랜지스터 칩을 집적시킨 것이다.

정답 04 ③ 05 ③ 06 ②

07 컴퓨터는 초당 수억 번의 머신 사이클을 수행하는데, 이와 같은 반복 순환주기를 무엇이라 하는가?

① 사이클 ② 헤르츠
③ 바이트 ④ 주파수

해설 ② 헤르츠(Hz)는 컴퓨터가 초당 수억 번의 머신 사이클을 수행하는 반복 순환주기를 의미한다.
③ 바이트는 컴퓨터가 처리하는 정보의 기본단위로, 하나의 문자를 표현하는 단위이다. 8개의 bit를 묶어서 표현하며, 알파벳, 숫자, 한글, 특수기호 등을 표현할 수 있다.
④ 주파수는 일정한 크기의 전류나 전압 또는 전계와 자계의 진동과 같은 주기적 현상이 단위 시간(1초)에 반복되는 횟수를 의미한다.

08 입력장치가 지시하는 명령에 따라서 순차적으로 수행되는 연산을 무엇이라 하는가?

① 산술연산 ② CPU 연산
③ 제어장치연산 ④ ALU 연산

해설 ④ ALU 연산은 알고리즘 방식에 의한 순차적 처리방식으로 입력장치가 지시하는 명령에 따라서 순차적으로 수행되는 연산을 의미한다.

09 세대와 프로그래밍 언어의 연결이 바르지 않은 것은? ✔ 2017년 기출유사

① 제1세대 – 기계어 ② 제2세대 – 어셈블리어
③ 제3세대 – 함수언어 ④ 제4세대 – 비절차적 언어

해설 ③ 프로그래밍 언어는 지식기반시스템, 전문가시스템, 추론엔진, 자연어 처리 등 사용자가 더욱 편하게 사용할 수 있도록 발전하였다. 제5세대 언어(5GL)라 칭하는 프로그래밍 언어로는 함수언어, 논리언어, 그리고 자연어를 들 수 있다.

10 데이터를 읽고 쓰기 위한 주기억장치로 사용되는 것은?

① ROM ② CMOS
③ EEPROM ④ RAM

해설 RAM은 데이터를 읽고 쓰는 주기억장치이고, ROM은 읽기만 수행하는 주기억장치이다.

정답 07 ② 08 ④ 09 ③ 10 ④

11 마치 자동차 부품처럼 재사용하기 위해서 개별 프로그램을 부품화하고 그것들을 조립하여 하나의 크고 복잡한 프로그램을 만들어내는 대신 객체로 구성된 프로그램을 만들어 낼 수 있는 프로그래밍 언어는? ✔ 2019년 기출

① 자연어 ② 객체지향언어
③ 인공지능언어 ④ 웹프로그래밍언어

해설 객체지향 프로그래밍에서 소프트웨어 개발은 객체를 표준화시킴으로써, 마치 자동차 부품처럼 재사용하기 위해서 개별 프로그램을 부품화하고 그것들을 조립하여 하나의 크고 복잡한 프로그램을 만들어내는 대신 객체로 구성된 프로그램을 만들어 낼 수 있는 프로그래밍 언어는 객체지향 프로그래밍 언어이다.

12 명령과 데이터를 저장하기 위해 주기적인 전기 펄스를 사용하고 있는 것은?

① DVD-R ② CMOS
③ DRAM ④ CD-RW

해설 CMOS는 명령과 데이터를 저장하기 위해 주기적인 전기 펄스를 사용한다.

13 다음 중 한 번의 기계 사이클 동안 제어장치가 내부 메모리로부터 가져올 수 있는 최대수의 비트는?

① 데이터 워드 ② 레지스터
③ 클럭 ④ EPROM

해설 클럭(clock)이란 컴퓨터가 한 번의 기계 사이클 동안 제어장치가 내부 메모리로부터 가져올 수 있는 최대수의 비트를 말한다.

14 ALU 연산의 결과를 임시적으로 저장하기 위한 초고속 메모리 영역으로 프로그램에 해당하는 레지스터의 종류가 아닌 것은?

① 프로그램 카운터 ② 명령 레지스터
③ 메모리주소 레지스터 ④ 연산 레지스터

해설 ALU 연산의 결과를 임시적으로 저장하기 위한 초고속 메모리 영역으로 프로그램에 해당하는 레지스터의 종류에는 명령 레지스터, 메모리주소 레지스터, 연산 레지스터가 있다.

정답 11 ② 12 ② 13 ③ 14 ①

15 〈보기〉의 내용에 해당하는 것은? ✔ 2016년 기출

보기
- 프로세서의 연산을 도와 보다 빠른 속도로 HDD의 자료에 접근하여 데이터의 읽기/쓰기를 수행한다.
- 컴퓨터에 문제가 발생하거나 전원이 나갔을 때 기록이나 정보가 날아가는 휘발성이 있다.

① USB ② CD-ROM
③ RAM ④ ROM

해설 〈보기〉의 내용은 RAM에 관련된 설명이다.
④ 롬(ROM ; Read Only Memory) : 컴퓨터를 제작할 때 미리 필요한 정보를 보관하고 필요할 때 읽을 수 있으며, 영구히 데이터를 보관되도록 기록하는 저장매체이다. 전원의 공급에 상관없이 보관된 프로그램 명령은 계속 유지되며, 데이터가 기록되고 나면 수정・삭제할 수 없다.

16 주기억장치에 저장된 데이터와 호환이 가능한 형식으로 데이터를 저장하는 장치는?

① 자기테이프 기억장치 ② 연산장치
③ 보조기억장치 ④ 입력장치

해설 연산장치는 주기억장치에 저장된 데이터와 호환이 가능한 형식으로 데이터를 저장하는 장치이다. 입력된 데이터를 처리하는 부분으로 일종의 CPU가 처리하는 연산에 해당된다. 연산장치는 기억장치로부터 데이터를 넘겨받아 연산한 후 다시 기억장치에게 그 연산 결과를 돌려준다.

17 컴퓨터 주기억장치 중 읽기 전용의 비휘발성 기억장치는? ✔ 2017년 기출

① ROM ② RAM
③ 캐시메모리 ④ 마그네틱 테이프

해설 ROM(Read-Only Memory)는 비휘발성 메모리로서 전원이 꺼져도 데이터가 지워지지 않아 바이오스나 운영 체제, 또는 펌웨어의 저장에 쓰인다.

정답 15 ③ 16 ② 17 ①

18 다음 〈보기〉에서 설명하는 것은? ✔ 2016년 기출

> **보기**
> 무형의 형태로 존재하는 하드웨어・소프트웨어 등의 컴퓨팅 자원을 자신이 필요한 만큼 빌려 쓰고 이에 대한 사용요금을 지급하는 방식의 컴퓨팅 서비스로, 서로 다른 물리적인 위치에 존재하는 컴퓨팅 자원을 가상화 기술로 통합해 제공하는 기술을 말한다. 다수의 기업들이 개별적으로 IT 인프라를 구축하기보다는 이와 같은 서비스 제공업체를 이용하고 있다.

① 슈퍼 컴퓨터 ② 클라우드 컴퓨팅
③ 고가용성 컴퓨팅 ④ 그리드 컴퓨팅

해설 ② 클라우드 컴퓨팅(Cloud Computing) : 정보가 인터넷상의 서버에 영구적으로 저장되고, 데스크톱・태블릿 컴퓨터・노트북・넷북・스마트폰 등의 IT 기기 등과 같은 클라이언트에는 일시적으로 보관되는 컴퓨터 환경을 뜻한다.
④ 그리드 컴퓨팅(Grid Computing) : 최근 활발히 연구가 진행되고 있는 분산 병렬 컴퓨팅의 한 분야로서, 원거리 통신망(WAN)으로 연결된 서로 다른 기종의 컴퓨터들을 묶어 가상의 대용량 고성능 컴퓨터를 구성하여 고도의 연산작업 혹은 대용량처리를 수행하는 것을 일컫는다.

19 컴퓨터가 특정한 명령을 전달하는 비트와 바이트 형식으로 구성된 전기적 신호는?

① 프로그래밍 언어 ② 자연어
③ 기계어 ④ 어셈블리어

해설 기계어는 컴퓨터가 특정한 명령을 수행할 수 있도록 컴퓨터 하드웨어로 명령을 전달하는 비트와 바이트 형식으로 구성된 일련의 전기적 신호이다.

20 컴퓨터에서 사용되는 프로그래밍 언어는 기술적인 진보와 함께 세대별로 발전해 왔다. 각 세대별 언어의 종류 중에서 현재에도 계속 사용되고 있는 가장 근원적인 언어는 다음 중 어떤 것인가?

① 기계어 ② 포트란
③ 어셈블리어 ④ 코볼

해설 기계어는 가장 오래된 프로그래밍 언어라고 할 수 있으며, 컴퓨터가 명령을 수행하기 위하여 필요한 직접적으로 이해할 수 있는 언어이다. 어셈블리어는 기계어와 일대일 대응이 되는 컴퓨터 프로그래밍의 저급언어이다. 기계어에 해당하는 명령어를 인간이 알아볼 수 있는 약어로 표현하였고, 수정과 편집이 가능하도록 했다.

정답 18 ② 19 ③ 20 ①

21 사람들이 이해하기 쉬운 명령어를 컴퓨터가 자동으로 이해할 수 있는 기계어로 번역될 수 있도록 압축된 명령형식은?

① 기계어 ② 소프트웨어
③ 자연어 ④ 프로그래밍 언어

해설 프로그래밍 언어
㉠ 사람들이 이해하기 쉬운 명령어를 컴퓨터가 자동으로 이해할 수 있는 기계어로 번역될 수 있도록 압축된 명령형식이다.
㉡ 컴퓨터 시스템을 구동시키는 소프트웨어를 작성하기 위한 언어이다.
㉢ 저급언어인 기계어와 어셈블리어부터 시작해서, 고급언어인 베이직까지 상당히 많은 종류의 프로그래밍 언어가 존재한다.

22 제1세대 언어에 대한 설명으로 옳지 않은 것은?

① 기계어는 코드가 비교적 일상의 영어와 유사하고 매우 짧다.
② 기계어는 명령을 수행하기 위해 필요한 직접적으로 이해할 수 있는 언어이다.
③ 기계어는 기계 종속적 또는 기계 중심적인 언어이다.
④ 기계어 프로그래머는 프로그램을 기록하기 위해 코딩 용지를 사용한다.

해설 코드가 비교적 일상의 영어와 유사하고 매우 짧은 것은 어셈블리 언어이다. 기계어는 CPU를 거쳐 해독되는 비트 단위로 쓰여진 컴퓨터 언어를 통틀어 일컫는다. 기계어는 어셈블리어와 1 : 1로 쓰일 수 있다. 다시 말해, 컴퓨터 프로그래밍에서 기계어는 어셈블리어를 거쳐 짜이게 된다.

23 다음 중 기계어와 어셈블리어의 특징이 아닌 것은?

① 배우는 데 오랜 시간이 걸린다.
② 프로그래머가 하드웨어를 전적으로 통제할 수 있다.
③ 에러의 가능성이 낮다.
④ 프로그램이 최소의 CPU 시간과 메모리 공간을 사용하게 된다.

해설 기계어와 어셈블리어는 에러의 가능성이 높다.

24 다음 〈보기〉의 설명에 해당하는 법칙은? ✔ 2019년 기출

보기
마이크로칩에 저장할 수 있는 데이터의 양이 18개월마다 2배씩 증가한다.

① 파레토 법칙(Pareto's Law) ② 무어의 법칙(Moore's Law)
③ 암달의 법칙(Amdahl's Law) ④ 멧칼프의 법칙(Metcalfe's Law)

정답 21 ④ 22 ① 23 ③ 24 ②

해설 무어의 법칙(Moore's Law)은 마이크로 칩의 집적도가 18개월마다 2배로 늘어난다는 법칙이다. 이는 멧칼프의 법칙, 코즈의 법칙과 함께 3대 인터넷 경제법칙으로 불린다.

25 **프로그래밍 언어 중 절차지향 언어에 속하지 않는 것은?** 2017년 기출

① C ② JAVA

③ BASIC ④ FORTRAN

해설 컴퓨터의 작업처리 방식과 유사하게 순서에 의하여 프로그래밍하는 언어는 절차지향 언어이며, 대표적인 예가 C언어이다. 객체지향 프로그래밍은 캡슐화, 상속, 다형성 등으로 이루어져 있으며, 객체지향 프로그래밍 언어의 대표적인 예는 JAVA이다.

26 **다음 중 객체지향 프로그램의 특징으로 틀린 것은?**

① 캡슐화 ② 상속형

③ 데이터 공개 ④ 다형성

해설 객체지향 프로그램의 특징으로는 캡슐화와 데이터 은닉, 상속형, 다형성 등이 있다.

27 **다음 중 3세대 언어의 특징으로 옳지 않은 것은?**

① 하드웨어 제어의 어려움과 프로그램 운영의 효율성이 떨어진다.

② 어셈블리어와 비교할 때 프로그래머에게 상당한 이점을 제공하였다.

③ 비교적 배우기 쉽고 영어와 유사해진 명령으로 프로그램 작성이 용이해졌다.

④ 컴퓨터의 빠른 속도와 저장공간이 확장되어 컴퓨터 자원의 효율적 사용이 중요하게 여겨지게 되었다.

해설 제3세대 언어는 빨라진 컴퓨터의 속도와 확장된 공간으로 인하여 컴퓨터 자원의 효율적 사용보다는 조직의 목표를 달성하기 위한 프로그램 자체의 효과성이 더욱 중요하게 여겨지게 되었다.

28 **다음 중 4세대 언어(4GL)의 특징이 아닌 것은?**

① 지식을 기반으로 한 인공지능 지향적이다.

② 배우기 쉽다.

③ 응용 소프트웨어 개발에 필요한 사용기간을 줄일 수 있다.

④ 많은 양의 컴퓨터 메모리가 필요하다.

정답 25 ② 26 ③ 27 ④ 28 ①

해설 4세대 언어(4GL)의 이점은 배우기 쉽고 새로운 응용 소프트웨어 개발에 필요한 사용시간을 줄일 수 있다는 것이다. 반면에, 단점은 언어 자체의 크기가 크기 때문에 많은 양의 컴퓨터 메모리가 필요하며 컴퓨터 자원을 효율적으로 사용하지 못한다.
①은 5세대 언어의 특징이다.

29 **유지·보수의 편리성과 응용 프로그램 개발의 효율성을 동시에 가진 언어는?**

① 객체지향 프로그래밍
② 절차어
③ 어셈블리어
④ 기계어

해설 객체지향 프로그래밍 언어의 두 가지 이점은 유지·보수의 편리성과 응용 프로그램 개발의 효율성으로 작업수행을 위한 절차보다는 작업에 포함된 객체를 더 강조한다는 것이다.

30 **절차어가 소스코드를 기계어인 목적코드로 번역하기 위한 특수 번역 프로그램은?**

① 어셈블러
② 디버깅
③ 컴파일러
④ 애플리케이션

해설 컴파일러는 미리 작성된 프로그램인 소스코드를 컴퓨터가 알아들을 수 있는 기계어인 목적코드로 번역하기 위해서는 특수한 프로그램이 필요한데, 이러한 특수 번역 프로그램을 말한다.

31 **사용자가 컴퓨터 시스템을 보다 쉽게 사용하도록 지원하며, 새로운 프로그램을 작성하지 않고도 표준화된 프로그램을 사용함으로써 프로그램을 작성하는 부담을 덜어주는 프로그램은?**

① 컴파일러
② 제어 프로그램
③ 처리 프로그램
④ 유틸리티 프로그램

해설 **유틸리티 프로그램** : 다른 응용 소프트웨어, 운영체제 또는 시스템 사용자들이 요구하는 몇몇 일반적 기능을 수행하도록 설계된 컴퓨터 프로그램이다. 사용자가 컴퓨터 시스템을 보다 쉽게 사용하도록 지원하며, 새로운 프로그램을 작성하지 않고도 표준화된 프로그램을 사용한다.

32 **시스템 소프트웨어를 사용하여 실제 사회에서 일어나는 문제들을 풀어주는 프로그램을 무엇이라고 하는가?**

① 응용 소프트웨어
② 컴퓨터 소프트웨어
③ 오그웨어
④ 사무자동화 소프트웨어

정답 29 ① 30 ③ 31 ④ 32 ①

해설 응용 소프트웨어는 시스템 소프트웨어를 이용해 실제 사회에서 일어나는 문제를 해결해주는 프로그램으로 사무자동화, 게임, 그래픽, 수치연산 등 다양하다.

33 **다음 중 디지털 컴퓨터와 아날로그 컴퓨터를 비교·설명한 것으로 틀린 것은?**

① 디지털 컴퓨터는 프로그램이 쉽지만, 아날로그 컴퓨터는 프로그램이 어렵다.
② 디지털 컴퓨터는 특수목적용이지만, 아날로그 컴퓨터는 범용이다.
③ 디지털 컴퓨터는 속도가 빠르지만, 아날로그 컴퓨터는 속도가 느리다.
④ 디지털 컴퓨터는 논리회로를 사용하지만, 아날로그 컴퓨터는 증폭회로를 사용한다.

해설 ② 디지털 컴퓨터는 범용이지만 아날로그 컴퓨터는 특수목적용이다.

34 **컴퓨터의 하드웨어 시스템을 효율적으로 운영하기 위한 소프트웨어로 컴퓨터를 작동하고 시스템 전체를 감시하며, 처리하여야 할 데이터의 관리와 작업계획 등을 조정하는 것은?**

① 운영체제(OS) ② 어셈블러
③ 인터프리터 ④ 컴파일러

해설 운영체제(OS)는 컴퓨터의 하드웨어 시스템을 효율적으로 운영하기 위한 소프트웨어로 컴퓨터를 작동하고 시스템 전체를 감시하며, 처리하여야 할 데이터의 관리와 작업계획 등을 조정하는 여러 가지의 프로그램으로 구성되어 있다.

35 **응용 소프트웨어에 해당하지 않는 것은?** 2019년 기출

① 그룹웨어 ② 스프레드시트
③ 운영체계 ④ 워드프로세서

해설 응용 소프트웨어는 시스템 소프트웨어를 이용하여 실제 사회에서 일어나는 문제를 해결해주는 프로그램으로 사무자동화 프로그램, 게임·그래픽 프로그램, 수치연산 프로그램을 말한다. 즉, 패키지, 스프레드시트, 워드프로세서, 멀티미디어, 통신 소프트웨어 등이 응용 소프트웨어이다.
③ 운영체계(OS)는 컴퓨터를 작동하기 위한 프로그램으로 컴파일러, 입출력 제어프로그램 등과 함께 시스템 소프트웨어이다.

정답 33 ② 34 ① 35 ③

36 **정보의 일반적 표현방식과 컴퓨터상에서 표현되는 파일상태의 확장자를 연결한 것이다. 바르게 연결되지 않은 것은?**

① 소리 – MP3, WAV
② 동영상 – AVI, MPG
③ 이미지 – JPG, GIF
④ 도표, 수식 – ARJ, ZIP

해설
- MP3 : 영상압축표준인 엠펙기술을 채택하여 컴퓨터를 통해 내려 받은 음악을 담고 재생할 수 있는 파일형식으로 .mp3 확장자를 가지고 있다.
- WAV : Windows 표준의 음성파일 형식. 웨이브 파일은 .wav 확장자를 가지고 있다.
- JPG : 사진 이미지에 주로 사용하며, 저장시에 다양한 품질로 저장할 수 있다.
- GIF : 움직이는 이미지를 나타낼 수 있으며, 배경 및 배너 이미지에 주로 사용한다.
- AVI(Audio / Video Interleaving) : Windows상에서 동영상을 재생하기 위한 파일
- MPG : 동영상 재생 프로그램
- ARJ(Archived by Robert Jung) : 압축 프로그램 및 파일형식의 하나이다.
- ZIP : 데이터를 압축·보관하기 위한 파일형식이다.

37 **정보화를 위한 기업의 조직기술을 총칭하는 것으로 외부에서 창출된 정보를 기업의 전략적 측면에서 효과적으로 적용하기 위해 마련해야 할 조직기술은?**

① 하드웨어
② 소프트웨어
③ 네트웨어
④ 오그웨어

해설 ④ **오그웨어(Orgware)** : 오그웨어는 정보화를 위한 기업의 조직기술을 총칭하는 말로, 외부에서 창출된 정보를 기업의 전략적 측면에서 효과적으로 적용하기 위해 마련해야 할 조직기술이다.
③ **네트웨어(Netware)** : 여러 컴퓨터와 단말기 사이를 통신회선으로 연결한 (대규모) 컴퓨터 이용형태이다. 네트웨어의 특징은 파일과 프린트 서비스 또는 처리능력에 최적화가 되어 있다는 점이다.

38 **다음 인터페이스(Interface) 중 하드웨어(Hardware)와 펌웨어(Firmware) 간에 존재하는 인터페이스는?**

① 사용자 인터페이스(User Interface)
② 표준 인터페이스(Standard Interface)
③ 비표준 인터페이스(Non Standard Interface)
④ 그래픽 사용자 인터페이스(Graphical User Interface)

해설 하드웨어(Hardware) → (비표준 인터페이스) → 펌웨어(Firmware) → (표준 인터페이스) → 유저

정답 36 ④ 37 ④ 38 ③

39 **고급언어로 쓰여진 프로그램을 그와 의미적으로 동등하며 컴퓨터에서 즉시 실행될 수 있는 형태의 목적 프로그램으로 바꾸어 주는 번역 프로그램은?**

① 컴파일러　　② 인터프리터
③ 베타프로그램　　④ 패치프로그램

해설 ② **인터프리터** : 중간언어를 입력받아 목적언어로 변환하지 않고 직접 수행하는 프로그램
③ **베타프로그램** : 검사 목적으로 무료로 공급하는 프로그램
④ **패치프로그램** : 사소한 오류의 수정이나 성능향상을 위해 해당 부분의 모듈을 수정하여 변경 배포하는 프로그램

40 **다음 〈보기〉의 설명에 해당하는 것은?** 2019년 기출

보기
80%의 매출과 이익을 발생시키는 상위 20%의 우량고객에게만 집중했던 기존의 관점에서 벗어나, 수익성이 없어 소외되었던 하위 80%도 인터넷을 통한 개인화 전략으로 기업의 고객으로 만들 수 있다.

① 황의 법칙　　② 무어의 법칙
③ 파레토 법칙　　④ 롱테일 법칙

해설 2004년 미국의 인터넷 비즈니스 관련 잡지 와이어드(Wired)의 편집장 크리스 앤더슨(Chris Anderson)이 주장한 롱테일(longtail) 법칙을 말한다. 이는 매출의 80%는 20%의 핵심고객에게 나온다는 파레토(Pareto) 법칙에 반대되는 의미로, 80%의 고객에게서 20%에 해당하는 핵심고객보다 더 많은 매출이 발생할 수 있다는 법칙이다.

41 **연계편집 프로그램에 의해 관련 프로그램들을 합치는 과정은?**

① 원시 프로그램　　② 목적 프로그램
③ 링커　　④ 로더

해설 ① **원시 프로그램** : 프로그래머가 고급언어를 이용하여 작성한 원본 프로그램이다.
② **목적 프로그램** : 언어번역 프로그램에 의해 생성된 기계어 코드이다.
④ **로더** : 실행할 프로그램을 주기억장치로 옮겨주는 프로그램이다.

정답 39 ① 40 ④ 41 ③

42 다음 〈보기〉의 ( ) 안에 들어갈 가장 적절한 용어는?

✔ 2018년 기출

> **보기**
>
> 위치정보시스템(GPS)과 ( )기술 기반으로 개발된 '포켓몬 고'는 출시와 동시에 선풍적인 인기를 끌었다. ( )은(는) 우리 주변에 포켓몬이 진짜로 있는 것 같이 합성하여 보여준다.

① 증강현실 ② 딥러닝
③ 모션임팩트 ④ 가상현실

해설 문제에서 설명하고 있는 내용은 증강현실이다. 증강현실(AR ; Augmented Reality)은 사용사가 눈으로 보는 현실세계에 3차원 가상 물체를 겹쳐 보여주는 기술이다. 현실세계에 실시간으로 부가정보를 갖는 가상세계를 합쳐 하나의 영상으로 보여주므로 혼합현실(MR ; Mixed Reality)이라고도 한다.

43 다음 중 에러를 찾아내고 수정하는 과정을 무엇이라고 하는가?

① 어셈블링(Assembling) ② 프로토타이핑(Prototyping)
③ 디버깅(Debugging) ④ 마이닝(Mining)

해설 디버깅(Debugging)은 잘못된 소프트웨어의 오류수정에 관한 내용으로 전문가에 의해 수행되게 된다.

44 다음 중 제5세대 언어의 특징으로 틀린 것은?

① 지식을 기반으로 한다.
② 비절차적 언어시대라 부른다.
③ 사용자 편리성을 증대시키면서 인공지능에 기반을 둔 언어가 개발되었다.
④ 전문가시스템, 추론 엔진, 자연어 처리 등 사용자가 더욱 편하게 사용할 수 있도록 발전하였다.

해설 ② 제4세대 언어(1980년대)를 비절차적 언어시대라 부른다. 응용문제를 쉽고 빠르게 수행하기 위한 언어 중심으로 개발되었다.

45 다음 중 고급언어의 특징으로 틀린 것은?

① 사용자 중심의 언어이다.
② BASIC, FORTRAN, C, COBOL 등이 해당된다.
③ 번역기에 의해 기계어로 번역되어 사용된다.
④ 0과 1 또는 기호화된 단어를 이용하여 프로그램을 작성하므로 이해하기 어렵다.

정답 42 ① 43 ③ 44 ② 45 ④

해설 ④는 저급언어의 특징이다.

46 다음 중 시스템 소프트웨어에 해당하는 것은?

① 제어 프로그램
② 백신 프로그램
③ 압축 프로그램
④ 통신용 프로그램

해설 제어 프로그램과 처리 프로그램이 시스템 소프트웨어에 해당된다.

47 다음 〈보기〉에서 설명하는 것은?

보기
- 사용자가 컴퓨터 자원을 효율적으로 관리할 수 있도록 편의를 제공하는 프로그램으로, 사용자와 컴퓨터의 중간자적인 역할을 담당한다.
- 중앙처리장치, 주기억장치, 보조기억장치, 주변기기 등의 컴퓨터 자원을 관리하고 제어하는 프로그램에 적합하다.

① 컴파일러(Compiler)
② 인터프리터(Interpreter)
③ 운영체제(Operating System)
④ 유틸리티 프로그램(Utility Program)

해설 ③ **운영체제(Operating System)** : 컴퓨터의 하드웨어 시스템을 효율적으로 운영하기 위한 프로그램으로 컴퓨터를 작동하고 시스템 전체를 감시하며, 처리하여야 할 데이터의 관리와 작업 계획 등을 조정하는 여러 가지의 프로그램으로 구성되어 있다.
① **컴파일러(Compiler)** : 컴파일러는 고급언어로 쓰여진 프로그램을 그와 의미적으로 동등하며 컴퓨터에서 즉시 실행될 수 있는 형태의 목적 프로그램으로 바꾸어 주는 번역 프로그램이다.
② **인터프리터(Interpreter)** : 프로그래밍 언어의 소스 코드를 바로 실행하는 컴퓨터 프로그램 또는 환경을 말한다.

48 다음 중 제4세대 언어에 해당하는 것은?

① COBOL
② SQL
③ APL
④ 함수언어

해설 제4세대 언어에는 Powerbuilder, FOCUS, NOMAD와 RAMIS, SQL 등의 언어가 있으며, 이러한 언어들은 코드를 빠르게 생성하고 배우기 쉬우며, 사용하기 쉬운 특징을 가지고 있다.

정답 46 ① 47 ③ 48 ②

49 다음 언어 중 사람의 언어와 가장 유사한 언어는?

① 1세대 기계어 ② 2세대 어셈블리어
③ 3세대 절차어 ④ 4세대 비절차어

해설 3세대 절차어는 고급 프로그래밍 언어의 출현으로 영어와 유사해졌으며, 논리 및 절차지향의 언어로 비교적 배우고 사용하기 쉬워졌다.

50 인터넷에서 컴퓨터들이 서로 정보를 주고받는 데 쓰이는 통신규약의 모음을 나타내는 것은?

① 프로토콜 스위트(Protocol Suite)
② 프로토콜 전송(Protocol Transmission)
③ 프로토콜 전환(Protocol Switching)
④ 프로토콜 아키텍처(Protocol Architecture)

해설 ① 프로토콜 스위트(Protocol Suite)는 인터넷에서 컴퓨터들이 서로 정보를 주고받는 데 쓰이는 통신규약(프로토콜)의 모음이다. 인터넷 프로토콜 스위트 중 TCP와 IP가 가장 많이 쓰이기 때문에 TCP/IP 프로토콜 스위트라고도 불린다.

51 일반적으로 롬(ROM)에 저장된 하드웨어를 제어하는 마이크로 프로그램을 의미하는 것으로, 소프트웨어와 하드웨어의 특성을 모두 갖고, 하드웨어와 운영시스템 간의 독립성을 보장해주는 도구는?

① 플랫폼(Platform) ② 펌웨어(Firmware)
③ 카트리지(Catridge) ④ 인터프리팅(Interpreting)

해설 펌웨어(Firmware)는 일반적으로 롬(ROM)에 저장된 하드웨어를 제어하는 마이크로 프로그램을 의미한다. 프로그램이라는 관점에서는 소프트웨어와 동일하지만, 하드웨어와 밀접한 관계를 가지고 있다는 점에서 일반 응용 소프트웨어와 구분되어, 소프트웨어와 하드웨어의 특성을 모두 가지고 있다고 할 수 있다.

52 시스템 소프트웨어와 애플리케이션 소프트웨어에 대한 설명으로 옳은 것은?

① ERP는 애플리케이션 소프트웨어이다.
② 데이터베이스 관리시스템은 시스템 소프트웨어에 속한다.
③ 운영체제와 프로그래밍 언어번역기(컴파일러)는 애플리케이션 소프트웨어에 속한다.
④ 시스템 소프트웨어는 이용자의 정보처리업무를 지원할 목적으로 개발된 소프트웨어이다.

정답 49 ③ 50 ① 51 ② 52 ①

해설 ① ERP(Enterprise Resource Planning) : 기업의 인적·물적자원을 효율적으로 활용하고자 각종 관리시스템의 경영자원을 하나의 통합 시스템으로 재구축하여 생산성을 극대화하려는 경영혁신기법으로, 애플리케이션 소프트웨어에 속한다.

53 **다음 중 성격이 다른 것은?**

① Excel
② UNIX
③ HWP
④ Powerpoint

해설 ② UNIX는 시스템 소프트웨어에 해당한다.
① Excel, ③ HWP, ④ Powerpoint는 응용 소프트웨어에 해당한다.

54 **다음 〈보기〉의 컴퓨터 하드웨어 기반구조를 진화의 순서대로 바르게 나열한 것은?**

보기
㉠ 메인프레임 시대
㉡ 클라우드 컴퓨팅 시대
㉢ 클라이언트－서버구조
㉣ 웹/인터넷 기반구조

① ㉠ → ㉢ → ㉡ → ㉣
② ㉠ → ㉢ → ㉣ → ㉡
③ ㉡ → ㉣ → ㉢ → ㉠
④ ㉢ → ㉠ → ㉣ → ㉡

해설 컴퓨터 하드웨어 기반구조의 발전단계는 '메인프레임 시대 → 개인용 컴퓨터 시대 → 클라이언트－서버구조 시대 → 인터넷 비즈니스(웹/인터넷 기반구조) 시대 → 클라우드 및 모바일 컴퓨팅 시대'의 순서로 진화하였다.

55 **소프트웨어의 지적재산권에 반대되는 개념으로, 지식과 정보가 소수에게 독점되지 않고 모두가 자유롭게 사용할 수 있어야 함을 주장하는 운동 또는 개념은?**

① Copyright
② Oracle
③ Copyleft
④ Linux

해설 카피레프트(Copyleft)는 지적재산권에 반대해 지적창작물에 대한 권리를 모든 사람이 공유할 수 있도록 하는 것 또는 그러한 운동을 말한다. 지적재산권(저작권)을 의미하는 카피라이트(Copyright)와 반대되는 개념으로, 저작권의 공유(共有)를 뜻한다.

정답 53 ② 54 ② 55 ③

56 다음 중 객체지향 프로그래밍의 가장 큰 이점은 무엇인가?

① 시간이 적게 든다. ② 재사용성을 활용한다.
③ 인터페이스를 지원한다. ④ 코드의 유지·보수가 용이하다.

해설 객체지향 프로그래밍의 가장 큰 이점은 소프트웨어 개발에 있어서 재사용성(reusability)을 활용(시간과 비용의 절약)하는 데 있다.

57 다음 〈보기〉에서 설명하는 것으로 옳은 것은?

✔ 2014년 기출

> **보기**
> • 응용 소프트웨어를 실행하기 위한 플랫폼을 제공하고 컴퓨터 하드웨어를 동작, 접근할 수 있도록 설계된 컴퓨터 소프트웨어이다.
> • 컴퓨터 운영체계의 일부를 형성하며 컴퓨터를 운영하는 데 꼭 필요한 프로그램들을 의미한다.

① 시스템 소프트웨어 ② 워드프로세싱 소프트웨어
③ 스프레드시트 소프트웨어 ④ 프레젠테이션 소프트웨어

해설 ① **시스템 소프트웨어**(System Software) : 응용 소프트웨어를 실행하기 위한 플랫폼을 제공하고 컴퓨터 하드웨어를 동작, 접근할 수 있도록 설계된 컴퓨터 소프트웨어이다. 사용자들이 자신이 필요한 업무를 처리하기 위해 사용하는 응용 프로그램의 기초가 되며, 그 위에서 응용 프로그램을 개발하거나 사용할 수 있도록 해준다.

② **워드프로세싱 소프트웨어**(Word Processing Software) : 문서작성을 주로 하기 위한 프로그램으로, 문서의 작성 및 편집, 추가 수정이 쉽고, 저장한 문서는 언제든지 불러 다시 사용할 수 있다.

③ **스프레드시트 소프트웨어**(Spreadsheet Software) : 수치작업 전용 소프트웨어로 행과 열을 따라 숫자를 기록하여 계산할 수 있도록 지원함으로써, 데이터의 분석 및 처리를 쉽게 할 수 있도록 만들어진 소프트웨어이다.

④ **프레젠테이션 소프트웨어**(Presentation Software) : 슬라이드 쇼 형식으로 정보를 보여 주기 위한 소프트웨어이다.

정답 56 ② 57 ①

CHAPTER 4

정보시스템의 계획과 개발

01 시스템 개발수명주기

(1) 시스템 개발주기의 개념

① 시스템 개발주기의 개념

㉠ 시스템 접근방법을 적용하여 정보시스템을 개발하는 과정을 정보시스템의 개발주기라고 부르는 다단계 과정으로 간주하는데, 이러한 정보시스템의 개발주기를 시스템 개발수명주기(SDLC ; System Development Life Cycle)라고 한다.

㉡ 시스템 개발수명주기는 시스템 개발을 위한 정형화되고 원칙적인 접근방법이다.

② 시스템의 개발수명주기(SDLC)

㉠ SLDC는 '예비조사 → 요구사항 분석 → 시스템 설계 → 시스템 개발 → 시스템 구현 → 시스템 유지 및 보수'의 순서이다.

㉡ SLDC는 '시스템 조사 → 시스템 분석 → 시스템 설계 → 시스템 구현 → 시스템 유지 및 보수'로 구분하기도 한다.

(2) 시스템 개발수명주기의 특징

① SDLC의 모든 활동은 상호 연관성이 매우 높으며 상호 의존적이고, 순차적인 활동들과 동시적인 활동이 함께 진행된다.

② 개발대상 시스템의 수정과 개선을 위해서라면 언제라도 이전 활동들로 회귀하여 이들을 반복 수행하기도 하며, 일반적으로 5단계를 거친다.

③ SLDC의 장점은 소프트웨어 개발과정에 대한 통제가 확실하고, 대규모의 시스템 개발에 적합하며, 문서화가 용이하다.

④ 전통적 SDLC와 현대적 SDLC의 차이점

㉠ 많은 양의 기록과 데이터 입력으로 인한 개발활동의 자원소모 → 간접비용의 최소화

㉡ 명세상의 변화에 대처 부족 → 유연성과 반응성의 제고

㉢ 순차적 → 업무의 동시성 고려

㉣ 분석의 강조 → 분석의 집중

⑤ 전통적 SDLC의 5단계와 산출물

	SDLC 단계	산출물
제1단계	시스템 조사(investigation)	실현가능성 조사(feasibility study)
제2단계	시스템 분석(analysis)	기능요구사항(functional requirements)
제3단계	시스템 설계(design)	시스템 명세서(system specification)
제4단계	시스템 구현(implementation)	작동 시스템(operational system)
제5단계	시스템 유지보수(maintenance)	시스템 개선(improved system)

▎SDLC의 단계 ▎

(3) 프로토타이핑(Prototyping)

① 프로토타이핑의 개념

㉠ 프로토타이핑은 새로운 시스템 솔루션에 대한 작업모델 또는 프로토타입(원형)을 신속하게 개발하고 테스트하는 방법이다. 프로토타이핑은 사용자 중심의 개발방법이다.

㉡ 프로토타이핑 접근방법의 과정은 '최종 사용자 요구사항 분석 → 시스템 프로토타입 개발 → 요구에 따른 시스템 수정 → 시스템의 사용과 유지・보수'로 행해진다.

② 프로토타이핑의 특징

㉠ 비교적 적은 비용으로 신속하게 시제품 또는 실험시스템을 만들어 사용자의 평가를 받아보는 방식이다.

㉡ 사용자들은 시제품을 사용하면서 요구사항에 대한 아이디어를 제시할 수 있다.

㉢ 시제품은 정보시스템의 전체 또는 일부 기능이 실제로 작동되도록 구현하고, 사용자의 요구사항을 반영하여 수정 및 개선을 해 나간다.

③ 프로토타이핑의 장점

㉠ 시스템의 기능이 사용자에게 미리 보여짐으로서 최종 사용자의 요구를 극대화한다.

㉡ 개발시간을 줄일 수 있다. 프로토타이핑은 비교적 빠른 기간 안에 사용자가 평가할 수 있을 만한 결과를 만들어낸다.

㉢ 프로토타이핑은 개발의 초기단계에서 오류를 판별할 수 있어 오류를 초기에 발견할 수 있다.

㉣ 프로토타입을 직접 운영함으로 여러 가지 제안과 변경할 점을 개발과정에서 반영하게 되어 변경이 용이하다.

(4) 객체지향적 개발(OOD)

① 객체지향적 개발의 정의

객체지향적 개발(OOD ; Object-Oriented Development)은 SDLC 개발프로젝트의 문제점(시스템 경직성, 사용자 요구사항)을 해결하기 위한 대안으로 만들어졌다. 즉, 업무 중심의 시스템이 아닌 업무를 위한 모델링이 되어야 할 현실세계에 기초하여 만들어진 것이다.

② 객체지향적 개발의 장점

㉠ 시스템 개발의 복잡성을 크게 줄이고, 좀더 쉽고 신속하게 구축, 유지・보수할 수 있는 시스템의 개발이 가능하다.

㉡ 프로그래머들의 생산성과 질을 향상시킨다.

㉢ 개발된 시스템은 매우 신축적이다.

㉣ 현실적 관점에서 시스템 요구사항을 모델링할 수 있게 한다.

③ 객체지향적 개발의 단점

㉠ 자바(Java)로 작성된 프로그램은 다른 프로그램 언어로 쓰인 프로그램보다 실행속도가 매우 느리다.

㉡ 객체지향적 언어에 대한 기술과 경험이 부족하므로 객체지향 프로그램 사용을 위해서는 재교육이 필요하다.

④ 객체지향적 접근방법이 웹기반에서 이상적인 이유

㉠ 객체지향적 시스템의 코드와 데이터는 재사용 가능한 구성요소들로 캡슐화되어 있어 독립적인 개발과 개선이 될 수 있다.

㉡ 시스템 유지・보수를 감소시키며 개발속도와 유연성을 증가시킨다.

㉢ 웹이 정적인 데이터에서 동적인 데이터로 진화되고 있다.

㉣ 객체지향적 접근방법은 웹 애플리케이션 개발에 가장 이상적이다. 즉, 매번 새롭게 코드를 작성하는 대신에 객체는 코드를 조직하고 구성하며 재사용하는 모듈화된 방법을 제공한다.

(5) 시스템 개발수명주기(SDLC)의 모형

① **폭포수 모델(Waterfall Model)** : 소프트웨어 프로세스들이 순차적으로 진행되는 단순한 모델로 응용분야가 단순하거나 잘 알고 있는 경우 적합하다. '계획 → 분석 → 설계 → 구현 → 테스트 → 유지・보수'의 단계가 마치 폭포수와 같다 하여 붙여진 모델이다.

② **프로토타이핑 모델(Prototyping Model)** : 개발자가 구축한 소프트웨어 모델인 시제품을 사전에 만드는 공정으로, 사용자의 요구가 정확하게 반영되었는지를 확인하기 위해 사용자 요구를 모델링하며, 프로젝트를 쉽게 이해하기 위한 모델이다.

③ **나선형 모델(Spiral Model)** : 나선형 모델은 프로토타입을 지속적으로 발전시켜 최종 개발까지 이르는 방법으로 위험관리 중심으로 개발한 모델이다. 나선형 모델은 개발단계를 반복적으로 수행함으로써 점차적으로 완벽한 소프트웨어를 개발하는 진화적 모델이다.

④ 코코모 모델(Cocomo Model) : 코코모 모델은 대형 소프트웨어 개발에서 수집된 자료를 바탕으로 하여 만들어진 모델이다.

⑤ 반복적 개발모델(Iterative Development Model) : 사용자의 요구사항의 일부분, 제품의 일부분을 반복적으로 개발하여 최종적으로 완성하는 방법으로 전통적인 폭포수 모델과 프로토타이핑 모델을 결합한 것이다.

플러스 UP 컴포넌트 기반 개발(CBD) 접근방법

㉠ 컴포넌트 기반 개발(CBD)의 개념

컴포넌트 기반 개발(CBD ; Component-Based Development)은 공통적인 인터페이스를 가지고 있어서 여러 시스템에서 사용이 가능하도록 프로그램 코드의 구성요소를 만들고, 조립 및 재사용하는 개발방식이다. 즉, 기존의 시스템이나 소프트웨어를 구성하는 컴포넌트를 조립해서 하나의 새로운 응용 프로그램을 만드는 개발방법으로 소프트웨어 개발에 드는 노력과 시간을 절약할 수 있다.

㉡ 컴포넌트 기반 개발 접근방법을 사용하는 주된 이유

ⓐ 이질적인 기반구조와 플랫폼을 위한 지원

ⓑ 애플리케이션의 규모와 성능

ⓒ 새로운 비즈니스 애플리케이션의 신속한 조립

ⓓ 적은 에러로 신속하게 프로그래밍을 할 수 있는 코드의 재사용성

02 예비조사

(1) 예비조사

① 시스템 개발은 많은 비용이 소요되기 때문에 시스템에 관한 예비조사에서 실현가능성을 조사해야 한다. 이 단계에서는 최종 사용자와 잠재 사용자의 정보요구, 자원요구, 비용, 이익, 제안 프로젝트의 실현가능성 등을 결정한다.

② 습득해야 할 예비조사에는 의사결정과정, 업무처리절차, 조직구성, 목표 등이 있다.

(2) 예비조사의 단계

예비조사의 단계는 ① 관련 데이터 수집, ② 정보시스템에 대한 예비명세서와 개발계획에 관한 보고서 작성, ③ 승인을 위해 경영진에게 제출, ④ 경영진이 승인을 한 경우에 시스템 분석을 실시하는 등 4단계로 구성된다.

(3) 예비조사에 관한 시스템 실현가능의 범주

정보시스템의 대안들을 평가하여 이 중에서 가장 바람직하고 실현가능성이 높은 비즈니스 애플리케이션을 제안하는 것이다. 시스템의 실현가능성은 4개 범주의 관점에서 평가된다.

① **조직적(Organizational) 실현가능성** : 시스템이 조직의 비즈니스 우선순위를 얼마나 잘 지원하는가에 초점을 둔다.

② **경제적(Economic) 실현가능성** : 예상되는 비용절감, 매출증대, 이익증가, 필요 투자액의 절감, 그 밖의 다른 이득들이 시스템을 개발하고 운영하는 데 소요되는 비용을 초과할 것인가가 분석의 초점이다.

③ **기술적(Technical) 실현가능성** : 시스템의 니즈를 충족시키는 하드웨어와 소프트웨어의 신뢰성과 기능, 그리고 이를 한정된 시간 안에 획득하거나 개발하는 것이 가능한가를 조사한다.

④ **운영적(Operational) 실현가능성** : 관리자, 종업원, 고객, 공급자 및 그 밖의 사람들이 시스템을 운영하고 이용하며 지원하려는 자발적 의지와 능력의 평가에 초점을 둔다.

03 요구사항 분석 : 조사분석

(1) 요구사항 분석의 의의

① 시스템 요구사항에 대한 분석은 최종 사용자의 정보니즈(needs)를 심도 있게 분석하는 단계이다. 시스템 분석은 새로운 정보시스템의 설계에 기초가 되는 기능적 요구사항(functional requirements)을 산출한다.

② 요구사항에는 기능요구사항, 성능요구사항, 하드웨어・소프트웨어・펌웨어 및 사용자와의 인터페이스에 관한 요구사항이 있다.

(2) 분석의 범위

① **조직적 분석** : 시스템이 운영되는 조직과 환경시스템을 평가하는 것으로, 그 분석대상은 환경, 조직구조, 사람, 비즈니스 활동, 환경시스템, 현 정보시스템 등을 포함한다.

② **현재 시스템의 분석** : 새로운 시스템을 설계하기 전에 현재 시스템에 대해서 활동, 자원 및 산출물 등에 대한 상세한 분석을 해야 한다. 자원분석은 데이터 자원을 정보로 변환하는 하드웨어, 소프트웨어, 인적자원을 대상으로 한다.

③ **기능요구사항 분석** : 정보 니즈를 충족시키는 각각의 시스템 활동(입력, 처리, 출력, 저장, 통제)에 요구되는 정보처리능력을 결정한다. 기능요구사항은 최종 사용자가 시스템에서 사용하게 될 하드웨어, 소프트웨어, 네트워크, 데이터, 인적자원 등에 의해서 제약을 받지 않는 정보요구사항을 의미한다.

04 시스템 설계

(1) 시스템 설계의 개념

① 시스템 설계는 자료의 세부설계, 자료와 상호작용하는 응용시스템의 설계 그리고 하드웨어 및 소프트웨어 선정작업 등을 포함한다.

② 시스템 분석가가 논리적 프로세스와 데이터 관계를 표현하기 위해 사용하는 것으로 데이터 흐름도(DFD)와 엔티티 관계도(ERD) 같은 기법이 있다.

③ 시스템 설계단계

㉠ **사용자 인터페이스 설계** : 화면구성, 입출력 양식 등에 대한 설계를 말한다.

㉡ **데이터 설계** : 데이터베이스에 포함되는 파일의 구성과 그 형태에 대한 것이다.

㉢ **프로세스 설계** : 제안된 시스템의 프로그램 부분으로 각 모듈의 명세와 각 모듈의 상호작용에 대한 것이다.

④ **시스템 설계를 위한 도구로** 개략시스템 흐름도, 상세시스템 흐름도, 데이터 흐름도, 시스템 계층 구조도, 의사결정표 등을 활용한다.

플러스UP 데이터 흐름도(DFD)

㉠ 데이터 흐름도(DFD ; Data Flow Diagram)는 시스템 내에서 프로세스들 간의 데이터 흐름을 나타내기 위해 시스템의 분석과정이나 설계과정에서 사용되는 그래픽을 이용한 도표이다.
㉡ 데이터 흐름도(DFD)의 구성요소에는 프로세스(Process), 데이터 플로(Data Flow), 데이터 저장(Data Store), 종단점(terminator) 등이 있다.

(2) 사용자 인터페이스 설계

① 사용자 인터페이스 설계는 최종 사용자와 컴퓨터 기반 애플리케이션 간에 상호작용을 지원하는 데 초점을 둔다. 설계자는 인터넷이나 인트라넷 웹페이지와 같이 사용하기 간편한 흥미롭고 효율적인 형태의 사용자 입력 및 산출설계에 전념한다.

② 디스플레이 화면, 상호작용적 사용자·컴퓨터 대화(Dialogues), 음성응답, 입력양식(Forms), 문서, 보고서 등에 관한 상세한 명세서가 이 단계의 주요 산출물이다.

(3) 시스템 명세서

① 시스템 명세서는 시스템의 사용자 인터페이스, 데이터베이스 구조, 처리와 통제절차에 대한 설계를 정형화한 것이다. 시스템 설계자는 시스템을 대상으로 하는 하드웨어 명세서, 소프트웨어 명세서, 네트워크 명세서, 데이터 명세서를 개발한다.

② 최종적인 시스템 명세서가 서술하는 일반적인 내용
㉠ 하드웨어 장비(장비와 매체)
㉡ 소프트웨어 자원(프로그램과 처리절차)
㉢ 네트워크 자원(통신매체와 네트워크)
㉣ 인적자원(최종 사용자와 정보시스템 요원)
㉤ 이상의 자원을 이용하여 데이터 자원(파일과 데이터베이스)을 정보제품(디스플레이, 응답, 보고서, 문서)으로 변환하는 방법

플러스 UP 아키텍처(Architecture)

㉠ 아키텍처는 정보시스템을 구성하는 주요 구성요소들 간의 상호 관계를 표시한 것으로서 상세설계와 시스템 구현의 길잡이가 된다.
㉡ 아키텍처는 중요한 결정사항들의 집합을 의미하며, 시스템의 품질에 관련된 설계요소를 다룬다.
㉢ 아키텍처는 컴퓨터 구성요소 및 구성요소들 간 관계의 배열이나 조합을 나타낸다. 즉, 아키텍처는 기능면에서 본 컴퓨터의 구성방식으로 기억장치의 주소방식, 입출력장치의 채널구조 등을 가리킨다.

05 시스템 개발

(1) 시스템 개발의 개념

① 기존의 수명주기법은 문제의 성격이 비구조적이어서 사용자의 정보요구사항을 정확하게 기술하기가 곤란하였으며 시스템 개발시 장기간이 소요되어 개발이 완료된 시점에서 환경의 변화로 요구사항이 변동될 가능성이 컸다.
② 또한 수명주기법의 일주기(one cycle)에는 장기간이 소요되기 때문에 시스템 개발(DP) 부서에 개발업무가 정체되어 사용자들의 불만사항이 증폭되는 단점이 있다. 이러한 문제점을 해결하기 위해 제시된 방안이 원형개발법(prototyping method), 최종 사용자 개발(end user development) 등이다.

(2) 시스템의 개발방법

① 원형개발법(prototyping method)
㉠ 사용자의 요구에 따라 1차의 단순화된 시스템(원형)이 설계·개발되어 사용자에게 제공된다. 사용자는 이를 시험운용하고 추가되어야 할 부분이나 개선되어야 할 부분을 지적하며, 설계자는 이에 따라 새로운 원형을 설계·개발한다.

㉡ 이 방법은 개발과정에서 신속한 피드백으로 사용자의 요구사항을 반영하고 사용자의 참여에 의해 관심과 수용가능성 등을 제고시켜 궁극적으로 시스템 개발의 생산성을 향상시키려는 것이다.

㉢ 원형개발법은 비교적 단순한 경영관리시스템이나 의사결정지원시스템(DSS)의 개발에 사용된다.

② **최종 사용자 개발(end user development)** : 최종 사용자 개발은 사용자가 원하는 바를 스스로 파악할 수 있고 시스템이 너무 크거나 복잡하지 않을 경우 유용하다. 최종 사용자에 의해 직접 설계·개발되므로 수명주기와 같은 과정을 거칠 필요가 전혀 없다.

③ **기타** : 고급수준 언어(very high level language)를 사용한 개발법 및 기존 소프트웨어 활용법(reusability approach) 등이 있다.

플러스 UP 시스템의 개발방법

㉠ **규범적 방법**
ⓐ 기존 시스템이 존재하지 않아 새로 개발하여야 하는 경우에 적용되는 방법이다.
ⓑ 개발순서는 '계획단계 – 설계단계 – 작성단계 – 운용단계'로 진행된다.
ⓒ 과거의 유사한 시스템의 개발경험을 최대한 활용하여 재사용한다.

㉡ **축차적 방법**
ⓐ 기존 시스템이 존재하는 경우 적용하는 방법이다.
ⓑ 기존 시스템의 조사·분석을 기초로 문제점을 발견하고, 그 문제점들을 해결하고 보다 개선된 시스템을 만드는 방법이다.
ⓒ 비교적 시스템 환경이 안정되어 있어야 한다.

06 시스템 구현

(1) 시스템의 구현단계

① **정보시스템의 구현단계**

㉠ 정보시스템의 구현단계는 정보시스템을 실제로 구축하는 단계로 실질적인 데이터베이스의 구축, 선정된 하드웨어와 소프트웨어 도구를 이용하여 그 데이터베이스에 접근하게 될 응용 프로그램 작성 등의 작업을 포함한다.

㉡ 이 단계에서는 설계된 정보시스템을 코드 생성기나 4GL(4세대 언어), 의사결정 지원도구 등을 이용하여 실제 정보시스템을 구축하게 된다. 주된 관심사는 파일, 데이터베이스 관리시스템, 프로그램 구조, 기술적 정의 설계 그리고 일반적인 상세한 구현 등이다.

② 다양한 활동들을 포함
㉠ 하드웨어, 소프트웨어 및 서비스의 획득
㉡ 소프트웨어 개발 혹은 수정
㉢ 프로그램, 처리절차와 하드웨어의 시험
㉣ 시스템 문서화
㉤ 시스템 전환(병행 전환, 직접 전환, 단계별 전환, 파일럿 전환)
㉥ 최종 사용자 훈련

(2) 신규 정보시스템으로의 전환방법

① **병행 전환**(Parallel Conversion) : 가장 안전한 방법으로, 개별사용자들의 동의가 있기까지 새로운 시스템과 기존의 시스템을 함께 운영한다.
② **직접 전환**(Direct Conversion) : 일정시점에서 기존의 시스템을 완전히 폐기하고 새로운 시스템을 즉시 사용하는 전환방법이다.
③ **단계적 전환**(Phased Conversion) : 새로운 시스템을 점진적으로 도입함으로써 '직접 전환'의 위험부담을 줄이고, '병행 전환'의 비용부담도 줄일 수 있다.
④ **파일럿 전환**(Pilot Conversion) : 특정 부서와 작업장을 실험 대상으로 활용하여 새로운 시스템을 테스트한다.

07 시스템의 유지 및 보수

(1) 시스템 유지 및 보수의 단계

일단 정보시스템이 구현되고 비즈니스 운영에 실제로 이용되면 유지 및 보수활동이 시작된다. 정보시스템 유지 및 보수는 시스템의 성능 개선과 구현 이후의 요구사항 반영을 목적으로 정보시스템을 모니터링하고 평가하며 변경하는 활동을 의미한다.

(2) 유지 및 보수의 활동에 포함되는 사항

① 신규로 개발된 정보시스템이 당초 계획되었던 비즈니스 목표를 충족하는가를 확증하기 위한 후기구현 검토
② 정기적인 검토와 감사를 통한 개발과정 및 이용과정에서 발생하는 에러의 수정
③ 비즈니스 조직, 비즈니스 환경, 비즈니스 요구사항의 변경으로 인한 정보시스템의 변경

CHAPTER

4 기출유형 다잡기

01 **시스템 접근방법을 적용하여 정보시스템을 개발하는 과정을 이용하는 것을 무엇이라 하는가?**

① 정보개발기법 ② 시스템 개발수명주기법
③ 데이터 보전기법 ④ 데이터베이스 관리시스템기법

해설 **시스템 개발수명주기법** : 시스템 접근방법을 적용하여 정보시스템을 개발하는 과정을 정보시스템 개발주기라고 부르는 다단계 과정으로 간주되는 데, 이러한 정보시스템 개발주기는 시스템 조사, 시스템 분석, 시스템 설계, 시스템 구현 및 시스템 유지·보수의 5가지 단계로 구성되어 있다.

02 **시스템 개발수명주기법의 특성이 아닌 것은?**

① 높은 상호 의존성 ② 동시성
③ 높은 독립성 ④ 회귀 반복성

해설 시스템 개발수명주기(SDLC ; System Development Life Cycle)의 모든 활동은 상호 연관성이 매우 높으며 상호 의존적이고, 순차적인 활동들과 동시적인 활동이 함께 진행되며, 개발대상 시스템의 수정과 개선을 위해서라면 언제라도 이전 활동들로 회귀하여 이들을 반복 수행하기도 한다.

03 **다음 〈보기〉는 무엇에 대한 설명인가?**

> 보기
> 이 단계에서는 최종 사용자와 잠재사용자의 정보요구, 자원요구, 비용, 이익, 제안 프로젝트의 실현가능성 등을 결정한다.

① 예비조사단계 ② 시스템 분석단계
③ 시스템 구현단계 ④ 시스템 설계단계

해설 시스템 개발은 많은 비용이 소요되기 때문에 시스템에 관한 예비조사는 실현가능성을 조사할 필요가 있다. 이 예비조사단계에서는 최종 사용자와 잠재사용자의 정보요구, 자원요구, 비용, 이익, 제안 프로젝트의 실현가능성 등을 결정한다.

정답 **01** ② **02** ③ **03** ①

04 다음 〈보기〉는 무엇에 대한 설명인가?

> 보기
> 관리자, 종업원, 고객, 공급자 및 그 밖의 사람들이 시스템을 운영하고 이용하며 지원하려는 자발적 의지와 능력의 평가에 초점을 둔다.

① 조직적 실현가능성
② 경제적 실현가능성
③ 기술적 실현가능성
④ 운영적 실현가능성

해설 운영적 실현가능성은 관리자, 종업원, 고객, 공급자 및 그 밖의 사람들이 시스템을 운영하고 이용하며 지원하려는 자발적 의지와 능력의 평가에 초점을 둔다.

05 다음 〈보기〉는 무엇에 대한 설명인가?

> 보기
> 최종 사용자의 정보니즈를 심도 있게 분석하는 단계로 시스템 분석은 새로운 정보시스템의 설계에 기초가 되는 기능적 요구사항(functional requirements)을 산출한다.

① 예비조사단계
② 시스템 요구사항 분석단계
③ 시스템 구현단계
④ 시스템 설계단계

해설 시스템 요구사항에 대한 분석단계는 최종 사용자의 정보니즈를 심도 있게 분석하는 단계로 시스템 분석은 새로운 정보시스템의 설계에 기초가 되는 기능적 요구사항(functional requirements)을 산출한다.

06 다음 〈보기〉는 무엇에 대한 설명인가?

> 보기
> 시스템 분석에서 가장 어려운 단계로 정보시스템 분석가와 최종 사용자는 특정한 비즈니스 정보니즈를 정의하기 위해 팀으로 작업한다. 또한 이런 정보니즈를 충족시키는 각각의 시스템 활동(입력, 처리, 출력, 저장, 통제)에 요구되는 정보처리능력을 결정한다. 이 단계의 목적은 이것을 어떻게 구현할 것인가가 아니라 무엇을 해야 하는가를 결정하는 것이다.

① 조직적 분석
② 현 시스템 분석
③ 기능요구사항 분석
④ 시스템 구현분석

정답 04 ④ 05 ② 06 ③

해설 기능요구사항 분석은 시스템 분석에서 가장 어려운 단계로 정보시스템 분석가와 최종 사용자는 특정한 비즈니스 정보니즈를 정의하기 위해 팀으로 작업한다. 이런 정보니즈를 충족시키는 각각의 시스템 활동(입력, 처리, 출력, 저장, 통제)에 요구되는 정보처리능력을 결정한다. 이 단계의 목적은 이것을 어떻게 구현할 것인가가 아니라 무엇을 해야 하는가를 결정하는 것이다.

07 **사용자 인터페이스, 데이터베이스 구조, 처리와 통제절차에 대한 설계를 정형화한 것을 무엇이라 하는가?**

① 시스템 명세서
② 사용자 인터페이스
③ 시스템 설계
④ 시스템 개발

해설 시스템 명세서란 사용자 인터페이스, 데이터베이스 구조, 처리와 통제절차에 대한 설계를 정형화한 것이다.

08 **다음 중 수명주기법의 문제가 아닌 것은?**

① 정보요구 사항에 대한 정확한 기술
② 단기간의 개발소요시간
③ 환경변화로 인한 요구사항의 빈번한 변동
④ 개발업무 정체로 인한 사용자 불만

해설 수명주기법은 문제의 성격이 비구조적이어서 사용자의 정보요구사항을 정확하게 기술하기가 곤란하였으며, 시스템 개발시 장기간이 소요되어 개발이 완료된 시점에서 환경의 변화로 요구사항이 변동될 가능성이 컸다. 또한 수명주기법의 일주기(one cycle)에는 장기간이 소요되기 때문에, DP 부서에 개발업무가 정체되어 사용자들의 불만사항이 증폭되는 단점이 있다.

09 **다음 〈보기〉는 무엇에 대한 설명인가?**

> **보기**
> 기존 시스템 개발방식에서 발생하는 문제점을 치유하기 위한 대안으로 제시된 것이다. 이는 사용자의 높은 관심과 참여를 통해 실제 시스템의 수용가능성을 증대시켜 원하는 시스템을 완성할 가능성이 크며, 개발기간의 단축을 통한 비용절감과 사용자의 요구사항의 변화에 대처할 수 있게 된다. 특히, 정교한 의사결정을 위한 시스템의 경우 유용하게 사용된다.

① 원형개발법
② 최종 사용자 개발법
③ 사후 개발법
④ 시장중심 개발법

정답 07 ① 08 ② 09 ①

해설 제시된 내용은 원형개발법(prototyping)에 대한 설명이다. 원형개발법은 새로운 시스템 솔루션에 대한 작업모형 또는 원형(prototype)을 신속하게 개발하고 테스트하는 방법이다. 이 방법은 시스템 설계를 단순화하고 가속화함으로써 최종사용자가 시스템개발 과정에 참여할 수 있는 기회를 제공한다.

10 다음 〈보기〉는 무엇에 대한 설명인가?

> **보기**
> 이전의 이상적이고 개념적인 시스템을 실제로 구축하는 단계로 실질적인 데이터베이스의 구축, 선정된 하드웨어와 소프트웨어 도구를 이용하여 그 데이터베이스에 접근하게 될 응용 프로그램의 작성 등의 작업을 포함한다.

① 기존 소프트웨어의 활용
② 시스템 구현
③ 시스템 평가
④ 시스템 유지 및 보수

해설 시스템 구현단계는 이전의 이상적이고 개념적인 시스템을 실제로 구축하는 단계로 실질적인 데이터베이스의 구축, 선정된 하드웨어와 소프트웨어 도구를 이용하여 그 데이터베이스에 접근하게 될 응용 프로그램의 작성 등의 작업을 포함한다.

11 다음 중 예비조사의 4단계에 속하지 않는 것은?

① 관련 데이터 수집
② 승인을 위한 경영진에의 제출
③ 경영진이 승인을 한 경우 시스템 분석의 실시
④ 의사결정에 대한 보고

해설 예비조사의 4단계는 ㉠ 관련 데이터 수집, ㉡ 정보시스템에 대한 예비 명세서와 개발계획에 관한 보고서 작성, ㉢ 승인을 위해 경영진에 제출, ㉣ 경영진이 승인을 한 경우에 시스템 분석을 실시하는 등 4단계로 구성된다.

12 시스템이 운영되는 조직과 환경시스템(하위시스템 포함)을 평가하는 분석은?

① 조직적 분석
② 현 시스템 분석
③ 기능요구 분석
④ 소프트웨어 분석

해설 조직적 분석은 시스템이 운영되는 조직과 환경시스템(하위시스템 포함)을 평가하는 것으로, 시스템 분석이 전통적으로 다루어 온 조직분석 대상은 환경, 조직구조, 사람, 비즈니스 활동, 환경시스템, 현 정보시스템 등을 포함한다.

정답 10 ② 11 ④ 12 ①

13 **다음 중 원형개발법의 한계인 것은?**

① 모든 종류의 시스템에 적합하다.
② 시스템 분석을 철저하게 다룬다.
③ 시스템 테스트와 다큐멘테이션이 충분하다.
④ 개발도구의 이용이 제한적이다.

해설 원형개발법의 한계점
㉠ 모든 종류의 시스템에 적합한 것은 아니다.
㉡ 시스템 분석을 소홀히 취급할 가능성이 있다.
㉢ 시스템 테스트와 다큐멘테이션(documentation)이 불충분할 수 있다.
㉣ 원형개발에 사용되는 개발도구도 한계점이 있다.

14 **다음 중 시스템 내에서 프로세스들 간의 데이터 흐름을 나타내기 위해 시스템의 분석과정이나 설계과정에서 사용되는 그래픽을 이용한 도표는?**

① UML(Unified Modeling Language)
② DFD(Data Flow Diagram)
③ ERD(Entity Relationship Diagram)
④ DD(Data Dictionary)

해설 데이터 흐름도(DFD ; Data Flow Diagram)는 시스템 내에서 프로세스들 간의 데이터 흐름을 나타내기 위해 시스템의 분석과정이나 설계과정에서 사용되는 그래픽을 이용한 도표이다.

15 **다음 중 시스템 개발수명주기의 과정으로 옳게 연결된 것은?** ✔ 2017년 기출유사

① 시스템 설계 - 요구사항 분석 - 시스템 개발 - 시스템 구현 - 시스템 유지 및 보수
② 요구사항 분석 - 시스템 유지 및 보수 - 시스템 설계 - 시스템 개발 - 시스템 구현
③ 시스템 유지 및 보수 - 예비조사 - 요구사항 분석 - 시스템 설계 - 시스템 구현
④ 요구사항 분석 - 시스템 설계 - 시스템 개발 - 시스템 구현 - 시스템 유지 및 보수

해설 시스템 개발수명주기의 과정은 '예비조사 → 요구사항 분석 → 시스템 설계 → 시스템 개발 → 시스템 구현 → 시스템 유지 및 보수'의 순이다.

정답 13 ④ 14 ② 15 ④

16 **전통적 시스템 개발수명주기(SDLC ; System Development Life Cycle)의 단계와 산출물을 잘못 연결한 것은?**

① 시스템 조사 → 실현가능성 조사
② 시스템 분석 → 시스템 개선
③ 시스템 설계 → 시스템 명세서
④ 시스템 구현 → 작동 시스템

해설 전통적 시스템 개발수명주기(SDLC)의 5단계와 산출물
㉠ 1단계 : 시스템 조사 → 실현가능성 조사
㉡ 2단계 : 시스템 분석 → 기능요구사항
㉢ 3단계 : 시스템 설계 → 시스템 명세서
㉣ 4단계 : 시스템 구현 → 작동 시스템
㉤ 5단계 : 시스템 유지·보수 → 시스템 개선

17 **시스템의 니즈를 충족시키는 하드웨어와 소프트웨어의 신뢰성과 기능, 그리고 이를 한정된 시간 안에 획득하거나 개발하는 것이 가능한가를 조사하는 것은?**

① 조직적 실현가능성
② 경제적 실현가능성
③ 운영적 실현가능성
④ 기술적 실현가능성

해설 기술적(technical) 실현가능성 : 시스템의 니즈를 충족시키는 하드웨어와 소프트웨어의 신뢰성과 기능, 그리고 이를 한정된 시간 안에 획득하거나 개발하는 것이 가능한가를 조사한다.

18 **시스템 개발생명주기(SDLC)의 특징이 아닌 것은?**

① 단계별 필요한 결과물이 있다.
② 단계별 수행해야 할 활동이 있다.
③ 각 단계별 개발과정이 뚜렷하게 구분된다.
④ 단계별 활동정의는 모든 조직이 동일하다.

해설 시스템 접근방법을 적용하여 정보시스템을 개발하는 과정을 정보시스템 개발주기라고 부르는 다단계 과정으로 간주되는데, 이러한 정보시스템 개발주기를 시스템 개발수명(생명)주기라고 한다. 이러한 SDLC의 모든 활동은 상호 연관성이 매우 높으며 상호 의존적이고, 순차적인 활동들과 동시적인 활동이 함께 진행된다. 개발 대상 시스템의 수정과 개선을 위해서라면 언제라도 이전활동들로 회귀하여 이들을 반복 수행하기도 하며, 일반적으로 5단계를 거친다.

정답 16 ② 17 ④ 18 ③

19 **다음 중 정보시스템의 유지 및 보수에 대한 설명으로 가장 옳지 않은 것은?**

① 새로운 정보시스템의 도입을 위한 비용은 지속적으로 충당해야 한다.
② 새 정보시스템의 가동이 시작되고 일정기간이 지나면 정보시스템 전반에 대한 평가를 한다.
③ 업무여건의 변화에 따른 시스템 보완・수정・개선 노력이 지속적으로 유지되어야 한다.
④ 정보시스템의 평가를 통해 지적된 문제점을 해결하기 위해 필요한 정보시스템 보수를 시행한다.

해설 정보시스템의 유지 및 보수는 현재 운영 중인 정보시스템의 기능을 새로운 환경의 변화에 적응되도록 변경시키거나, 현재 정보시스템의 고장 등을 수리하여 정상적으로 가동될 수 있도록 하는 일련의 작업을 말한다. 즉, 정보시스템의 성능 개선과 구현 이후의 요구사항 반영을 목적으로 시스템을 모니터링하고 평가하며 변경하는 활동을 의미한다. 따라서 ①의 도입비용은 이에 해당되지 않는다.

20 **다음 〈보기〉에서 설명하는 정보시스템의 개발방법론은?**

> **보기**
> 이것은 매우 짧은 시간 내에 작동 가능한 시스템(Workable System)을 만드는 프로세스이다. 그래픽 사용자 인터페이스 개발을 위한 비주얼 프로그래밍 등의 도구 활용, 시스템 핵심요소의 반복적 프로토타이핑, 프로그램 코드 생성의 자동화, 최종 사용자와 정보시스템 개발자 사이의 긴밀한 팀워크 등을 포함한다. 이미 만들어진 컴포넌트를 사용하는 경우도 많다. 프로세스는 반드시 순차적으로 진행되지는 않으며 개발의 핵심부분은 동시에 진행되기도 한다.

① 시스템 개발수명주기 ② 아웃소싱
③ 최종 사용자 컴퓨팅 ④ 신속 응용프로그램 개발

해설 신속 응용프로그램 개발은 소프트웨어 개발방식의 하나로, 빠르고 쉽게 응용 프로그램을 만들 수 있는 시각적 도구이다. 통합개발환경과 같은 높은 기능의 개발환경을 사용하는 프로그래밍의 자동화나 시각적인 사용자 인터페이스의 설계, 모듈개발 등의 기능을 포함하고 있다. 신속 개발 도구인 델파이나 비주얼 베이직, C++빌더 등을 이용하면 원시코드를 프로그래머가 짜지 않아도 창을 만들어 낼 수 있다.

21 **최종 사용자와 컴퓨터 기반 애플리케이션 간에 상호작용을 지원하는 데 초점을 두는 것은?**

① 기능요구사항 분석 ② 시스템 개발
③ 시스템 분석 ④ 사용자 인터페이스 설계

정답 19 ① 20 ④ 21 ④

해설 사용자 인터페이스 설계는 최종 사용자와 컴퓨터 기반 애플리케이션 간에 상호작용을 지원하는 데 초점을 둔다. 설계자는 인터넷이나 인트라넷 웹페이지와 같이 사용하기 간편한 흥미롭고 효율적인 형태의 사용자 입력 및 산출설계에 전념한다. 사용자 인터페이스는 간단하고 간결하며 논리적으로 조직되어야 한다.

22 **다음 중 프로토타이핑 접근방법의 과정에서 가장 먼저 행하는 것은?**

① 시스템 프로토타입 개발
② 최종 사용자 요구사항 분석
③ 요구에 따른 시스템 수정
④ 시스템의 사용과 유지·보수

해설 프로토타이핑 접근방법의 과정은 '최종 사용자 요구사항 분석 → 시스템 프로토타입 개발 → 요구에 따른 시스템 수정 → 시스템의 사용과 유지·보수'로 행해진다.

23 **업무 중심의 시스템이 아닌 업무를 위한 모델링이 되어야 할 현실세계에 기초하여 만들어진 것은?**

① 기술경영　② 프로토타이핑
③ 인공지능　④ 객체지향적 개발

해설 객체지향적 개발(OOD ; Object-Oriented Development)은 SDLC 개발프로젝트의 문제점(시스템 경직성, 사용자 요구사항)을 해결하기 위한 대안으로 만들어졌다. 즉, 업무 중심의 시스템이 아닌 업무를 위한 모델링이 되어야 할 현실세계에 기초하여 만들어진 것이다.

24 **정보시스템을 개발하는 과정에서 타당성을 검토하는 단계는?**

① 예비조사　② 시스템 설계
③ 시스템 구현　④ 요구사항 분석

해설 정보시스템 개발시 일반적으로 '타당성 검토 → 계획 → 요구사항 분석 → 설계 → 구현 → 테스트 → 유지·보수의 단계'를 거처 개발한다. 정보시스템 개발주기를 '예비조사 → 요구사항 분석 → 시스템 설계 → 시스템 개발 → 시스템 구현 → 시스템 유지 및 보수'의 단계로 보았을 때, 타당성의 검토는 예비조사단계에 포함된다.

정답 22 ② 23 ④ 24 ①

25 정보시스템을 구성하는 주요 구성요소들 간의 상호 관계를 표시한 것으로서 상세설계와 시스템 구현의 길잡이가 되는 것은?

① 용량계획 ② 아키텍처
③ 구조적 분석 ④ 프로토타이핑

해설 ② 아키텍처는 컴퓨터 구성요소 및 구성요소들 간 관계의 배열이나 조합을 나타낸다. 즉, 아키텍처는 기능면에서 본 컴퓨터의 구성방식으로 기억장치의 주소방식, 입출력장치의 채널구조 등을 가리킨다.
④ 프로토타이핑은 새로운 시스템 솔루션에 대한 작업모델 또는 프로토타입(prototype, 원형)을 신속하게 개발하고 테스트하는 방법이다.

26 다음 중 객체지향적 접근방법이 웹기반에서 이상적인 이유로 볼 수 없는 것은?

① 객체지향적 시스템의 코드와 데이터는 재사용 가능한 구성요소들로 캡슐화되어 있어 독립적인 개발과 개선이 될 수 있다.
② 시스템 유지·보수를 감소시키며 개발속도와 유연성을 증가시킨다.
③ 웹이 정적인 데이터에서 동적인 데이터로 진화되고 있다.
④ 객체지향적 접근방법은 웹 애플리케이션 개발에는 매번 새롭게 코드를 작성하기 때문에 이상적인 방법은 아니다.

해설 ④ 객체지향적 접근방법은 웹 애플리케이션 개발에 가장 이상적이다. 즉, 매번 새롭게 코드를 작성하는 대신에 객체는 코드를 조직하고, 구성하며 재사용하는 모듈화된 방법을 제공한다.

27 다음 〈보기〉의 설명에 해당하는 시스템 전환 유형은? ✔ 2019년 기출

> 보기
> 동일한 시스템을 여러 부서 또는 여러 지역에서 사용하는 경우, 어느 특정 부서나 지역에서만 시범적으로 가동해본 다음 그 결과가 성공적인 것으로 판명될 경우에 조직 전체로 확산시켜 나가는 방법이다.

① 일시 전환 ② 파일럿 전환
③ 병렬 전환 ④ 단계적 전환

해설 ④ 단계적 전환(Phased Conversion)은 새로운 시스템을 점진적으로 도입함으로써 '직접 전환'의 위험부담을 줄이고, '병행 전환'의 비용부담도 줄일 수 있는 유형이다.

정답 25 ② 26 ④ 27 ④

28 다음 중 DFD(Data Flow Diagram)의 구성요소가 아닌 것은?

① 프로세스(Process) ② 데이터 플로(Data Flow)
③ 데이터 저장(Data Store) ④ 속성(Attribute)

해설 데이터 흐름도(DFD ; Data Flow Diagram)의 구성요소에는 프로세스(Process), 데이터 플로(Data Flow), 데이터 저장(Data Store), 종단점(terminator) 등이 있다.

29 다음 중 객체지향적 개발의 장점으로 틀린 것은?

① 프로그래머의 생산성과 질을 향상시킨다.
② 실행속도가 매우 느리다.
③ 시스템 개발의 복잡성을 크게 줄인다.
④ 현실적 관점에서 시스템 요구사항을 모델링할 수 있게 한다.

해설 객체지향적 개발(OOD ; Object-Oriented Development)은 SDLC 개발프로젝트의 문제점(시스템 경직성, 사용자 요구사항)을 해결하기 위한 대안으로 만들어져 매우 신축적이다.
② JAVA로 작성되어 실행속도가 느린 것은 단점이다.

30 다음 중 시스템의 평가항목에 해당되지 않은 것은?

① 가치평가 ② 성능평가
③ 기능평가 ④ 신뢰성평가

해설 시스템의 평가항목에는 신뢰성평가, 성능평가, 기능평가 등이 있다.

31 가장 오래되고 널리 사용되는 전통적인 생명주기모델로, 소프트웨어 프로세스들이 단계적, 순차적으로 진행되는 단순한 모델은?

① 나선형 모델 ② 코코모 모델
③ 폭포수 모델 ④ 프로토타이핑 모델

해설 폭포수 모델(Waterfall Model)은 가장 오래되고 널리 사용되는 전통적인 생명주기모델이다. 소프트웨어 프로세스들이 단계적·순차적으로 진행되는 단순한 모델로 응용분야가 단순하거나 잘 알고 있는 경우 적합하다. 폭포수 모델은 개발의 흐름이 마치 폭포수처럼 지속적으로 아래로 향하는 것처럼 보이는 데서 이름이 붙여진 모델이다.

정답 28 ④ 29 ② 30 ① 31 ③

32 다음 〈보기〉에서 설명하는 정보시스템의 개발방법은? ✔ 2014년 기출

보기

- 비교적 적은 비용으로 신속하게 시제품 또는 실험시스템을 만들어 사용자의 평가를 받아보는 방식이다.
- 사용자들은 시제품을 사용하면서 요구사항에 대한 아이디어를 제시할 수 있다.
- 시제품은 정보시스템의 전체 또는 일부 기능이 실제로 작동되도록 구현하고, 사용자의 요구사항을 반영하여 수정 및 개선해 나간다.

① 프로토타이핑 ② 컴퓨터지원설계

③ 최종 사용자 개발방법 ④ 시스템개발 생명주기방법

해설 프로토타이핑은 개발자가 구축한 소프트웨어 모델인 시제품을 사전에 만드는 공정으로, 사용자의 요구가 정확하게 반영되었는지를 확인하기 위해 사용자의 요구를 모델링하며, 프로젝트에 대한 이해를 쉽게 하도록 하기 위한 것으로, 새로운 시스템 솔루션에 대한 작업모델 또는 프로토타입(prototype, 원형)을 신속하게 개발하고 테스트하는 방법이다.

≫ 프로토타이핑의 장점

㉠ 시스템의 기능이 사용자에게 미리 보여짐으로써 최종 사용자의 요구를 극대화한다.
㉡ 개발시간을 줄일 수 있다. 프로토타이핑은 비교적 빠른 기간 안에 사용자가 평가할 수 있을 만한 결과를 만들어낸다.
㉢ 프로토타이핑은 개발의 초기단계에서 오류를 판별할 수 있어 오류를 초기에 발견할 수 있다.
㉣ 프로토타입을 직접 운영함으로 여러 가지 제안과 변경할 점을 개발과정에서 반영하게 되어 변경이 용이하다.

정답 32 ①

CHAPTER

5 데이터베이스

01 파일처리의 개념과 문제점

(1) 자료의 표현

① 컴퓨터의 모든 자료는 숫자로 표현한다. 컴퓨터는 기본적으로 2진수를 취급한다. 그러나 경우에 따라 8진수, 16진수 등을 사용할 수도 있다. 2진수의 비트를 최하위 비트인 LSB (Least Significant Bit)부터 3비트씩 묶어 표시하면 8진수가 되고, 4비트씩 묶어 표시하면 16진수가 된다. 최상위 비트는 MSB(Most Significant Bit)라고 한다.

② 컴퓨터는 수치데이터뿐만 아니라 문자데이터를 취급한다. 즉, 수치계산뿐만 아니라 텍스트(text)를 처리하기 위한 문자, 숫자, 또는 특수기호 등이 필요하다. 일반적으로 컴퓨터에서는 문자를 표현하기 위해 일반적으로 ASCII(American Standard Code for Information Interchange) 코드를 사용한다. 이 코드는 7비트로 구성되어 128개의 영숫자인 문자를 나타내기 위해 사용되는 데, 인쇄가 가능한 94개의 문자와 인쇄되지 않는 제어문자 34개를 표현한다.

③ 컴퓨터 자료의 계층구조

컴퓨터 자료의 계층구조는 '비트(bit) → 바이트(byte) → 필드(field) → 레코드(record) → 파일(file)'로 구성되어 있다. 이러한 단위를 표현하는 특징은 다음과 같다.

㉠ 비트(Bit)

ⓐ 비트(bit)는 Binary Digit의 약자로, 컴퓨터의 정보를 나타내는 가장 기본적인 단위이다.

ⓑ 컴퓨터는 일종의 전자장치로서 전압의 높고 낮음의 두 가지 상태만을 감지할 수 있다. 이것은 간단히 2진수로 표현된다. 2진수의 한 자리(1과 0)는 두 가지 상태의 정보를 표현할 수 있다.

㉡ 바이트(Byte)

ⓐ 1개의 비트는 단순히 2가지 상태만을 저장할 수 있기에 정보 저장에 있어서 매우 단편적인 것만을 나타낼 수 있다. 그런데 컴퓨터에서는 보통 8개의 비트를 모아서 8비트를 자주 사용한다. 이것을 1바이트(1byte=8bit)라고 부른다.

ⓑ 바이트는 캐릭터라고도 한다. 이것은 1바이트를 가지고 한 개의 문자(캐릭터)를 표현할 수 있기 때문이다. 바이트(byte)는 문자(Character)를 표현하는 최소단위이다.

㉢ 단어(Word)

ⓐ 명령처리의 단위로 문자가 모여 단어로 구성된다. 두 개 이상의 byte가 모여서 구성된다.

ⓑ 컴퓨터의 기억장치로부터 자료를 입출력하는 기본단위이다.

㉣ **필드(Field)** : 캐릭터(character)의 그룹으로 구성되며, 데이터를 구성하는 요소 중 논리적 데이터의 최소단위이자 파일 구성의 최소단위이다.

㉤ **레코드(Record)** : 필드(field) 데이터의 그룹으로, 프로그램에서 처리되고 입출력되는 단위로서 레코드를 기본단위로 사용한다.

㉥ **파일(File)** : 레코드(record)의 그룹으로 어떤 작업을 하기 위해서 필요한 자료의 집합을 의미한다. 파일은 컴퓨터에서 저장되어지는 기본단위이다.

(2) 파일처리의 개념

① 컴퓨터에서 데이터를 기록하기 위해서는 미리 하드디스크 드라이브에 데이터를 읽고, 쓰고, 찾기 위한 준비를 해둬야 한다. 파일시스템은 그 준비의 규칙을 정리해 놓은 것이다. 윈도우・OS/2・매킨토시・유닉스 등 모든 OS가 반드시 갖추고 있는데, 예를 들면, 윈도우의 FAT16・FAT32・NTFS, 리눅스의 ext2・raiserFS・ext3 등이 있다.

② 파일(file)을 디렉터리에 저장시키며 새로 생긴 파일에 이름을 붙이는데, 파일명의 길이를 제한하기도 하고, 어떤 문자들이 사용될 수 있는지를 나타내기도 하며, 파일명 확장자의 길이를 제한하기도 한다. NFS(Network File System)나 AFS(Andrew File System)가 대표적이다.

(3) 파일의 구성

① 컴퓨터에 체계적으로 저장된 자료의 집합을 파일이라고 한다. 데이터를 처리한 측면에서 본다면, 파일이란 관련된 레코드들의 집합이라고 할 수 있다. 컴퓨터 데이터 처리에서 레코드란 프로그램에 의해 처리되기 위해 정렬된 데이터 항목의 집합을 의미하는데, 하나의 파일이나 데이터 셋에는 통상 여러 개의 레코드가 들어 있다.

② 파일이란 데이터의 모임으로서 보조기억장치에 저장된 것을 말한다. 즉, 문서, 소리, 동화상 등의 자료를 모아놓은 것으로, 파일은 컴퓨터의 하드디스크나 플로피디스크 등에 일정한 형식을 가지고 저장된다. 파일은 크게 프로그램 파일과 데이터 파일로 나뉜다.

③ 파일은 운영체계의 종류에 따라 카탈로그나 디렉토리 또는 폴더라고 불리는 공간 내에 저장된다. 파일은 사용자에 의해서 생성・수정・삭제될 수 있어야 한다.

플러스 UP 데이터의 구성

정보시스템에서 데이터의 구성에는 캐릭터, 필드, 레코드, 파일, 데이터베이스로 구성되어 있다.
㉠ 캐릭터(Character) : 문자나 숫자 등으로 구성된다. 데이터의 구성요소 중 조금 더 하위의 구성요소는 bit 또는 byte라 할 수 있다.
㉡ 필드(Field) : 캐릭터의 그룹으로 구성된다.
㉢ 레코드(Record) : 필드 데이터의 그룹이다.
㉣ 파일(File) : 레코드의 그룹이다.
㉤ 데이터베이스(Database) : 논리적인 파일들의 통합된 모음이다.

(4) 파일처리방식의 문제점

① 전통적인 파일처리방식에서는 데이터 파일들이 각각의 응용 프로그램에 맞도록 개별적으로 설계되고, 이와 같은 응용프로그램들이 분리·실행되어 필요한 문서나 보고서를 산출하게 된다.

② 이러한 데이터의 처리방식은 데이터의 중복과 비일관성, 데이터 접근의 어려움, 데이터의 고립, 무결성 문제, 원자성 문제, 동시 액세스 문제 등이 있다.

플러스 UP 전통적인 파일처리방식의 문제점

데이터의 중복, 일관성 없는 데이터, 경직성, 데이터 공유의 제한, 표준화 결여, 프로그래머의 생산성 저하, 프로그램 유지·보수의 어려움 등의 단점이 있다.

02 데이터베이스의 개념과 응용

(1) 데이터베이스의 개념

① 데이터베이스의 개념

㉠ 데이터베이스는 특정 조직 내에서 다수의 사용자들이 공유하여 사용할 수 있도록 통합시키고 구조적으로 저장해 놓은 운영데이터의 집합체를 의미한다.

㉡ 데이터베이스는 특정한 주제에 관한 정보들이 들어 있는 데이터 파일의 체계적인 조직을 의미한다. 즉, 컴퓨터에 의해 처리되는 '데이터 파일 모임'을 말한다. 불특정 다수의 이용자들에게 필요한 정보를 제공한다든지 조직 내에서 필요로 하는 정보를 체계적으로 축적하여 그 조직 내의 이용자에게 필요한 정보를 제공하는 정보서비스 기관의 심장부에 해당된다.

② 데이터베이스의 특성

㉠ 똑같은 자료를 중복하여 저장하지 않는 통합된 자료이다.

㉡ 컴퓨터가 액세스하여 처리할 수 있는 저장장치에 수록된 자료이다.

㉢ 데이터베이스는 어떤 조직의 기능을 수행하는 데 없어서는 안 되며 존재목적이 뚜렷하고 유용성 있는 운영자료이기 때문에, 임시로 필요해서 모아 놓은 데이터나 단순한 입출력 자료가 아니라는 점이다.

㉣ 한 조직에서 가지는 데이터베이스는 그 조직 내의 모든 사람들이 소유하고 유지하며 이용하는 공동자료로서, 각 사용자는 같은 데이터라 할지라도 각자의 응용목적에 따라 다르게 사용할 수 있다는 점이다.

③ 데이터베이스의 용어

㉠ **개체(Entity)** : 사람, 장소, 사물 등과 같이 정보를 저장하고 유지하기 위해 정의해 놓은 분류이다.

㉡ **속성(Attribute)** : 각각의 개체가 갖는 특성이다.

㉢ **필드(Field)** : 특정한 속성에 대한 실제 값들의 집합이다.

㉣ **튜플(Tuple)** : 데이터베이스의 저장단위로 릴레이션의 각 행을 말한다. 흔히 일반적인 용어로 레코드(record)와 로(row)와 같은 의미로 사용된다.

㉤ **릴레이션(Relation)** : 같은 성격의 데이터들의 집합을 의미한다.

(2) 데이터베이스의 구성요소

일반적으로 데이터베이스 시스템은 데이터베이스, 데이터베이스 관리시스템(DBMS), 사용자, 스키마, 데이터 언어, 데이터베이스 컴퓨터(하드웨어와 소프트웨어) 등으로 구성된다.

① **데이터베이스의 구성요소** : 개체관계도(ERD ; Entity Relationship Diagram)는 시스템에서 처리되는 개체(자료)와 개체의 구성과 속성, 개체 간의 관계를 표현하여 자료를 모델화하는 데 사용된다. 개체관계도는 개체(entity), 속성(attribute), 관계(relationship) 등으로 구성된다.

㉠ **개체(Entity)** : 개체는 표현하려는 유형, 무형의 실체로서 서로 구별되는 것을 의미한다. 하나의 개체는 하나 이상의 속성으로 구성되고, 각 속성은 그 개체의 특성이나 상태를 설명한다.

㉡ **속성(Attribute)** : 데이터의 가장 작은 논리적인 단위로 개체가 가질 수 있는 특성을 나타낸다. 속성만으로 개체를 구분하기는 어렵다.

㉢ **관계(Relationship)** : 두 개 이상의 개체 사이에 연관성을 기술한 것이다.

② **데이터베이스 시스템의 인적 구성요소(사용자)**

㉠ **데이터베이스 관리자(DBA ; Data Base Administrator)** : 데이터베이스 설계와 정의, 관리 및 운영 등 데이터베이스 시스템을 관리하고 제어하는 역할을 수행한다.

㉡ **응용 프로그래머(Application Programmer)** : 데이터베이스를 실제적으로 설계하고, 최종 사용자들의 요구에 맞는 인터페이스와 응용 프로그램을 개발한다.

㉢ **최종 사용자(End User)** : 데이터베이스에 접근하기 위해 데이터베이스 관리시스템을 이용하는 사람으로 컴퓨터에 대한 특별한 지식이 없더라도 질의어 또는 응용 프로그램을 이용하여 데이터베이스를 이용할 수 있다.

③ **스키마(Schema)**

㉠ 데이터베이스 시스템에서 데이터베이스라는 이름을 통하여 DBMS에 의하여 관리되고 있는 대량의 자료들을 표현하기 위하여 사용되는 방법을 말한다.

㉡ 스키마는 데이터베이스에 존재하는 자료의 구조 및 내용, 이러한 자료들에 대한 논리적・물리적 특성에 대한 정보들을 표현하는 데이터베이스의 논리적 구조를 지칭한다.

㉢ 스키마에는 외부스키마(최상위단계), 개념스키마(중간단계), 내부스키마(최하위단계) 등이 있다.

④ **데이터 언어(Data Language)** : 데이터 언어는 데이터를 액세스하는 수단이며, 사용자와 데이터베이스 관리시스템 사이의 인터페이스를 제공한다. 데이터 언어는 기능요청의 종류와 사용자 인터페이스의 특성에 따라 데이터 정의어(DDL ; Data Definition Language), 데이터 조작어(DML ; Data Manipulation Language), 데이터 질의어(DQL ; Data Query Language) 등으로 나뉜다.

㉠ **데이터 정의어(DDL)** : 데이터베이스 관리자나 응용 프로그래머가 데이터베이스의 논리적 구조를 정의하기 위한 언어이다. 일반적으로 데이터 사전에 저장된다.

㉡ **데이터 조작어(DML)** : 데이터베이스에 저장된 데이터를 조작하기 위해 사용하는 언어이다. 데이터 검색(retrieval), 추가(insert), 삭제(delete), 갱신(update)작업을 수행한다.

㉢ **데이터 질의어(DQL)** : 특수한 응용 프로그램의 도움 없이 데이터베이스를 쉽게 이용할 수 있도록 만든 고급수준 언어로, 주로 온라인에서 대화형으로 사용된다. 전문적 프로그램 작성자가 아닌 사용자가 데이터베이스를 사용할 수 있도록 한 언어로서 비절차적이며, 독립적으로 자체적인 질의를 할 수 있는 언어이다.

(3) 데이터 웨어하우스

① **데이터 웨어하우스의 개념**

㉠ 데이터 웨어하우스(Data Warehouse)는 데이터베이스에 축적된 데이터를 공통의 형식으로 변환하여 일원적으로 관리하는 데이터베이스를 의미한다.

㉡ 데이터 웨어하우스는 '데이터의 창고'를 의미하는데, 데이터의 격납이나 분석방법까지 포함하여 조직 내의 의사결정을 지원하는 정보관리시스템으로 이용된다.

② **데이터 웨어하우스의 특징** : 데이터 웨어하우스는 주제지향성(조직성), 통합성(일관성), 시변성(시계열성), 비휘발성, 접근가능성 등의 특징을 지니고 있다.

㉠ **주제지향성(조직성, Organization)** : 데이터 웨어하우스는 고객, 제품 등과 같은 중요한 주제(subject)를 중심으로 그 주제와 관련된 데이터들로 조직된다.

㉡ **통합성(일관성, Consistency)** : 데이터 웨어하우스는 전사적 모델에 기초하여 통합된다. 기존 운영시스템의 대부분은 데이터의 많은 부분이 중복됨으로써 하나의 사실에 대해 다수의 버전이 존재하게 된다.

㉢ **시변성(시계열성, Time Variant)** : 데이터 웨어하우스는 시계열성 또는 역사성을 가진다. 데이터가 순간적인 것이 아니라 일정기간(5~10년) 동안 정확성이 유지된다. 트렌드, 예측, 전체기간 비교 등에 사용된다.

㉣ **비휘발성** : 데이터 웨어하우스는 읽기 전용(read only) 데이터베이스로서 갱신이 이루어지지 않는다. 데이터 웨어하우스 환경에서는 데이터 로드와 활용만이 존재한다.

㉤ **접근가능성** : 데이터 웨어하우스는 컴퓨터 시스템이나 자료구조에 대한 지식이 없는 사용자들이 쉽게 접근할 수 있다.

③ **데이터 웨어하우스의 구성** : 데이터 웨어하우스는 원시 데이터 계층, 데이터 웨어하우스 계층, 클라이언트 계층으로 구성되어 있다. 그리고 데이터 추출·데이터 저장·데이터 조회활동으로 구성을 한다.

④ **데이터 웨어하우징(Data Warehousing)** : 기업 내부에 흩어져 있는 방대한 양의 데이터에 손쉽게 접근하여 이를 활용할 수 있게 하는 기술로서, 각종 데이터의 통합환경을 구축하여 사용자의 의사결정지원 정보를 종합적으로 제공하는 것을 말한다.

데이터 마트(Data Mart)

데이터 마트는 데이터의 한 부분으로서 특정 사용자가 관심을 갖는 데이터들을 담은 비교적 작은 규모의 데이터 웨어하우스이다. 즉, 일반적인 데이터베이스 형태로 갖고 있는 다양한 정보를 사용자의 요구항목에 따라 체계적으로 분석하여 기업의 경영활동을 돕기 위한 시스템을 말한다.

플러스 UP **빅데이터(Big data)**

㉠ 빅데이터의 의의

ⓐ 빅데이터란 디지털 환경에서 생성되는 데이터로 그 규모가 방대하고, 생성 주기도 짧으며, 형태도 수치 데이터뿐 아니라 문자와 영상 데이터를 포함하는 대규모 데이터를 말한다.

ⓑ 빅데이터 환경은 과거에 비해 데이터의 양이 폭증했다는 점과 함께 데이터의 종류도 다양해져 사람들의 행동은 물론 위치정보와 SNS를 통해 생각과 의견까지 분석하고 예측할 수 있다.

ⓒ 빅데이터의 특징은 3V로 요약하는 것이 일반적이다. 즉, 데이터의 양(Volume), 데이터 생성 속도(Velocity), 형태의 다양성(Variety)을 의미한다. 최근에는 가치(Value)나 복잡성(Complexity)을 덧붙이기도 한다.

㉡ **빅데이터의 수집** : 빅데이터의 수집은 분산된 다양한 소스로부터 필요로 하는 데이터를 수동 또는 자동으로 수집하는 과정이다. 조직 내·외부의 정형적·비정형적 데이터를 수집하게 되는데, 그 수집방법은 다음과 같다.

ⓐ **로그 수집기** : 웹서버의 로그 수집, 웹로그, 트랜잭션 로그, 클릭 로그, 데이터베이스의 로그 등을 수집

ⓑ **웹로봇을 이용한 크롤링** : 웹문서를 돌아다니면서 필요한 정보를 수집하고 이를 색인해 정리하는 기능을 수행하며 주로 검색엔진에서 사용

ⓒ **센싱** : 온도, 습도 등 각종 센서를 통해 데이터를 수집

ⓓ **RSS 리더** : 사이트에서 제공하는 주소를 등록하면, PC나 휴대폰 등을 통하여 자동으로 전송된 콘텐츠를 이용할 수 있도록 지원

03 데이터베이스의 설계와 정규화

(1) 데이터베이스의 설계

데이터베이스의 설계는 '사용자 요구분석 → 개념적 데이터베이스 설계 → 논리적 데이터베이스 설계 → 물리적 데이터베이스 설계 → 데이터베이스 구현'의 순서로 진행된다. 다음 그림은 데이터베이스의 개발과정을 나타낸 것이다.

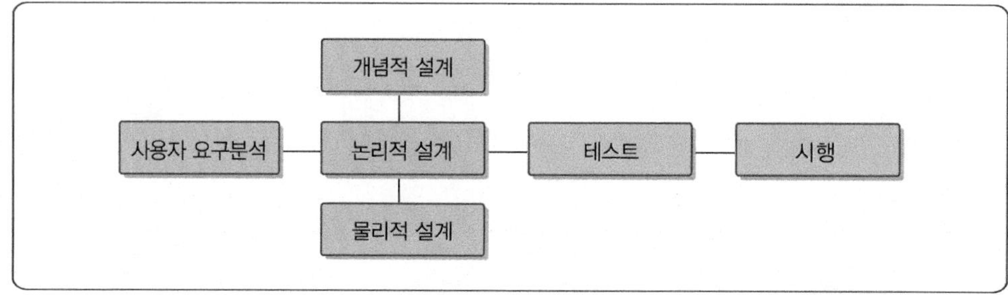

▌데이터베이스의 개발과정▐

① 사용자 요구분석

㉠ 데이터베이스 구축시 가장 먼저 해야 할 일은 사용자들이 데이터베이스로부터 기대하는 바를 찾아내는 것이다.

㉡ 업무파악을 위한 많은 종류의 도구들이 제안되었는데, 가장 이해하기 쉽고 많이 사용하는 것이 업무흐름도(OUFD ; Organizational Unit Flow Diagram)이다.

㉢ 요구분석단계에서 수집하고 분석해야 할 사항

ⓐ 조직의 현재와 미래의 운영목표와 제약조건을 분석한다.

ⓑ 기관의 정적·동적인 정보요구들을 분석한다.

② 개념적 데이터베이스 설계

㉠ 사용자 요구분석단계에서 수집된 자료를 기반으로 데이터베이스에서 저장할 데이터와 이 데이터에서 지켜져야 할 제약조건들을 기술한다. 이 경우 개체관계모델을 주로 사용한다.

㉡ 개체관계모델(ERM)은 개체 타입과 이들 간의 관계 타입을 이용해 현실세계를 개념적으로 표현하며, 개체관계모델에서는 데이터를 개체(entity), 관계(relationship), 속성(attribute)으로 묘사한다.

③ 논리적 데이터베이스 설계

㉠ 개념적으로 설계해 놓은 설계물을 선정된 DBMS의 논리적 모델에 따른 스키마로 변환한다. 이러한 과정을 데이터 모델링이라고 하는데, 업무처리에 필요한 자료와 속성을 기술하고 자료 간의 관계를 정의하는 작업이다.

㉡ 주로 개체관계도(ERD)를 사용하는데, 특정 데이터베이스에 구애되지 않도록 골격을 구축하는 단계이다.

④ 물리적 데이터베이스 설계

⑤ 데이터베이스 구현

(2) 데이터 모델의 유형

데이터 모델은 데이터 독립성 개념에 근거하여 데이터가 응용 프로그램에 영향받지 않고 사용될 수 있도록 데이터를 정의하고 그 구조를 기술하는 것이다. 일반적으로 데이터 모델은 개념적 모델, 논리적 모델, 물리적 모델로 구분된다.

① **개념적 모델** : 데이터베이스가 사용되는 사업분야의 관점에서 데이터를 파악하고 데이터 간의 관계를 도출하는 모델이다. 따라서 데이터베이스의 구조 및 내용을 추상화하는 것이 기본 목적이라고 할 수 있다.

② **논리적 모델** : 개념적 모델에서 구축한 데이터 및 데이터 간의 관계를 데이터베이스 관점에서 분석한다. 일반적으로 필드, 레코드, 파일, 데이터베이스 등은 논리적 모델에서 사용되는 용어이다.

③ **물리적 모델** : 논리적 모델을 특정 데이터베이스로 설계함으로써 생성된 데이터를 저장할 수 있는 물리적 스키마를 말한다.

(3) 데이터베이스의 정규화

① 정규화의 개념

㉠ 정규화(Normalization)는 테이블의 속성들이 상호 종속적인 관계를 갖는 특성을 이용하여 테이블을 무손실 분해하는 과정으로, 정규화의 목적은 가능한 한 중복을 제거하는 것이다.

㉡ 데이터베이스는 유지·보수가 용이하고 데이터 중복을 최소화하도록 설계해야 한다. 이를 위해 데이터 중복을 최소화함으로써 데이터의 안정성과 유연성을 향상시키는 과정이다.

② 정규화의 목적
㉠ 데이터 구조의 안전성 최대화
㉡ 중복 데이터의 최소화
㉢ 데이터베이스의 삽입, 삭제, 갱신시 이상현상의 최소화
㉣ 테이블 불일치 위험의 간소화
㉤ 릴레이션을 데이터베이스 내에서 표현 가능
㉥ 효과적인 검색 알고리즘을 생성

③ **데이터베이스 정규화의 장점** : 데이터베이스의 일관성을 향상시키고, 확장성을 보장할 수 있다. 또한 데이터베이스의 논리적 구조를 견고하게 할 수 있다.

④ 정규화되지 않는 논리적 구조의 이상(Anomaly)현상
㉠ **삽입 이상(Insertion Anomaly)** : 데이터를 삽입할 때 불필요한 데이터가 함께 삽입되는 현상이다.
㉡ **삭제 이상(Deletion Anomaly)** : 릴레이션의 한 튜플을 삭제함으로써 연쇄 삭제로 인해 정보의 손실을 발생시키는 현상이다.
㉢ **갱신 이상(Updating Anomaly)** : 튜플 중에서 일부 속성을 갱신함으로써 정보의 모성이 발생하는 현상이다.

04 데이터베이스 관리시스템

(1) 데이터베이스 관리시스템의 구조

① 데이터베이스 관리시스템의 개념
㉠ 데이터베이스 관리시스템(DBMS)은 다수의 컴퓨터 사용자들이 데이터베이스 안에 데이터를 기록하거나 접근할 수 있도록 해주는 프로그램이다.
㉡ DBMS는 컴퓨터에 수록한 수많은 자료들을 쉽고 빠르게 추가・수정・삭제할 수 있도록 해주는 소프트웨어로서 다수의 사용자들이 데이터베이스 안에 데이터를 기록하거나 접근할 수 있게 해주는 프로그램이다.
㉢ 가장 일반적인 형태의 DBMS가 관계형 데이터베이스 관리시스템(RDBMS)이다. RDBMS의 표준화된 사용자 및 프로그램 인터페이스를 SQL이라고 부른다. 좀 더 새로운 종류의 DBMS로 OODBMS가 있다.

② 데이터베이스 관리시스템의 장점
㉠ 데이터의 중복을 최소화할 수 있다.
㉡ 데이터를 공유할 수 있어 몇 개의 레코드를 동시에 수정하는 경우라도 오류가 거의 발생하지 않는다.

㉢ 일관성, 무결성, 데이터의 보안을 유지할 수 있다.

㉣ 표준화할 수 있고, 저장비용을 줄일 수 있다.

㉤ 여건의 변화에 대처하기 위한 정보를 신속히 준비해 줄 수 있다.

③ DBMS의 기능

㉠ DBMS는 축적된 자료구조의 정의, 자료구조에 따른 자료의 축적, 데이터베이스 언어에 의한 자료 검색 및 갱신, 정보의 기밀보호 등의 기능이 있다.

㉡ DBMS는 데이터베이스의 정의, 조작, 관리 등의 기능을 담당하며, 물리적 수준의 데이터베이스 구성, 효율적인 접근, 완전무결한 데이터베이스 관리를 가능하게 한다.

④ **데이터베이스 관리시스템의 구성요소** : 데이터베이스 관리시스템의 구성요소에는 3단계 데이터베이스(외부스키마, 개념스키마, 내부스키마), 데이터 언어(데이터 정의어, 데이터 조작어, 데이터 제어어), 데이터베이스 사용자(일반 사용자, 응용 프로그래머, 데이터베이스 관리자) 등이 있다.

⑤ 데이터베이스 모델의 유형

㉠ **계층적 데이터베이스 모델**(Hierarchical Model) : 1세대로 계층적 모델에서 데이터는 위에서 아래로 트리의 형태로 구성된다.

㉡ **네트워크형 데이터베이스 모델**(Network Model) : 2세대로 네트워크형 데이터 모델은 개체와 개체관계를 그래프 구조로 연결하는 데이터 모델이다.

㉢ **관계형 데이터베이스 모델**(Relational Model) : 3세대로 단순하고 균일한 데이터 구조를 가지고 있어 많이 사용되고 있는 모델이다. 관계형 데이터베이스의 기본적인 데이터 구조는 테이블(table)이다.

㉣ **객체지향형 데이터베이스 모델**(Object Oriented Model) : 4세대로 객체지향형 데이터베이스 모델은 세상에 존재하는 정보를 객체지향 프로그래밍(OOP) 기술을 도입하여 저장한 모델이다. 모든 정보를 객체라는 형태로 표현하는 것이 특징이다.

(2) 관계형 데이터베이스

① 관계형 데이터베이스의 개념

㉠ 관계형 모델은 이 모델이 갖고 있는 구조적인 단순성 때문에 데이터베이스 설계 및 운용 측면에서 큰 변화를 가져왔다. 관계형 데이터베이스는 데이터의 논리적 관계를 계층적으로 표현하여 오늘날 가장 일반적인 형태의 데이터베이스이다.

㉡ 관계형 데이터베이스 모델의 기본적인 데이터 구조는 데이터를 구분하는 키(key)와 테이블(table)이다. 이 테이블은 열(column)과 행(row)들로 구성되는 2차원 구조를 가지며, 릴레이션(relation)이라고도 부른다. 여기서 테이블의 열과 행은 파일시스템의 파일의 필드(field), 레코드(record)와 각각 의미가 비슷하다.

플러스 UP 테이블(table), 레코드(record), 필드(field)

㉠ 테이블(table)은 빠른 참조를 위해 적당한 형태로 자료를 모아 놓은 것으로 관계형 데이터베이스 모델에서 자료의 구조를 2차원의 표로 나타낸 것이다. 즉, 행과 열의 형태로 관리되며 키를 지정함으로써 원하는 자료를 빠르고 쉽게 찾아 낼 수 있다. 관계형 데이터베이스에서 각 테이블은 일차키(primary key)로 지정된 하나의 필드(field)를 가진다.
㉡ 각 행(row)의 자료를 레코드(record) 또는 튜플(tuple)이라고 한다.
㉢ 각 열(column)의 자료를 필드(Field) 또는 속성(attribute)이라고 한다.

② 관계형 데이터베이스의 특징

㉠ 관계형 모델에서는 파일시스템에서 발생하는 많은 데이터 중복을 최소한의 제어된 중복(controlled redundancy)으로 해결할 수 있다. 관계형 모델은 서로 관련 있는 개체들을 한 테이블에 저장한다.

㉡ 계층형과 네트워크형 데이터 모델들과는 달리, 관계형 모델의 실제적인 내부구조는 사용자와 설계자에게는 관심 밖이다. 그러므로 관계형 모델은 네트워크형과 계층형 모델에서는 발견되지 않는 구조적 독립성을 가진다.

㉢ 관계형 모델에서 사용자는 데이터베이스를 논리적인 관점에서만 관심을 가지면 되므로, 데이터베이스를 설계하고 이를 관리하기가 다른 모델보다 더 편하다.

㉣ 관계형 모델이 상업용 데이터베이스 시장을 지배하게 된 이유 중의 하나는 이 모델이 제공하는 강력하고 유연성 있는 질의(query)능력이다. 현재 대부분의 관계형 DBMS는 구조적 질의언어라고 하는 SQL(Structured Query Language)을 제공하고 있다.

③ 관계형 데이터베이스 키(key)

㉠ 기본키(Primary key) : 후보키 중에서 대표로 선정된 키(main key)로, 개체 타입에서 개체를 유일하게 식별해주는 속성 또는 속성들의 집합이다. 중복된 값을 가질 수 없다.

㉡ 외래키(Foreign key) : 다른 릴레이션의 기본키를 참조하는 속성 또는 속성들의 집합이다. 외래키는 관계형 데이터베이스에서 테이블 사이에 관계변수를 관장하는 키이다.

㉢ 후보키(Candidate key) : 테이블의 튜플을 구분하는 식별자로 선정된 키이다. 릴레이션(relation)에 있는 모든 튜플에 대해서 유일성과 최소성을 만족시켜야 한다.

㉣ 슈퍼키(Super key) : 한 릴레이션 내에 있는 속성들의 집합으로 구성된 키로서, 유일성은 만족하지만, 최소성은 만족하지 않는다.

㉤ 대체키(Alternate key) : 후보키가 둘 이상 되는 경우, 그 중에서 어느 하나를 선정하여 기본키로 지정하고 남은 나머지 후보키들은 대체키(보조키)가 된다.

④ 관계형 데이터의 무결성 제약조건

㉠ 무결성 : 데이터의 정확성 또는 유효성을 의미하며 일관된 데이터베이스 상태를 정의한다. 즉, 자료의 오류가 없는 정확성・안정성을 나타낸다.

㉡ 무결성 제약조건의 유형

ⓐ **개체 무결성 제약조건**(Enity Integrity Constraint) : 릴레이션에서 기본키를 구성하는 어떤 속성도 널(null) 값이나 중복 값을 가질 수 없다. - 기본키에 대한 제약

ⓑ **참조 무결성 제약조건**(Referential Integrity Constraint) : 외래키 값은 널(null)이거나 외래키가 참조하는 테이블의 기본키 값과 동일해야 한다. - 외래키에 대한 제약

ⓒ **도메인 무결성 제약조건**(Domain Integrity Constraint) : 각 속성(attribute)이 갖고 있는 값들은 그 속성의 도메인 범위 이내의 값이어야 한다.

ⓓ **키 제약조건**(Key Integrity Constraint) : 한 릴레이션(relationship)에 같은 key 값을 갖는 튜플들이 있는 것을 허용하지 않는다.

(3) 구조화 질의어(SQL)

① SQL(Structured Query Language)이란 데이터베이스를 사용할 때, 데이터베이스에 접근할 수 있는 하부언어를 의미한다. 즉, SQL이란 구조화된 질의어로서 데이터 정의어(DDL)와 데이터 조작어(DML)를 포함한 데이터베이스용 질의언어(query language)의 일종이다.

② SQL은 제4세대 언어(4GL)의 하나로서, 사용자가 질의에 대한 답의 처리과정이 어떻게 수행되는지를 명시할 필요 없이, 질의의 답이 무엇인지만을 명시하면 된다. 결과적으로 관계형 모델은 다른 모델들보다 질의어 작성시 프로그래밍을 더 쉽고 편하게 해준다. 특정한 데이터베이스 시스템에 한정되지 않아 널리 사용된다.

③ SQL은 단순한 질의기능뿐만 아니라 완전한 데이터 정의기능과 조작기능을 갖추고 있다. 또한 온라인 단말기를 통해 대화식으로 사용할 수도 있다. 또한 초보자들도 비교적 쉽게 사용할 수 있다는 장점을 가지고 있다.

(4) 뷰(View)

① **뷰**(view)는 관계형 데이터베이스 언어 SQL에서 하나 이상의 테이블(또는 다른 뷰)에서 원하는 모든 데이터를 선택하여, 그들을 사용자로 정의하여 나타낸 것이다.

② 뷰는 허용된 데이터를 제한적으로 보여주기 위해서 하나 이상의 테이블에서부터 유도된 가상 테이블로, 여러 테이블(기본관계) 또는 뷰의 데이터를 연결하여 조합할 수 있다.

③ **뷰**(view)**의 장점**

㉠ 데이터의 접근제어로 보안이 강화된다.

㉡ 논리적 독립성을 제공한다.

㉢ 사용자의 데이터관리를 간단하게 한다.

㉣ 하나의 테이블로 여러 개의 상이한 뷰를 정의할 수 있다.

CHAPTER 5 기출유형 다잡기

01 조직의 데이터는 계층구조를 이루며 컴퓨터에 저장된다. 다음 중 가장 상위의 개념은?

① 바이트(byte)
② 필드(field)
③ 레코드(record)
④ 파일(file)

해설 컴퓨터 자료의 계층구조 순서는 '비트(bit) → 바이트(byte) → 필드(field) → 레코드(record) → 파일(file)'로 구성되어 있다.

02 파일 중심의 데이터 관리방식에 대한 설명으로 옳지 않은 것은?

① 데이터의 공유를 촉진한다.
② 데이터의 중복성을 제거한다.
③ 데이터 보안의 약화를 가져온다.
④ 데이터 접근의 표준화를 가져온다.

해설 전통적인 파일처리방식에서는 자료파일들이 각각의 응용프로그램에 맞도록 개별적으로 설계되고, 이와 같은 응용프로그램들이 분리·실행되어 필요한 문서나 보고서를 산출하게 된다. 별개의 독립된 자료파일 간에 상당한 자료의 중복성이 발생한다. 예를 들어, 고객의 명단과 주소 등 동일한 내용의 자료가 여러 개의 파일에 이중, 삼중으로 기록·저장되는 현상이 생긴다.

03 다음 중 데이터관리를 위한 데이터베이스 관리시스템의 장점으로 볼 수 없는 것은?

✔ 2016년 기출유사

① 데이터의 접근이 용이하다.
② 무결성을 유지할 수 있다.
③ 데이터의 중복성이 크게 줄어든다.
④ 데이터와 응용 프로그램 간의 독립성이 유지된다.

해설 ②, ③, ④는 데이터베이스 관리시스템의 장점으로 볼 수 있다.

정답 01 ④ 02 ② 03 ①

04 관계형 데이터베이스와 관련이 없는 것은? ✔ 2019년 기출

① 키 ② 속성
③ 노드 ④ 레코드

해설 관계형 데이터베이스는 데이터를 구분하는 키(key)와 그 값들의 관계를 테이블(table)화하여 간단히 원하는 자료를 검색하는 데이터베이스이다. 테이블에서 각 열의 위치를 필드(field) 또는 속성(attribute)이라고 부르며, 각 행은 레코드(record) 또는 튜플(tuple)이라고 부른다.

05 다음 〈보기〉는 무엇에 대한 설명인가?

> **보기**
> 데이터의 모임으로서 보조기억장치에 저장된 것을 말한다. 즉, 문서, 소리, 그림, 동화상 등의 자료를 모아놓은 것으로, 컴퓨터의 하드디스크나 플로피디스크의 보조기억장치에 일정한 형식을 가지고 저장된다.

① 비트 ② 파일
③ 기억장치 ④ 시스템

해설 파일은 데이터의 모임으로서 보조기억장치에 저장된 것을 말한다. 즉, 문서, 소리, 그림, 동화상 등의 자료를 모아놓은 것으로, 컴퓨터의 하드디스크나 플로피디스크의 보조기억장치에 일정한 형식을 가지고 저장된다. 파일은 크게 프로그램 파일과 데이터 파일로 나뉜다.

06 특정한 주제에 관한 정보들이 들어 있는 데이터파일의 체계적인 조직을 무엇이라 하는가?

① 파일 ② 데이터
③ 데이터베이스 ④ 정보

해설 데이터베이스란 특정한 주제에 관한 정보들이 들어 있는 데이터 파일의 체계적인 조직을 의미한다. 즉, 데이터베이스는 논리적인 파일들의 통합된 모음이다.

07 데이터베이스 시스템의 인적 구성요소가 아닌 것은?

① 사용자 ② 데이터베이스 관리자
③ 오퍼레이터 ④ 응용 프로그래머

해설 데이터베이스 시스템의 인적 구성요소는 데이터베이스 관리자, 사용자 그리고 응용 프로그래머로 구성된다.

정답 04 ③ 05 ② 06 ③ 07 ③

08 **데이터를 액세스하는 수단이며, 사용자와 데이터베이스 관리시스템 사이의 인터페이스를 제공하는 것은?**

① 데이터 언어 ② 데이터베이스
③ 관리자 ④ 응용 프로그래머

해설 데이터 언어는 데이터를 액세스하는 수단이며, 사용자와 데이터베이스 관리시스템 사이의 인터페이스를 제공한다.

09 **다음 중 데이터베이스 관리자의 역할과 가장 거리가 먼 것은?**

① 스키마 정의
② 질의어를 이용한 데이터 추출
③ 보안정책 수립
④ 데이터의 표현과 시스템의 문서화 표준 결정

해설 데이터베이스 관리자는 데이터베이스 설계와 정의, 관리 및 운영 등 데이터베이스 시스템을 관리하고 제어하는 역할을 수행한다. 즉, 데이터베이스 관리자는 시스템을 평가하여 최적의 상태로 유지・보수하는 역할을 담당하는 것으로 보안정책을 수립하지는 않는다.

10 **다음 중 데이터베이스 용어와 그 설명이 잘못된 것은?** 2017년 기출유사

① 속성(attribute)은 각각의 개체가 갖는 특성이다.
② 개체(entity)는 사람, 장소, 사물 등과 같이 정보를 저장하고 유지하기 위해 정의해 놓은 분류이다.
③ 튜플(tuple)은 개체들을 구분하기 위한 유일한 식별자이다.
④ 필드(field)는 특정한 속성에 대한 실제 값들의 집합이다.

해설 ③ 튜플(tuple)은 데이터베이스의 저장단위로 릴레이션의 각 행을 말한다.

11 **데이터 간의 불일치성을 막고 정당한 사용자만이 허가된 데이터 접근을 사용할 수 있도록 하는 권한검사(authority check)와 보안(security)기능, 그리고 여러 사용자 또는 응용 프로그램이 데이터를 동시 접근할 수 있도록 관리하는 기능을 무엇이라 하는가?**

① 데이터 정의기능 ② 데이터 조작기능
③ 제어기능 ④ 스키마 조절기능

정답 08 ① 09 ③ 10 ③ 11 ③

해설 ㉠ **제어기능** : 제어기능은 데이터 조작에 의한 데이터 간의 불일치성을 막고 정당한 사용자만이 허가된 데이터 접근을 사용할 수 있도록 하는 권한검사(authority check)와 보안(security)기능, 그리고 여러 사용자 또는 응용 프로그램이 데이터를 동시 접근할 수 있도록 관리하는 기능을 의미한다.

㉡ **데이터 관리기능** : 데이터 관리기능은 또한 훼손된 데이터를 원상태로 회복시키기 위한 데이터 백업(backup)과 복구(recovery)를 포함한다.

12 다음 〈보기〉는 무슨 단계에 대한 설명인가?

보기

사용자들이 데이터베이스로부터 기대하는 바를 찾아내는 것으로 사용자 그룹과의 인터뷰, 현행 운용환경과 앞으로의 변화전망에 대한 분석, 데이터베이스를 활용하게 될 기존 업무에 관련된 서류분석 등과 같은 방법으로 이루어진다.

① 논리적 설계 ② 개념적 설계
③ 물리적 설계 ④ 사용자 요구분석

해설 사용자 요구분석

㉠ 사용자 요구분석단계는 사용자들이 데이터베이스로부터 기대하는 바를 찾아내는 것이다.

㉡ 이러한 사용자의 요구는 사용자 그룹과의 인터뷰, 현행 운용환경과 앞으로의 변화전망에 대한 분석, 데이터베이스를 활용하게 될 기존 업무에 관련된 서류분석 등과 같은 방법으로 이루어진다.

13 데이터베이스 방식에 비해 파일처리 방식의 문제점으로 옳지 않은 것은? ✔ 2019년 기출

① 데이터의 표준화가 어렵다.
② 파일마다 중복된 데이터 항목이 생길 수 있다.
③ 응용프로그램에 대한 데이터의 의존성이 심하다.
④ 파일처리 방식을 지원하는 소프트웨어 비용이 많이 든다.

해설 전통적인 파일처리 방식에서는 데이터 파일들이 각각의 응용프로그램에 맞도록 개별적으로 설계되고, 이와 같은 용용프로그램들이 분리・실행되어 필요한 문서나 보고서를 산출하게 된다. 파일처리 방식은 데이터의 중복성, 데이터의 일관성과 통합성 부족, 경직성, 데이터 공유의 제한, 표준화 결여, 자료와 프로그램의 상호 의존성 및 자료에 대한 통제의 부족, 프로그래머의 생산성 저하, 프로그램 유지・보수의 어려움 등의 단점이 있다.

정답 12 ④ 13 ④

14 **데이터를 행과 열로 이루어진 2차원 데이터들에 조직화한 것은?** ✔ 2018년 기출

① 데이터 웨어하우스 ② 관계형 데이터베이스
③ 비관계형 데이터베이스 ④ 객체지향 데이터베이스

해설 관계형 데이터베이스 모델의 기본적인 데이터 구조는 테이블(table)이다. 이 테이블은 열(column)과 행(row)들로 구성되는 2차원 구조를 가지며, 릴레이션(relation)이라고도 부른다. 여기서 테이블의 열과 행은 파일시스템의 파일의 필드(field), 레코드(record)와 각각 의미가 비슷하다.

15 **다음 중 관계형 데이터베이스에 대한 설명으로 틀린 것은?**

① 기본적인 데이터 구조는 테이블(table)이다.
② 서로 관련이 있는 개체들을 한 테이블에 저장한다.
③ 데이터 독립성과 구조적 독립성을 함께 가진다.
④ 데이터베이스를 설계하고, 관리하기에 어렵다는 단점이 있다.

해설 관계형 데이터베이스는 실제적인 데이터 저장의 물리적 구조의 특성들에 대한 사용자의 관심을 무관하게 해준다. 그러므로 사용자는 데이터베이스를 논리적인 관점에서만 관심을 가지면 되므로, 데이터베이스를 설계하고 이를 관리하기가 다른 모델들보다 더 편하다는 장점이 있다.

16 **다음 〈보기〉의 ( ) 안에 들어갈 말로 알맞은 것은?** ✔ 2019년 기출

보기
데이터웨어하우스가 모든 사업 부문에 걸쳐 통합된 정보를 제공하기 위해 운영시스템과 관련된 데이터가 취합되는 장소라면, ( )은/는 하나의 주제 또는 하나의 부서 중심 데이터웨어하우스라고 할 수 있다.

① 데이터 마트 ② 관계형 데이터베이스
③ 데이터마이닝 ④ 데이터베이스관리시스템

해설 데이터 마트(data mart)는 데이터 웨어하우스와 사용자 사이의 중간층에 위치한 것으로, 하나의 주제 또는 하나의 부서 중심의 데이터 웨어하우스라 할 수 있다. 데이터 마트 내 대부분의 데이터는 데이터 웨어하우스로부터 복제되지만, 자체적으로 수집될 수도 있으며, 관계형 데이터베이스나 다차원 데이터베이스를 이용해 구축한다.

17 **다음 중 정보시스템에서 데이터의 구성이 아닌 것은?**

① 캐릭터(character) ② 개체(entity)
③ 레코드(record) ④ 데이터베이스(database)

정답 **14** ② **15** ④ **16** ① **17** ②

해설 정보시스템에서 데이터의 구성에는 캐릭터, 필드, 레코드, 파일, 데이터베이스로 구성되어 있다.
㉠ **캐릭터**(character) : 문자나 숫자 등으로 구성된다. 데이터의 구성요소 중 조금 더 하위의 규성요소는 bit 또는 byte라 할 수 있다.
㉡ **필드**(field) : 캐릭터의 그룹으로 구성된다. 일반적으로 이름 필드는 문자의 그룹으로 이루어져 있으며, 판매량 필드는 숫자의 그룹으로 구성된다.
㉢ **레코드**(record) : 필드 데이터의 그룹이다.
㉣ **파일**(file) : 레코드의 그룹이다. 파일들은 영구성 기준에 따라 마스터 파일(master file)과 거래 파일(transaction file)로 분류된다.
㉤ **데이터베이스**(database) : 논리적인 파일들의 통합된 모음이다.

18 **다음 중 데이터베이스 관리시스템의 장점이 아닌 것은?**

① 일관성을 유지할 수 있다.
② 무결성을 유지할 수 있다.
③ 데이터를 처리하는 방법이 단순해진다.
④ 데이터의 중복을 최소화할 수 있다.

해설 ③ DBMS는 데이터를 처리하는 방법이 복잡해진다는 단점이 있다. 한편, DBMS는 데이터의 무결성(이것은 데이터베이스가 계속해서 접근이 가능하며, 또한 의도한 대로 조직화되어 있다는 사실을 확인해주는 것이다)과 오직 허가된 사용자들만이 데이터에 접근할 수 있게 하는 보안성을 보장한다.

19 **컴퓨터에 저장되는 데이터베이스를 관리해주는 소프트웨어 시스템으로 데이터베이스를 구축하는 틀을 제공하고, 저장된 데이터를 보조기억장치에 저장하며 필요한 데이터를 검색하는 기능을 제공하는 것은?**

① 데이터 요소
② 데이터 웨어하우스
③ 데이터베이스 관리시스템
④ 데이터 자원관리

해설 데이터베이스 관리시스템(DBMS)은 사용자 요구사항들이나 다른 프로그램의 요구사항들을 관리함으로써, 사용자들이나 다른 프로그램들이 실제로 그 데이터가 저장매체의 어느 곳에 저장되어 있는지를 이해하지 않고서도, 다중 사용자 환경의 그 누구라도 데이터를 이용할 수 있도록 해준다.

20 **다음 중 개체관계도의 기본적인 구성요소가 아닌 것은?** ✔ 2014년 기출

① 개체(entity)
② 관계(relationship)
③ 속성(attribute)
④ 의사결정표(decision table)

정답 **18** ③ **19** ③ **20** ④

해설 개체관계도(ERD ; Entity Relationship Diagram)는 시스템에서 처리되는 개체(자료)와 개체의 구성과 속성, 개체 간의 관계를 표현하여 자료를 모델화하는 데 사용된다. 개체관계도는 개체(entity), 속성(attribute), 관계(relationship) 등으로 구성된다.

21 **데이터베이스 관리시스템의 기능으로 적절하지 않은 것은?**

① 데이터 정의기능
② 데이터 조작기능
③ 분배기능
④ 제어기능

해설 ① **데이터 정의기능** : 설계자가 데이터베이스 언어를 통하여 스키마와 뷰를 선언할 수 있도록 하는 기능을 말한다.
② **데이터 조작기능** : 데이터베이스에서 데이터의 검색・삽입・삭제・갱신 등의 연산기능을 의미한다.
④ **제어기능** : 데이터 조작에 의한 데이터 간의 불일치성을 막고 정당한 사용자만이 허가된 데이터 접근을 사용할 수 있도록 하는 권한검사(authority check)와 보안(security)기능, 그리고 여러 사용자 또는 응용 프로그램이 데이터를 동시 접근할 수 있도록 관리하는 기능을 말한다.

22 **다음 중 파일처리시스템의 단점이 아닌 것은?**

① 데이터의 중복과 비일관성
② 프로그램과 데이터의 분리
③ 정보접근의 어려움
④ 데이터의 고립

해설 파일처리시스템의 단점에는 데이터의 중복과 비일관성, 정보접근의 어려움, 데이터의 고립, 무결성 문제, 원자성 문제, 동시 액세스 문제 등이 있다.

23 **다음 〈보기〉의 설명에 해당하는 데이터 조작어는?** 2018년 기출

> **보기**
> • 데이터 정의어(DDL)와 데이터 조작어(DXL)를 포함한 데이터베이스용 질의언어(query language)이다.
> • 사용자들이 특정 조건을 충족하는 특정 테이블에서 데이터를 선택하는 것을 허용한다.
> • 데이터를 정의하는 데 쓰이는 명령문과 데이터를 삽입, 삭제하는 등의 조작에 쓰이는 부분, 그리고 쿼리명령문 부분과 그 외의 기능을 수행하는 부분으로 이루어져 있다.

① UCC(User Created Contents)
② SQL(Structured Query Language)
③ UML(Unified Modeling Language)
④ CASE(Computer-Aided Systems Engineering)

정답 21 ③ 22 ② 23 ②

해설 SQL(Structured Query Language)은 데이터베이스를 사용할 때, 데이터베이스에 접근할 수 있는 하부언어를 의미한다. 즉, SQL이란 구조화된 질의어로서 데이터 정의어(DDL)와 데이터 조작어(DML)를 포함한 데이터베이스용 질의언어(Query Language)의 일종이다.

24 **데이터베이스 시스템의 구성요소로, 다수의 컴퓨터 사용자들이 컴퓨터에 수록한 수많은 자료들을 쉽고 빠르게 추가·수정·삭제할 수 있도록 해주는 소프트웨어는?**

① 데이터 웨어하우스 ② 데이터 스키마
③ 데이터 마트 ④ 데이터베이스 관리시스템

해설 ④ 데이터베이스 관리시스템(DBMS)은 축적된 자료구조의 정의, 자료구조에 따른 자료의 축적, 데이터베이스 언어에 의한 자료 검색 및 갱신, 정보의 기밀보호 등의 기능이 있다.
① 데이터 웨어하우스(Data Warehouse)는 기업의 전사적인 관점에서 다양한 데이터베이스를 통합하여 데이터 분석을 가능하게 하는 기술이다.

25 **의사결정에 필요한 정보처리기능을 효율적으로 지원하기 위한 데이터베이스로서 주제지향성, 통합성, 비휘발성, 시변성, 접근가능성 등의 특징을 갖는 것은?**

① 데이터베이스 ② 데이터 웨어하우스
③ 데이터 마트 ④ 데이터 마이닝

해설 데이터 웨어하우스는 의사결정에 필요한 정보처리기능을 효율적으로 지원하기 위한, 통합된 데이터를 가진 양질의 데이터베이스로서 주제지향성(조직성), 통합성(일관성), 비휘발성, 시변성(시계열성), 접근가능성 등의 특징을 지니고 있다.

26 **다음 〈보기〉의 (　　) 안에 공통으로 들어갈 말로 알맞은 것은?** 2018년 기출

보기
- (　　)는 관계형 데이터베이스 내의 테이블에 포함된 행에 대한 유일한 식별자이며, 중복될 수 없다.
- (　　)의 필드는 각 레코드마다 중복되지 않는 식별성을 가지고 있으며, 관계형 데이터베이스로 개인정보를 저장하는 경우 주민등록번호 등이 이에 해당될 수 있다.

① 내부 키(inside key) ② 기본 키(primary key)
③ 관계 키(relation key) ④ 마스터 키(master key)

해설 관계형 데이터베이스 키(key) 중 기본 키(primary key)는 후보 키 중에서 대표로 선정된 키(main key)로, 개체 타입에서 개체를 유일하게 식별해주는 속성 또는 속성들의 집합이다. 중복된 값을 가질 수 없다.

정답 24 ④ 25 ② 26 ②

27 **데이터 웨어하우스와 사용자 사이에서 적절한 완충 역할을 하는 것은?** 2017년 기출

① 퀴리 데이터 ② 데이터 마이닝
③ 메타 데이터 ④ 데이터 마트

해설 데이터 마트는 데이터 웨어하우스와 사용자 사이의 중간층에 위치한 것으로, 하나의 주제 또는 하나의 부서 중심의 데이터 웨어하우스라 할 수 있다. 데이터 마트 내 대부분의 데이터는 데이터 웨어하우스로부터 복제되지만, 자체적으로 수집될 수도 있으며, 관계형 데이터 베이스나 다차원 데이터 베이스를 이용해 구축한다.

28 **데이터베이스관리시스템(DBMS)의 기능으로 옳지 않은 것은?** 2019년 기출

① 데이터 중복을 완벽하게 차단한다.
② 응용프로그램이 데이터베이스를 공유할 수 있게 한다.
③ 기업에 필요한 데이터를 데이터베이스에 통합하여 저장하고 이에 대한 관리를 담당한다.
④ 응용프로그램을 대신하여 데이터베이스에 존재하는 데이터의 검색, 삽입, 삭제, 수정을 가능하게 한다.

해설 DBMS는 데이터의 중복을 최소화할 수 있다. 그러나 데이터의 중복을 완벽하게 차단할 수 있는 것은 아니다.

29 **일반적인 데이터베이스의 설계단계를 바르게 배열한 것은?** 2014년 기출

① 개념적 설계 → 물리적 설계 → 논리적 설계
② 개념적 설계 → 논리적 설계 → 물리적 설계
③ 논리적 설계 → 개념적 설계 → 물리적 설계
④ 물리적 설계 → 개념적 설계 → 논리적 설계

해설 데이터베이스의 개발시에는 기업활동을 위해 효과적이고 효율적으로 정보를 제공해 줄 수 있어야 한다. 필요한 데이터가 적절하게 저장되고 필요할 때 신속한 접근이 가능해야 하며, 쉽게 유지·보수될 수 있도록 설계되어야 한다. 데이터베이스의 설계단계는 '사용자 요구분석 → 개념적 데이터베이스 설계 → 논리적 데이터베이스 설계 → 물리적 데이터베이스 설계 → 데이터베이스 구현'의 순서로 진행된다.

정답 27 ④ 28 ① 29 ②

30 다음 〈보기〉의 설명에 해당하는 것은?

> **보기**
> • 데이터는 5년에서 10년 동안 유지된다.
> • 트렌드, 예측, 전체기간 비교 등에 사용된다.

① 관계성(Relational) ② 조직성(Organization)
③ 일관성(Consistency) ④ 시변성(Time Variant)

해설 시변성(Time Variant)은 데이터가 순간적인 것이 아니라, 일정기간(5~10년) 동안 정확성이 유지된다. 트렌드, 예측, 전체기간 비교 등에 사용된다.

31 데이터베이스에서 데이터의 검색 · 삽입 · 삭제 · 갱신 등의 연산기능을 무엇이라 하는가?

① 데이터 정의기능 ② 데이터 조작기능
③ 제어기능 ④ 스키마 조절기능

해설 데이터 조작기능은 데이터베이스에서 데이터의 검색 · 삽입 · 삭제 · 갱신 등의 연산기능을 의미한다. 이러한 연산기능도 역시 사용자 또는 응용 프로그램의 요청에 의해 데이터베이스 관리시스템에 의해 행해진다.

32 다음 〈보기〉에서 설명하는 용어는?

✔ 2016년 기출유사

> **보기**
> 데이터베이스는 유지 · 보수가 용이하고 데이터 중복을 최소화하도록 설계해야 한다. 이를 위해 데이터 중복과 다대다(多 : 多)의 관계를 최소화함으로써 데이터의 안정성과 유연성을 향상시키는 과정이다.

① 고객화 ② 정규화
③ 표준화 ④ 대량화

해설 ② **정규화** : 테이블의 속성들이 상호 종속적인 관계를 갖는 특성을 이용하여 테이블을 무손실 분해하는 과정으로, 정규화의 목적은 가능한 한 중복을 제거하여 삽입 · 삭제 · 갱신 이상의 발생 가능성을 줄이는 것이다.

정답 30 ④ 31 ② 32 ②

33 **설계자가 데이터베이스 언어를 통하여 스키마와 뷰를 선언할 수 있도록 하는 기능을 무엇이라 하는가?**

① 데이터 정의기능
② 데이터 조작기능
③ 제어기능
④ 스키마 조절기능

해설 데이터 정의기능은 설계자가 데이터베이스 언어를 통하여 스키마와 뷰를 선언할 수 있도록 하는 기능을 의미한다.

34 **데이터 모델은 데이터 독립성 개념에 근거하여 데이터가 응용 프로그램에 영향받지 않고 사용될 수 있도록 데이터를 정의하고 그 구조를 기술하는 것이다. 일반적인 데이터 모델에 해당되지 않는 것은?**

① 개념적 모델
② 네트워크형 모델
③ 논리적 모델
④ 물리적 모델

해설 ② 논리적 모델에서, 데이터베이스에 데이터를 어떻게 수용할지에 관한 데이터 구조는 일반적으로 계층형 모델, 네트워크형 모델, 관계형 모델, 객체지향 모델의 4가지로 나누어진다.

35 **관계형 데이터베이스 키(key)에 대한 설명으로 옳은 것은?**

① 기본키(primary key)는 테이블의 속성 중 다른 테이블의 기본키로 사용되고 있는 속성이다.
② 외래키(foreign key)는 관계의 속성들 중 키가 될 수 있는 속성들의 집합이다.
③ 후보키(candidate key)는 테이블의 튜플을 구분하는 식별자로 선정된 키이다.
④ 합성키(composite key)는 2개 이상의 속성들이 합성하여 기본키를 구성하는 것이다.

해설 관계형 데이터베이스 키(key)

㉠ **기본키**(primary key) : 후보키 중에서 대표로 선정된 키(main key)로, 개체 타입에서 개체를 유일하게 식별해주는 속성 또는 속성들의 집합이다. 중복된 값을 가질 수 없다.
㉡ **외래키**(foreign key) : 다른 릴레이션의 기본키를 참조하는 속성 또는 속성들의 집합이다. 외래키는 관계형 데이터베이스에서 테이블 사이에 관계변수를 관장하는 키이다.
㉢ **후보키**(candidate key) : 테이블의 튜플을 구분하는 식별자로 선정된 키이다. 릴레이션(relation)에 있는 모든 튜플에 대해서 유일성과 최소성을 만족시켜야 한다.
㉣ **슈퍼키**(super key) : 한 릴레이션 내에 있는 속성들의 집합으로 구성된 키로서, 유일성은 만족하지만, 최소성은 만족하지 않는다.
㉤ **대체키**(alternate key) : 후보키가 둘 이상 되는 경우, 그 중에서 어느 하나를 선정하여 기본키로 지정하고 남은 나머지 후보키들은 대체키(보조키)가 된다.

정답 **33** ① **34** ② **35** ③

36 관계형 데이터베이스에 대한 설명으로 옳은 것은?

✔ 2019년 기출

① 데이터의 논리적 관계를 계층적으로 표현한다.
② 3세대 언어를 사용하여 데이터를 정의, 저장, 통제한다.
③ 구조적 데이터보다는 비구조적 데이터를 관리하는 방식이다.
④ 논리적으로 연관된 2차원 테이블의 형태로 정보를 저장한다.

해설 ③ 관계형 데이터베이스는 테이블로 표현되는 텍스트 데이터의 경우 테이블에 저장하거나 처리하기가 매우 효율적이다. 그러나 텍스트와 이미지 동영상이 섞여 있거나 비전형구조의 데이터는 테이블의 각 필드에 저장하기 어렵다.

37 다음 중 데이터베이스 정규화의 장점으로 틀린 것은?

① 데이터베이스의 확장성을 보장할 수 있다.
② 데이터베이스의 일관성을 향상시킬 수 있다.
③ 데이터베이스의 논리적 구조를 견고하게 할 수 있다.
④ 데이터 구조의 안전성을 최소화한다.

해설 데이터베이스 정규화의 장점
㉠ 데이터베이스의 일관성을 향상시킬 수 있다.
㉡ 데이터베이스의 확장성을 보장할 수 있다.
㉢ 데이터베이스의 논리적 구조를 견고하게 할 수 있다.
㉣ 업무규칙의 정밀한 포착, 데이터 구조의 안전성을 최대화한다.

38 파일처리방식과 데이터베이스방식의 설명으로 옳지 않은 것은?

✔ 2014년 기출

① 파일처리방식이 데이터베이스방식에 비해 프로그램 개발과 유지·보수에 용이하다.
② 데이터베이스방식은 동시에 복수의 적용업무나 응용시스템에 대한 데이터의 공급기지로서 공유할 필요가 있는 데이터를 보관·관리한다.
③ 파일처리방식에서는 데이터 파일들이 각각의 응용 프로그램에 맞도록 개별적으로 설계되고, 분리·실행되어 필요한 문서나 보고서를 산출하게 된다.
④ 데이터베이스방식은 데이터의 특성, 실체 상호 간의 의미관계와 형식관계를 기술한 개념적인 구조에 따라서 편성된 데이터의 집합이다.

해설 ① 데이터베이스방식이 파일처리방식에 비해 프로그램 개발과 유지·보수에 용이하다.

정답 36 ③ 37 ④ 38 ①

CHAPTER 6

의사결정지원시스템

01 의사결정지원시스템의 배경

(1) 의사결정의 개념

① 의사결정의 개념

㉠ 의사결정은 조직의 목표를 달성하는 방안 중에서 최선으로 생각되는 대안을 선택하고 실행하는 과정을 의미한다.

㉡ 의사결정이란 조직(혹은 개인)이 문제의 해결이나 불만족스러운 조건을 개선하기 위하여 대안들을 모색하고, 그 중에서 조직의 목적을 가장 효과적으로 달성할 수 있는 한 가지 방안을 최종 선택하는 과정이다.

② 의사결정의 분류

㉠ **조직구조의 계층** : 최고경영층, 중간경영층, 하위경영층의 의사결정으로 분류한다.

㉡ **의사결정문제의 유형** : 구조적, 반구조적, 비구조적 의사결정으로 분류한다. 구조적 의사결정은 이미 설정된 대안을 중심으로 주로 하위경영자에 의해 반복적・일상적으로 이루어지는 의사결정이다. 비구조적 의사결정은 주로 최고경영자에 의해 경험과 판단에 의해 독창적으로 이루어지는 의사결정이다.

(2) 의사결정과정

의사결정이란 여러 단계를 거쳐 이루어진다. 사이먼(H. Simon)은 의사결정이 탐색 → 설계 → 선택 → 수행의 4단계로 이루어져 있다고 설명하고 있다.

의사결정에서 효율성과 효과성

효율성(efficiency)과 효과성(effectiveness)은 두 가지 모두 경영자의 의사결정에 있어서 매우 중요한 요소이다. 의사결정을 위해 효율성과 효과성 매트릭스를 작성하여 의사결정의 기준으로 삼는 방법을 쓸 때가 있다.

㉠ 의사결정에 있어서 효율성은 방법(how)에 관한 문제이다.

㉡ 의사결정에 있어서 효과성은 대상(what)에 관한 문제이다.

02 의사결정지원시스템의 정의

(1) 의사결정지원시스템의 정의

① 의사결정지원시스템(DSS ; Decision Support System)이란 사용자들이 기업의 의사결정을 보다 쉽게 할 수 있도록 하기 위해 사업자료를 분석해주는 컴퓨터 응용 프로그램을 말한다.

② DSS는 기업경영에서 당면하는 여러 가지 의사결정문제를 해결하기 위해 복수의 대안을 개발하고, 비교·평가하며, 최적안을 선택하는 의사결정과정을 지원하는 정보시스템으로 정의된다.

(2) 의사결정지원시스템을 통해 얻을 수 있는 전형적인 정보

① 주간 판매량 비교

② 신제품 판매 전망에 기초한 수입 예측

③ 어떤 환경 하에서 주어진 과거의 실적에 따라, 서로 다른 의사결정 대안별 결과 분석과 같이 의사결정지원시스템은 정보를 도식화하여 나타내줄 수 있다.

④ 경우에 따라 전문가시스템이나 인공지능 등이 포함될 수도 있으며, 이를 통해 기업의 최고경영자나 다른 의사결정그룹들에게 도움을 줄 수 있다.

03 의사결정지원시스템의 구성요소

(1) 의사결정지원시스템의 구성

의사결정지원시스템은 데이터베이스 시스템(데이터관리 하위시스템), 모델베이스 시스템, 지식베이스 하위시스템, 사용자 인터페이스, 사용자 등으로 구성된다.

① 데이터베이스 시스템

㉠ 데이터베이스 시스템은 의사결정에 필요한 다양한 데이터를 저장하고 있는 데이터베이스와 이를 관리하는 데이터베이스 관리시스템(DBMS)으로 구성되어 있다.

㉡ 의사결정지원시스템에 있어서 데이터베이스 시스템의 기능은 의사결정에 필요한 데이터를 저장관리하고 이를 제공하는 것이다.

② 모델베이스 시스템

㉠ 모델베이스 시스템은 의사결정에 필요한 다양한 모델 등을 저장하고 있는 모델베이스와 이들을 관리하는 모델베이스 관리시스템(MBMS)으로 구성된다.

㉡ 모델베이스 시스템은 의사결정에 필요한 모델을 개발하고 수정하고 통제하는 기능을 제공함으로써 의사결정지원에 있어 핵심적인 역할을 수행한다.

③ 지식베이스 하위시스템

㉠ 지식베이스 하위시스템은 모형관리 하위시스템에서 산출되는 지식을 저장하고 이를 다시 다른 의사결정문제에 이용할 수 있도록 지원해주는 기능을 수행한다.

㉡ 지식베이스 하위시스템은 전문가시스템이라는 지식추출엔진을 통해서 전문가의 지식을 추출하고 이를 저장하는 기능을 담당한다.

④ 사용자 인터페이스

㉠ 사용자 인터페이스는 데이터의 입력과 출력, 그리고 다양한 분석과정에서 일어나는 사용자와 시스템 간의 인터페이스 환경을 제공하는 시스템 모듈을 말한다.

㉡ 주로 메뉴방식이나 그래픽 처리형식을 이용하여 사용자가 이해하기 쉽고 사용하기 쉬운 대화기능을 제공하기 때문에 대화생성 및 관리 소프트웨어라고 한다.

⑤ 사용자

㉠ 의사결정지원시스템의 사용자는 주로 기업경영의 주요 의사결정을 담당하는 경영관리자들이다.

㉡ 이들은 당면한 의사결정에 가장 적절한 모델을 모델베이스로부터 선정하고 대안들을 평가하고 분석하여 최적의 대안을 선택하는 의사결정과정을 수행한다.

(2) 의사결정지원시스템의 특성

① **다양한 데이터의 원천** : 조직 내・외부의 다양한 원천으로부터 데이터를 획득하여 의사결정에 필요한 정보처리를 할 수 있도록 설계되어야 한다.

② **대화식 정보처리와 그래픽 디스플레이 강화** : 의사결정자와 시스템 간의 대화식 정보처리가 가능하도록 설계되어야 한다. 또한, 의사결정자가 쉽게 이해할 수 있도록 그래픽을 이용하여 정보처리 결과를 보여주고 출력하는 기능을 보유해야 한다.

③ **의사결정 환경의 변화를 반영할 수 있는 유연성** : 의사결정이 이루어지는 동안에 발생 가능한 환경의 변화를 반영할 수 있도록 유연하게 설계되어야 한다.

④ **경영층의 비구조적인 의사결정 지원**

⑤ **데이터베이스와 모델베이스 지원**

(3) DSS에 사용되는 분석모형

① **What-If 분석** : What-If 분석은 민감도 분석의 일종으로 하나 여러 개의 변수값이 변화할 때 결과값에 미치는 영향을 분석하는 모형이다.

② **민감도 분석** : 민감도 분석은 What-If 분석의 특별한 경우이다. 민감도 분석의 경우에는 단지 한 개의 변수만이 계속적으로 변경되고, 그 결과로 발생하는 다른 변수들의 변화가 관찰된다.

③ **목표탐색 분석** : 목표탐색(Goal-seeking) 분석은 한 변수의 변화가 어떻게 다른 변수들에 영향을 미치는가를 관찰하는 대신, 목표치를 설정하고 그 목표치를 달성할 수 있는 관련 변수의 값을 찾는 분석방법을 말한다.

④ **최적화 분석** : 목표탐색 분석은 구체적인 목표치를 설정하는 반면, 최적화 분석의 목적은 특정 제약식이 주어졌을 때 하나 이상의 목표변수의 최적값을 구하는 것이다. 최적화 분석에는 주로 선형계획법과 같은 경영과학기법이 이용된다.

(4) 원형개발접근법

① DSS의 개발에 주로 사용되는 방식은 원형개발접근법으로 가능한 빠른 시간 안에 사용자의 기초적인 요구를 최대한 반영한 소규모 모형을 구축한 후 이를 점진적으로 개선해 나가는 시스템 개발방식을 말한다.

② 즉, 사용자와 설계자는 문제해결에 있어 중요한 요소들에 관하여 논의하고, 이러한 기본적인 요소들만을 포함하는 초기 시스템을 구축한다. 이 초기 시스템은 규모가 작으며 기본적인 골격만 갖춘 시스템으로 상대적으로 짧은 시간 내에 개발되게 된다.

③ 원형개발의 주된 목적은 사용자의 피드백을 최대화하기 위한 것이므로 원형에 있어서는 특히 사용자 인터페이스가 강조되어야 한다.

④ 원형접근법은 사용자의 피드백 시간을 단축시켜 요구사항을 보다 잘 반영하고 진보된 요구사항까지도 잘 파악할 수 있어 시스템 개발과정에 사용자를 적극적으로 참여하도록 유도하는 장점이 있다.

04 집단의사결정시스템

(1) 집단의사결정시스템의 개념

① 집단의사결정지원시스템(GDSS ; Group Decision Support System)은 여러 사람에 의해 결정되는 의사결정을 돕기 위해 개발된 시스템이다.

② GDSS의 연구영역에는 의사결정(decision making)과 권한수행(authoring)이라는 두 가지 기본 패러다임이 존재한다. 이들 패러다임은 각기 정보시스템과 컴퓨터 과학으로부터 출발하였다. 이 두 패러다임은 기본적으로 접근방식이 서로 다르나 동일한 목적을 가지고 있다.

(2) 집단의사결정지원시스템의 특징

① **특수설계**

㉠ GDSS 접근법은 그룹의사결정 환경에는 특수한 절차, 장치 그리고 접근법이 요구됨을

결정한다. 이 절차는 창조적인 사고와 효과적인 의사소통 및 훌륭한 의사결정 기법을 촉진해야 한다.

㉡ 오늘날 많은 전문적인 소프트웨어 패키지가 그룹의사결정의 모든 측면을 결정해 준다. 때로 그룹웨어라고 불리기도 하는 이 패키지를 통해 조직 내의 둘 이상의 개인이 효과적으로 협조하여 워드프로세싱, 데이터베이스, 스프레드시트 그리고 관련된 소프트웨어 패키지를 사용할 수 있다.

플러스 UP 그룹웨어

그룹웨어는 서로 떨어져 있는 사람들끼리 함께 협동하여 일할 수 있도록 해주는 프로그램들을 말한다. 즉, 다수의 사용자들이 타인과 정보를 공유하며 다수의 프로젝트를 공동으로 수행할 수 있게 지원해 주는 네트워크 기반의 소프트웨어이다. 대표적인 예는 화상회의 시스템, 전자결재, 전자우편 등이 있다.

② **간편한 사용** : 개별적 DSS와 마찬가지로 GDSS도 배우기 쉽고 사용하기 쉬워야 한다. 운영하기 어렵고 복잡한 시스템은 거의 사용되지 않을 것이므로 조잡하게 개발된 시스템에 대해 많은 그룹들은 개별적인 의사결정자들보다 덜 관대할 것이다.

③ **특정하고 일반적인 지원** : GDSS 접근법은 특정한 문제와 일반적인 문제 모두에 해답을 제공해야 한다. 일반화된 소프트웨어 패키지는 많은 그룹의사결정을 지원할 수 있다.

④ **부정적 그룹형태의 억제** : GDSS의 한 특징은 효과적인 의사결정에 비생산적이거나 해로운 그룹형태를 억제하거나 제거하는 것이다. 어떤 그룹의 경우 지배적인 몇 사람이 토론을 장악하여 그룹의 다른 구성원들이 창조적인 대안을 제시할 수 없도록 한다. 만약, 그룹회의가 잘못 계획되고 진행되면 그 결과는 엄청난 시간의 낭비가 될 것이다.

⑤ **긍정적 그룹형태의 지원**

㉠ 그동안 수많은 긍정적이고 매우 효과적인 그룹의사결정 접근법들이 총체적 의사결정으로 활용되어 왔다.

㉡ 집단의사결정지원시스템은 집단의사소통 및 집단의사결정을 보다 효과적으로 지원하기 위해 구축되는 시스템으로 브레인스토밍 기법(Brainstorming Technique), 그룹합의 접근법(Group Concensus Approach), 명목집단법(Nominal Group Technique), 델파이기법(Delphi Method) 등의 기타 접근법들도 사용될 수 있다.

(3) 집단의사결정지원시스템의 분류

① **기술차원의 분류**

㉠ 전형적인 GDSS는 그룹지원시스템(DSS ; Group Support System) 요소의 대부분과 그룹 구성원의 의사소통을 촉진하는 그룹웨어를 포함한다. 이것은 모델베이스, 그룹웨어, GDSS 프로세서 그리고 대화관리자를 포함한다.

㉡ 이때 사용자는 대화관리자와 상호작용하며 대화관리자는 GDSS 프로세서에 연결되고 GDSS는 다른 구성요소들과 상호작용한다.

㉢ GDSS는 그룹환경의 의사결정자들이 대안을 나열하고 데이터를 분석하며 결정에 도달하도록 도와주기 위해 전문화된 GDSS 그룹웨어를 포함할 수 있다. GDSS 프로세서는 근거리 통신망(LAN ; Local Area Network)이나 원거리 통신망(WAN ; Wide Area Network)에 연결되기도 한다.

㉣ GDSS 대화관리자는 GDSS 사용자들이 상호간에 의사소통하고 GDSS의 다른 구성요소들과 통신하는 것을 도와준다.

㉤ 집단의사결정지원시스템의 많은 다른 사양들이 계속 연구되고 있지만 기본적으로 하드웨어, 소프트웨어, 참석자, 절차의 구성요소를 포함해야 한다.

② **그룹요소에 따른 구분** : 의사결정자들 간의 의사소통에 영향을 미치는 요소에는 물리적 위치, 시간, 통제의 정도, 목표의 공통성 등 4가지가 있고 그 요소에 따라 GDSS를 분류할 수 있다.

플러스 UP 위성항법시스템

GNSS(Global Navigation Satellite System)는 위성항법시스템으로 인공위성 네트워크를 이용해 지상에 있는 목표물의 위치를 정확히 추적해내는 시스템이다.

05 중역정보시스템

(1) 중역정보시스템의 배경

① 기업 내 가장 주요한 의사결정을 하는 경영계층은 전사적 목표에 관련된 의사결정을 하는 최고경영층이다. 이들은 기업의 목표와 전략, 그리고 계획을 수립하는 등 기업활동의 방향에 결정적인 영향을 미치는 의사결정을 하기 때문이다.

② 이러한 최고경영층의 의사결정에 필요한 정보를 적시에 제공하고 필요한 경우 의사결정을 지원하는 시스템이 바로 중역정보시스템(EIS ; Executive Information System)이라고 할 수 있다.

(2) 중역정보시스템의 개념 및 특성

① 중역정보시스템(EIS)이란 '최고경영자가 경영의 관리적 계획, 감독 그리고 분석을 증진할 수 있도록 정보를 제공하기 위해 설계된 데이터 지향시스템(data- oriented system)'으로 정의할 수 있다.

② EIS는 요구되는 정보의 질, 사용자 인터페이스, 정보기술적 능력 등에서 다른 정보시스템과 구별되는 특징을 갖고 있다.

(3) 중역정보시스템의 기능

① 중역정보시스템은 최고경영층의 전략적 기획과 각종 의사결정 등의 경영활동에 필요한 정보 제공, 상세한 자료보다는 요약된 정보, 전략적 목적을 달성할 수 있는 결정적인 요인들에 관한 정보 제공, 주로 비정형적 업무지원, 사용하기 쉽고 이해하기 쉬우며 내용을 분석적으로 검토할 수 있는 기능 제공이 필요하다.

② **중역정보시스템(중역지원시스템)의 기능**

㉠ **주요 성공요인 추적기능** : 주요 성공요인은 기업의 목표달성 여부를 결정지을 수 있는 요소이기 때문에 긴밀한 추적이 필요하다.

㉡ **추세분석(trend analysis)기능** : 일련의 수치가 시간의 흐름에 따라 어느 방향으로 움직이는지를 파악한다.

㉢ **심층분석(drill-down analysis)기능** : 특정 항목에 대한 세부사항을 더 자세하게 여럿으로 세분화하면서 분석하는 기법으로, 매출액을 월별, 주별, 일별로 상세한 정보를 조회하는 기법이다.

㉣ **정보압축기능** : 데이터베이스의 방대한 데이터 및 정보를 종합하여 의사결정에 적용 가능한 요약정보의 형태로 추출할 필요가 있는데 이러한 기능을 말한다.

㉤ **예외보고기능** : 보다 상세하게 사용자가 허용할 수 있는 수준을 벗어나는 정보만을 파악할 수 있도록 한다.

(4) 중역정보시스템의 활용

① **경영자에게 필요한 정보의 종류** : 일반적으로 경영자가 필요한 정보의 종류는 요약정보, 경고정보, 주요 지표, 상황정보, 가십(Gossip), 그리고 외부정보 등과 같이 크게 여섯 가지의 정보로 나누어 볼 수 있다.

② **EIS의 요건** : 중역정보시스템은 사용하기 쉽고, 이해하기 쉬우며, 내용을 분석적으로 검토할 수 있는 기능을 제공할 수 있어야 한다. 키보드보다는 마우스나 터치스크린을, 복잡한 명령문보다는 쉬운 메뉴방식을, 표보다는 그래프로, 단편적인 내용보다는 문제점과 원인을 분석할 수 있는 정보제공체계를 갖추는 것이 요구된다.

플러스 UP 중역결정지원시스템(ESS)

중역결정지원시스템(ESS ; Executive Support System)은 최고경영층의 의사결정에 필요한 정보를 적시에 제공하고 의사결정을 지원하는 시스템이다. 주요 지표(Key Indicator)에는 기업의 목표와 전략, 계획수립 등의 기업활동 방향에 관련된 정보, 생산성, 불량률, 클레임 발생률, 재가공 비율, 원가구성비 등과 같이 조직성과를 측정하여 평가할 수 있는 주요 정보를 말한다. 이러한 지표는 가능한 경우 계량화되어 정보시스템에 의해 관리된다.

06 데이터 마이닝

(1) 데이터 마이닝(Data Mining)의 개념

① 데이터 마이닝(Data Mining)은 대량의 실제 데이터로부터 드러나지 않은 유용한 정보를 찾아내는 것으로 대량의 데이터에서 서로 연관 있는 것을 찾아내어 의사결정에 활용하려는 기법이다.

② 데이터베이스로부터 과거에는 원하는 정보를 알지 못했지만 데이터 속에서 유도된 새로운 데이터 모델을 발견하여 실행 가능한 유용한 정보를 도출해 내고 의사결정에 이용하는 것을 말한다.

(2) 데이터 마이닝의 기법

① **연관규칙탐사** : 서비스와 상품 간의 관계를 살펴보고 이로부터 유용한 규칙을 찾아내고자 할 경우 이용할 수 있는 기법이다. 장바구니분석이 대표적이다.

② **의사결정나무**(Decision tree) : 축적된 정보를 유형별로 구분하여 그룹으로 만들게 되면 그 모양이 마치 나무같다고 해서 의사결정나무라고 불리는 기법으로, 특정 상황과 그 결과의 연관을 나무 형태로 분석하여 의사결정을 지원하는 기법이다.

③ **군집분석** : 목적변수를 예측하기보다는 고객수입, 고객연령과 같이 속성이 비슷한 고객들을 함께 묶어서 몇 개의 의미 있는 군집으로 나누는 것을 목적으로 한다.

④ **인공신경망** : 인간 두뇌의 복잡한 현상을 모방하여 신경망처럼 생긴 구조를 모형화하고, 기존에 수집된 자료로부터 반복적인 학습과정을 거쳐서 데이터에 내포되어 있는 규칙을 찾아내는 기법이다.

⑤ **사례기반추론** : 주어진 새로운 문제나 과제를 기존의 문제해결 사례를 바탕으로 하여 그 문제나 과제에 맞게 응용하여 해결해 나가는 기법이다.

(3) 데이터 마이닝의 정보유형

① **연관**(Association) : 데이터 안에 존재하는 항목 간의 종속관계를 찾아내는 작업. 제품이나 서비스의 교차판매, 매장진열, 첨부우편 등의 다양한 분야에 활용한다.

② **순차**(Sequences) : 연관에 시간관련 정보가 포함된 형태. 시간의 흐름이 포함되어 있어 연관에 비해 더 구체적이며 목표 마케팅이나 일대일 마케팅에 바로 활용이 가능하다.

③ **분류**(Classifications) : 부류값이 포함된 과거의 데이터로부터 부류별 특성을 찾아내어 분류모형을 만들고, 이를 토대로 새로운 레코드의 부류값을 예측하는 것을 말한다. 예로는, 신용카드회사의 고객에 대한 신용평가모형이 대표적이다.

④ **군집화**(Clusters) : 레코드들을 유사한 특성을 지닌 몇 개의 소그룹으로 분할하는 작업. 분석하고자 하는 데이터에 부류가 포함되어 있으면 분류작업이고 포함되어 있지 않으면 군집화작업이다.

⑤ **예측**(Forecasting) : 대용량 데이터 집합 내의 패턴을 기반으로 미래를 예측한다(수요 예측).

플러스 UP 텍스트 마이닝(Text Mining)

㉠ 텍스트 마이닝(Text Mining)은 빅데이터의 분석방법 중 하나이다. 이는 비정형 텍스트 데이터(신문・잡지기사, 여론조사, 논문, 보고서 등)에서 가치와 의미가 있는 정보를 찾아내는 기법이다. 예를 들면, 인터넷 등에 올라온 글에서 특정 주제와 관련된 부분을 뽑아 의미를 분석하고 필요한 정보를 추출하는 기법을 말한다.
㉡ 데이터 마이닝이 구조화되고 사실적인 방대한 데이터베이스에서 관심 있는 패턴을 찾아내는 기술 분야라면, 텍스트 마이닝은 구조화되지 않은 텍스트에서 의미를 찾아내는 기술 분야이다.

플러스 UP 웹 마이닝(Web Mining)

웹 마이닝은 웹에서 발생되는 데이터를 분석하기 위한 데이터 마이닝 방법론을 말한다.
㉠ **웹구조 마이닝** : 최적의 알고리즘을 이용하여 사용자의 접속경로에서 일정한 패턴을 찾는 과정
㉡ **웹내용 마이닝** : 일반적인 웹 정보검색을 통해서 패턴을 찾는 분석
㉢ **웹사용 마이닝** : 웹 사용자의 사용흔적 분석에 의한 것으로 웹 서버에 접속하는 사용자의 접속패턴을 분석하여 찾는 방법

CHAPTER 6 기출유형 다잡기

01 **조직(혹은 개인)이 문제의 해결이나 불만족스러운 조건을 개선하기 위하여 대안들을 모색하고, 그 중에서 조직의 목적을 가장 효과적으로 달성할 수 있는 한 가지 방안을 최종 선택하는 과정을 무엇이라 하는가?**

① 문제해결 ② 의사결정
③ 문제탐색 ④ 데이터 마이닝

해설 의사결정이란 조직(혹은 개인)이 문제의 해결이나 불만족스러운 조건을 개선하기 위하여 대안들을 모색하고, 그 중에서 조직의 목적을 가장 효과적으로 달성할 수 있는 한 가지 방안을 최종 선택하는 과정을 의미한다.

02 **의사결정지원시스템을 구성하는 하부시스템으로 옳지 않은 것은?** 2019년 기출

① 중역정보시스템 ② 데이터베이스 시스템
③ 지식베이스 시스템 ④ 사용자 인터페이스

해설 의사결정지원시스템(DSS)은 데이터베이스 시스템(데이터관리 하위시스템), 모델베이스 시스템, 지식베이스 하위시스템, 사용자 인터페이스, 사용자 등으로 구성된다.
① 중역정보시스템(EIS)은 최고경영층(중역)의 의사결정에 필요한 정보를 적시에 제공하고 필요한 경우 의사결정을 지원하는 시스템이다. DSS의 하부시스템은 아니다.

03 **다음 중 의사결정과정에 속하지 않는 것은?**

① 탐색 ② 평가
③ 설계 ④ 수행

해설 의사결정은 탐색(intelligence), 설계(design), 선택(choice) 및 수행(implementation)의 4단계로 이루어져 있다.

정답 01 ② 02 ① 03 ②

04 **데이터베이스로부터 의사결정에 필요한 데이터나 정보를 추출하기 위한 의사결정지원시스템의 구성요소는?** ✔ 2016년 기출유사

① 데이터관리 하위시스템　② 모형관리 하위시스템
③ 지식기반 하위시스템　④ 입력기반 하위시스템

해설 의사결정지원시스템의 구성요소는 데이터관리 하위시스템, 모형관리 하위시스템, 지식기반 하위시스템, 그리고 사용자 인터페이스 등으로 이루어져 있다. 데이터관리 하위시스템은 데이터베이스로부터 의사결정에 필요한 데이터나 정보를 추출하기 위한 것이다.

05 **다음 중 의사결정지원시스템(DSS)의 역할로 볼 수 없는 것은?**

① 비구조적·반구조적 의사결정에 관한 문제를 분석할 때 지원해 주는 시스템이다.
② 최고경영층뿐만 아니라 모든 경영층의 의사결정에 도움을 준다.
③ 일상적인 거래업무를 자동화하고 관리·통제하는 데 효율적이다.
④ 불확실한 기업환경하에서 의사결정에 필요한 정보와 분석수단을 제공한다.

해설 데이터처리시스템들은 기업의 일상적인 거래업무를 자동화하고 통제하는 데에는 성공적이었으나, 경영관리자의 의사결정을 지원하는 데에는 실패하였다. 그 이유는 경영관리자가 의사결정을 할 때 접하는 문제의 유형과 상황이 매우 다양하고 예측하기 어렵기 때문에, 기업의 일상적 운영 및 관리통제를 목적으로 구축된 시스템들은 다양한 의사결정자의 요구를 충족시킬 수 없었기 때문이었다. 이러한 단점을 극복하기 위해 등장한 것이 의사결정지원시스템(DSS)이다.

06 **의사결정지원시스템의 특징으로 옳지 않은 것은?** ✔ 2018년 기출

① 시나리오 분석　② 일상적 의사결정 지원
③ 데이터 수집 프로세스 자동화　④ 데이터 열람 및 분석 모델 실행

해설 의사결정지원시스템(DSS)의 특징으로는 다양한 데이터의 원천, 대화식 정보처리와 그래픽 디스플레이 강화, 의사결정 환경의 변화를 반영할 수 있는 유연성, 경영층의 비구조적인 의사결정 지원, 데이터베이스와 모델베이스 지원 등이다.
② DSS는 비구조적이거나 반구조적인 의사결정문제의 해결을 지원하는 정보시스템이다.

07 **하나 또는 여러 개의 변수값을 변화시켰을 때 결과값 또는 다른 변수값에 미치는 영향을 분석하는 것은?**

① 목표탐색 분석　② What-If 분석
③ 민감도 분석　④ 최적화 분석

정답 04 ① 05 ③ 06 ② 07 ②

해설 What-If 분석은 민감도 분석의 일종으로 하나 또는 여러 개의 변수값을 변화시켰을 때, 결과값 또는 다른 변수값에 미치는 영향을 분석하는 것이다.

08 **단지 한 개의 변수만이 계속적으로 변경되고, 그 결과로 발생하는 다른 변수들의 변화를 관찰하는 것은?**

① 목표탐색 분석 ② What-If 분석
③ 민감도 분석 ④ 최적화 분석

해설 민감도 분석은 단지 한 개의 변수만이 계속적으로 변경되고, 그 결과로 발생하는 다른 변수들의 변화를 관찰하는 것이다.

09 **다음 중 의사결정지원시스템에 대한 설명으로 옳은 것은?**

① 정보기술을 기업경영에 응용한다.
② 의사결정자의 역할을 대신해서 조직의 모든 의사결정을 수행한다.
③ 효과성(effectiveness)보다는 효율성(efficiency)을 더 추구한다.
④ 컴퓨터를 이용하여 기업경영과 관련된 모든 문제에 관해 의사결정을 지원한다.

해설 ① 의사결정지원시스템은 컴퓨터를 사용하여 정형화되지 않은 문제에 관해 최고경영층을 포함한 모든 경영층의 의사결정자가 효과적인 의사결정을 할 수 있도록 지원하는 체계로 정의할 수 있다. 일반적으로 사용되는 의사결정지원시스템은 고도의 정보기술을 기업경영에 응용한다는 측면에서 이해될 수 있기 때문에 컴퓨터의 존재는 암묵적으로 가정한다.

10 **집단의사결정지원시스템(GDSS)의 특성이 아닌 것은?**

① 간편한 사용 ② 긍정적 그룹형태의 억제
③ 특정하고 일반적인 지원 ④ 특수설계

해설 집단의사결정지원시스템의 특성은 특수설계, 간편한 사용, 부정적 그룹형태의 억제, 특정하고 일반적인 지원, 그리고 긍정적 그룹형태의 지원으로 설명된다.

11 **중역정보시스템이 다른 정보시스템과 구별되는 특징이 아닌 것은?**

① 하드웨어 ② 사용자 인터페이스
③ 정보의 질 ④ 정보기술적 능력

정답 08 ③ 09 ① 10 ② 11 ①

해설 중역정보시스템이 다른 정보시스템과 구별되는 특징은 정보의 질, 사용자 인터페이스, 정보기술적 능력 등이다.

12 규칙기반에서의 탐색과정을 무엇이라고 하는가?

① 프레임
② 추론
③ 검색
④ 규칙베이스

해설 프레임이란 어떤 대상이 공통요소로 인해 구조화된 틀로 표현되는 것이며, 검색은 필요한 자료를 찾아내는 일을 말한다. 그리고 규칙베이스란 규칙으로 이루어진 지식베이스를 말한다.

13 그룹이 그들만의 사회구조를 형성하여 그룹에 효율적이고 효과적인 조직을 형성한다는 전제 하에 생성된 시스템은?

① 오소링 시스템
② 모델베이스 시스템
③ 문서시스템
④ 의사결정지원시스템

해설 GDSS를 권한수행(Authoring GDSS)하는 것은 단일작업에서 그룹상호작용을 지원하기 위해 개발되어져 왔다. 오소링 시스템은 그룹이 그들만의 사회구조를 형성하여 그룹에 효율적이고 효과적인 조직을 형성한다는 전제 하에 생성되었다. 이러한 그룹 프로세스에 관한 연구는 그룹을 보다 잘 지원할 수 있는 도구를 개발해내도록 만들었다. 이러한 시스템의 예로 모든 그룹구성원이 동일한 문서에 공동작업을 할 수 있는 그룹에디터를 들 수 있다.

14 다음 〈보기〉에서 설명하는 중재자의 유형은?

> 보기
> 응용분야에 관한 일반지식, 정규 비즈니스 관리교육, 의사결정지원시스템 구축도구에 대한 상당한 기술을 보유한 사람이다.

① 보조 스태프
② 그룹 촉진자
③ 도구 사용 전문가
④ 비즈니스 시스템 분석가

해설 그룹 촉진자(Group Facilitator)는 리더가 집단적인 노력을 통해 집단의 응집력과 팀워크를 확립하며 구성원들 간의 상호 문제를 해결하는 데 관심을 가지게 하는 것으로, 응용분야에 관한 일반지식, 정규 비즈니스 관리교육, 의사결정지원시스템 구축도구에 대한 상당한 기술을 보유한 사람이다.

정답 12 ② 13 ① 14 ②

15 **의사결정에 필요한 다양한 모델을 저장하고 있는 관리시스템은?**

① 사용자 인터페이스
② 모델베이스 시스템
③ 데이터베이스 시스템
④ 의사결정지원시스템

해설 모델베이스 시스템은 의사결정에 필요한 다양한 모델 등을 저장하고 있는 모델베이스와 이들을 관리하는 모델베이스 관리시스템(MBMS ; Model Base Management System)으로 구성된다. 특히, 모델베이스 시스템은 의사결정에 필요한 모델을 개발・수정하고 통제하는 기능을 제공함으로써 의사결정지원에 있어 핵심적인 역할을 수행한다.

16 **데이터의 입력과 출력, 그리고 다양한 분석과정에서 일어나는 사용자와 시스템 간의 인터페이스 환경을 제공하는 시스템모듈을 무엇이라 하는가?**

① 사용자 인터페이스
② 모델베이스 시스템
③ 집단의사결정지원시스템
④ 의사결정지원시스템

해설 사용자 인터페이스는 데이터의 입력과 출력, 그리고 다양한 분석과정에서 일어나는 사용자와 시스템 간의 인터페이스 환경을 제공하는 시스템 모듈을 말한다. 주로 메뉴방식이나 그래픽 처리형식을 이용하여 사용자가 이해하기 쉽고 사용하기 쉬운 대화기능을 제공하기 때문에 대화생성 및 관리 소프트웨어(DGMS ; Dialogue Generation and Management Software)라고도 한다.

17 **다음 중 의사결정지원시스템에 대한 설명으로 가장 틀린 것은?** ✔ 2017년 기출유사

① 프로그램화할 수 없는 비정형적・비구조적 의사결정을 위한 다양한 지원을 하는 시스템이다.
② 사용자들이 기업의 의사결정을 보다 쉽게 할 수 있도록 하기 위해 사업자료를 분석해주는 컴퓨터 응용 프로그램을 말한다.
③ 기업경영에서 당면하는 여러 가지 의사결정문제를 해결하기 위해 복수의 대안을 개발하고, 비교・평가하며, 최적안을 선택하는 의사결정과정을 지원한다.
④ 주로 사용하는 의사결정지원시스템에는 중역정보시스템, 전문가시스템 등이 있다.

해설 의사결정지원시스템은 데이터베이스 시스템, 모델베이스 시스템, 사용자 인터페이스, 사용자 등으로 구성된다.

정답 15 ② 16 ① 17 ④

18 **데이터 마이닝에서 얻을 수 있는 정보의 유형에 대한 예시로 옳지 않은 것은?**

① 군집화 : 지난 달 핸드크림의 판매량을 통해 새로 출시할 매니큐어의 판매량을 예측하였다.

② 연관 : 슈퍼마켓의 구매패턴에 관한 조사에서 옥수수칩을 구매할 때마다 콜라의 구매도 65% 일어났지만, 판촉활동을 하면 콜라의 동반 판매가 85%가 되었다.

③ 분류 : 카드사에서 이탈할 것 같은 고객의 특성을 발견하고 이 고객을 유지할 수 있는 특별 캠페인을 고안하였다.

④ 순차 : 집을 구매한 사람이 2주 내에 냉장고를 구매할 비율은 65%였고, 1달 내에 오븐을 구매할 비율은 45%였다.

해설 ① **군집화**(clusters) : 레코드들을 유사한 특성을 지닌 몇 개의 소그룹으로 분할하는 작업이다. 분석하고자 하는 데이터에 부류가 포함되어 있으면 분류작업이고, 포함되어 있지 않으면 군집화 작업이다.

② **연관**(association) : 데이터 안에 존재하는 항목 간의 종속관계를 찾아내는 작업. 제품이나 서비스의 교차판매, 매장진열, 첨부우편 등의 다양한 분야에 활용한다.

19 **주로 선형계획법과 같은 경영과학기법이 이용되며, 특정 제약식이 주어졌을 때 하나 이상의 목표변수의 최적값을 구하는 분석은?**

① 목표탐색 분석
② 최적화 분석
③ What-If 분석
④ 민감도 분석

해설 최적화 분석은 목표탐색 분석과 비슷하나 보다 복잡한 범주에 속한다. 목표탐색 분석은 구체적인 목표치를 설정하는 반면, 최적화 분석의 목적은 특정 제약식이 주어졌을 때 하나 이상의 목표변수의 최적값을 구하는 것이다. 최적화 분석에는 주로 선형계획법과 같은 경영과학기법이 이용되며, 문제가 복잡한 경우 이를 효율적으로 풀기 위한 소프트웨어들이 패키지로 제공되고 있다.

20 **다음 중 의사결정지원시스템(DSS)이 필요한 의사결정 내용은?**

① 급여처리
② 주문입력
③ 제품가격
④ 주요 뉴스목록

해설 의사결정지원시스템은 기업경영에서 당면하는 여러 가지 의사결정문제를 해결하기 위해 복수의 대안을 개발하고, 비교·평가하며, 최적안을 선택하는 의사결정과정을 지원하는 정보시스템으로 정의된다.
①, ②, ④는 이미 결정된 사안이므로 의사결정지원시스템이 필요가 없으나, 제품가격은 의사결정시스템(DSS)이 필요한 의사결정 내용에 해당한다.

정답 **18** ① **19** ② **20** ③

21 다음 중 집단의사결정지원시스템이 아닌 것은?

① GSS ② EIS
③ PIMS ④ GNSS

해설 ③ PIMS(Personal Information Management System)는 개인정보관리이다. 즉, 컴퓨터나 네트워크 사용자들이 개인정보를 쉽게 관리할 수 있게 해주는 소프트웨어 프로그램을 말하기도 하고, 개인정보를 관리할 수 있는 웹사이트를 의미하기도 한다.
① GSS(Group Support System)는 그룹지원시스템을 말한다.
② EIS(Executive Information System)는 최고경영층의 의사결정에 필요한 정보를 적시에 제공하고 필요한 경우 의사결정을 지원하는 시스템으로 중역정보시스템(EIS)이다.
④ GNSS(Global Navigation Satellite System)는 위성항법시스템으로 인공위성 네트워크를 이용해 지상에 있는 목표물의 위치를 정확히 추적해내는 시스템이다.

22 주로 비구조적 혹은 반구조적 문제를 해결하기 위해 의사결정자가 데이터와 모델을 활용할 수 있게 해주는 대화식 컴퓨터시스템은?

① 지식관리시스템(KMS) ② 의사결정지원시스템(DSS)
③ 시스템 유틸리티 ④ 시스템 소프트웨어

해설 의사결정지원시스템(Decision Support System)은 컴퓨터를 사용하여 정형화되지 않는 문제(즉, 주로 비구조적 혹은 반구조적인 문제로 문제의 일부 측면은 계량화가 가능하나, 일부는 주관적으로 다룰 수밖에 없는 문제)에 관해 의사결정자가 효과적인 의사결정을 할 수 있도록 지원하는 것이다.

23 다음 〈보기〉에서 설명하는 것은?

보기
비즈니스 인텔리전스(BI)시스템의 주요 구성요소 중 하나로, 기업의 주요 계량척도 및 성과지표의 현황을 일목요연하게 보여주는 데이터 시각화 툴이다.

① 대시보드 ② 데이터 마이닝
③ 컨트롤차트 ④ 인포테인먼트

해설 ② **데이터 마이닝**(Data Mining) : 대용량의 데이터베이스로부터, 과거에는 찾아내지 못했던 데이터 모델을 새로이 발견하여 실행 가능한 유용한 지식을 추출해 내는 과정을 의미한다. 즉, 기업의 주요 계량척도 및 성과지표의 현황을 일목요연하게 보여주는 데이터 시각화 툴이다.
① **대시보드**(Dashboard) : 한 화면에서 다양한 정보를 중앙집중적으로 관리하고 찾을 수 있도록 하는 사용자 인터페이스(UI) 기능으로, 여러 종류의 웹기반 콘텐츠를 재사용할 수 있도록 구성한다.

정답 21 ③ 22 ② 23 ②

③ **컨트롤차트** : 시간의 경과에 따른 프로세스 성능을 측정하고 안전성과 성능의 실행, 정의를 내리기 때문에 프로세스 행동을 분석하는 이상적인 툴이다.
④ **인포테인먼트**(Infotainment) : 정보(information)와 오락(entertainment)의 합성어로, 정보의 전달에 오락성을 가미한 소프트웨어 또는 미디어를 가리키는 용어이다.

24 정보시스템의 의사결정에서 효율성과 효과성에 대한 설명으로 틀린 것은?

① 효율성(Efficiency)은 방법(How)의 문제를 다룬다.
② 효과성(Effectiveness)은 대상(What)의 문제를 다룬다.
③ 형태적 측면은 정보시스템에 영향을 주는 정치적 · 정책적 · 조직적 요소들에 대한 것이다.
④ 기술적 측면은 인적 요소를 포함하여 조직 전체의 관점에서 옳은지 그른지에 초점을 둔다.

해설 ① 의사결정에 있어서 효율성은 방법(How)에 관한 문제이다.
② 효과성은 대상(What)에 관한 문제이다.
③ **형태적 측면** : 정보시스템에 영향을 주는 정치적 · 정책적 · 조직적 · 인적 요소들에 대한 것이다.
④ **기술적 측면** : 모든 사람들이 이성적으로 행동한다는 전제에서 출발하며, 최상의 기술적인 능력으로 시스템을 만든다는 데 초점을 둔다.

25 다음 〈보기〉의 설명에 해당하는 정보시스템은?

✔ 2019년 기출

보기

- 의사결정자들이 회의실 원탁에 둘러앉아서 얼굴을 맞대고 대화를 하거나 각자의 앞에 놓여 있는 컴퓨터 시스템을 사용하여 회의한다.
- 여러 명의 의사결정자가 두세 개 이상의 의사결정 회의실을 연결하여 의사결정을 한다.
- 의사결정자들이 공간적으로 널리 분산되어 있는 경우에 사용하며, 인터넷과 같은 원거리 통신망을 이용하여 정보를 분석하거나 공유한다.

① 전문가시스템　② 영상인식시스템
③ 지능정보시스템　④ 그룹의사결정지원시스템

해설 제시된 내용은 그룹의사결정지원시스템에 대한 설명이다. 그룹의사결정지원시스템(GDSS)은 여러 사람에 의해 결정되는 의사결정을 돕기 위해 개발된 시스템이다.

정답 24 ④ 25 ④

26 **다음 중 중역정보시스템(EIS)의 특성에 대한 설명으로 틀린 것은?**

① 편리한 사용자 인터페이스를 제공한다.
② 최고경영층의 경영활동에 필요한 활동을 지원한다.
③ 기업 내부는 물론 기업 외부의 데이터를 이용한다.
④ 구조적인 문제를 해결하는 데 유용하다.

해설 중역정보시스템(EIS)은 경영에 필요한 내・외부의 다양한 정보자원들로부터 핵심정보를 회사중역과 최고경영진에게 사용하기 쉬운 화면으로 제공하는 시스템이다. 즉, 중역 혹은 최고경영자들이 조직의 성공적인 경영을 위하여 필요로 하는 조직 내부 혹은 조직 외부의 정보를 효과적으로 제공할 수 있는 컴퓨터 기반의 정보시스템이라고 할 수 있다. 또한 중역정보시스템은 요구되는 정보의 질, 사용자 인터페이스, 정보기술적 능력 등에서 다른 정보시스템과 구별되는 특징을 갖고 있다.

27 **다음 〈보기〉는 무엇에 대한 설명인가?**

> 보기
> 한 변수의 변화가 어떻게 다른 변수들에 영향을 미치는가를 관찰하는 대신, 목표치를 설정하고 그 목표치를 달성할 수 있는 관련변수의 값을 찾는 분석방법을 말한다.

① 목표탐색 분석
② What-If 분석
③ 민감도 분석
④ 최적화 분석

해설 목표탐색 분석은 한 변수의 변화가 어떻게 다른 변수들에 영향을 미치는가를 관찰하는 대신, 목표치를 설정하고 그 목표치를 달성할 수 있는 관련변수의 값을 찾는 분석방법을 말한다.

28 **브레인스토밍(Brainstorming), 명목집단법(NGT ; Nominal Group Technique), 델파이기법(Delphi Method) 등이 가장 필요한 시스템은?**

① 지식정보시스템
② 재무정보시스템
③ 생산자동화시스템
④ 집단의사결정지원시스템

해설 ④ 집단의사결정지원시스템은 집단의사소통 및 집단의사결정을 보다 효과적으로 지원하기 위해 구축되는 시스템으로, 브레인스토밍 기법(Brainstorming Technique), 그룹합의 접근법(Group Concensus Approach), 명목집단법(Nominal Group Technique), 델파이기법(Delphi Method) 등의 기타 접근법들도 사용될 수 있다.

정답 26 ④ 27 ① 28 ④

29 OLAP의 기술을 기반으로 발전된 기술은?

① 데이터 마이닝
② 유전자 알고리즘
③ 사례기반추론
④ 인공신경망

해설 데이터 마이닝은 OLAP의 기술을 기반으로 이용되는 것이다.

30 다음 중 의사결정지원시스템에 포함되는 분석모델에 해당되지 않는 것은?

① 최적화모델
② 수요예측모델
③ 민감도 분석모델
④ 판매자 형태분석모델

해설 의사결정지원시스템에 포함되는 분석모델로는 민감도 분석, What-If 분석(시나리오 분석), 목표탐색 분석, 최적화 분석 등이 있다.
②의 수요예측모델의 경우 의사결정지원시스템에 속하는 분석모델이다.
④의 판매자 형태분석모델의 경우는 의사결정지원시스템에 해당되지 않는다.

31 의사결정지원시스템에서 지원대상 업무의 예로 옳지 않은 것은?

✔ 2018년 기출

① 금융상품 이벤트 정보의 수집 및 요약
② 항공사의 가격책정에 대한 민감도 분석
③ 월 상환액이 50만 원이 되도록 하는 융자총액 역계산
④ 이자율과 상환기간이 다른 금융상품 대안에 대한 비교분석

해설 의사결정지원시스템(DSS)은 컴퓨터를 사용하여 정형화되지 않는 문제(주로 반구조적인 문제)에 관해 의사결정자가 효과적인 의사결정을 할 수 있도록 지원하는 것이다. 지원대상 업무는 예측, 비교분석 등이다.

32 다음 중 웹 마이닝의 종류에 해당하지 않는 것은?

① 웹사용 마이닝
② 웹형태 마이닝
③ 웹내용 마이닝
④ 웹구조 마이닝

해설 웹 마이닝은 웹상에서 발생되는 데이터를 분석하기 위한 데이터 마이닝의 방법이다. 웹 마이닝의 종류에는 웹구조 마이닝, 웹내용 마이닝, 웹사용 마이닝이 있다.
㉠ **웹구조 마이닝** : 최적의 알고리즘을 이용하여 사용자의 접속경로에서 일정한 패턴을 찾는 분석
㉡ **웹내용 마이닝** : 일반적인 웹 정보검색을 통해서 패턴을 찾는 분석
㉢ **웹사용 마이닝** : 웹 사용자의 사용흔적 분석에 의한 것으로 웹서버에 접속하는 사용자의 접속패턴을 분석하여 찾는 방법

정답 29 ① 30 ④ 31 ① 32 ②

33 **중역정보시스템에서 지원하는 기능으로 적절하지 않은 것은?** 2019년 기출

① 추세 보기　② 예외 보기
③ 주문 처리　④ 상세 정보 보기

해설 중역정보시스템의 기능에는 주요 성공요인 추적기능, 추세(심층)분석(drill-down)기능, 정보압축기능, 예외보고기능 등이 있다. 중역정보시스템은 최고경영층의 전략적 기획과 각종 의사결정 등 경영활동에 필요한 정보를 신속하게 얻을 수 있게 지원하는 시스템이다. 상세한 자료보다는 요약된 정보, 전략적 목적을 달성할 수 있는 결정적인 요인들에 관한 정보 제공, 주로 비정형적 업무지원, 사용하기 쉽고 이해하기 쉬우며 내용을 분석적으로 검토할 수 있는 기능 제공, 상용화된 패키지 또는 이를 개선한 형태이다.

34 **마이클 포터의 가치사슬에서 본원적 활동과 적용가능한 응용업무의 연결이 잘못된 것은?**

① 입고 - 창고자동화　② 운영・생산 - 유연생산체제
③ 출고 - 자동주문처리　④ 서비스 - 텔레마케팅

해설 본원적 활동과 적용가능한 응용업무

입고	창고자동화
운영・생산	유연생산체제
출고	자동주문처리
마케팅・판매	텔레마케팅, 영업사원을 위한 원격터미널
서비스	원격서비스, 일정계획 자동화와 수리차량 배차

35 **다음 중 포터(Porter)가 제시한 근원적인 전략(Strategy)에 속하지 않는 것은?**

① 원가우위전략(Cost Leadership)
② 차별화전략(Differentiation)
③ 집중화전략(Focus)
④ 분산전략(Diversification)

해설 마이클 포터(M. E. Porter)가 제시한 평균 이상의 성과를 내기 위한 3가지 근원적인 전략에는 원가우위전략(Cost Leadership), 차별화전략(Differentiation), 집중화전략(Focus)이 있다.

정답 33 ③ 34 ④ 35 ④

36 다음 〈보기〉의 설명에 해당하는 것은? ✔ 2019년 기출

> 보기
> • 상품이나 서비스의 거래 기록 데이터로부터 상품 간의 연관성을 측정하여 연관성이 많은 상품을 그룹화하는 기법의 일종이다.
> • 동시에 구매될 가능성이 큰 상품을 찾아내어 교차판매에 적용할 수 있다.
> • 해당 기법을 통해 도출된 연관규칙은 '~이면 ~이다'와 같은 형식으로 표현한다.

① 장바구니 분석
② 의사결정나무 분석
③ 신경망 모형 분석
④ 유전자 알고리즘 분석

해설 장바구니 분석(Market Basket Analysis)은 고객의 장바구니에 들어 있는 상품들 간의 구매연관관계를 파악하고자 하는 방법이다. 즉, 장바구니 분석은 데이터 안에 존재하는 항목 간의 종속관계를 찾아내는 작업이며, 마케팅에서는 손님의 장바구니에 들어 있는 품목 간에 관계를 알아본다는 의미에서 장바구니 분석이라 한다.

37 데이터 마이닝 기법 중 뇌세포의 복잡한 연결구조를 모방하여 서로 관계를 설명할 수 있는 선형관계에서부터 관계설명이 어려운 비선형관계까지 분석이 가능하도록 만드는 기법은? ✔ 2014년 기출

① 인공신경망
② 군집분석
③ 연관규칙탐사
④ 의사결정나무

해설 ① **인공신경망** : 인간 두뇌의 복잡한 현상을 모방하여 신경망처럼 생긴 구조를 모형화하고, 기존에 수집된 자료로부터 반복적인 학습과정을 거쳐서 데이터에 내포되어 있는 규칙을 찾아내는 기법이다.
② **군집분석** : 군집이라는 단어가 의미하는 유사한 속성을 가진 집단을 분류하여 분석하는 기법을 말한다.
③ **연관규칙탐사** : 서로 연관이 있는 요소들을 분석하여 규칙을 찾아냄으로써 경영의사결정을 지원하는 기법을 말한다.
④ **의사결정나무** : 축적된 정보를 유형별로 구분하여 그룹으로 만들게 되면 그 모양이 마치 나무(Tree)같다고 해서 의사결정나무라고 불리는 기법으로, 특정 상황과 그 결과의 연관을 나무 형태로 분석하여 의사결정을 지원하는 기법이다.

38 다음 중 데이터 마이닝에 많이 이용되는 분석방법에 해당되지 않는 것은? ✔ 2016년 기출

① 의사결정나무
② K-평균군집화
③ 최적화 분석
④ 장바구니 분석

해설 ③ 최적화 분석은 의사결정지원시스템에 해당한다.

정답 36 ① 37 ① 38 ③

39 **데이터 마이닝 기법 중 데이터 안에 존재하는 항목 간의 종속관계를 찾아내는 기법은?**

① 의사결정나무 ② K-평균군집화
③ 인공신경망 ④ 장바구니 분석

해설 ④ 장바구니 분석(Market Basket Analysis)은 고객의 장바구니에 들어 있는 상품들 간의 구매연관관계를 파악하고자 하는 방법이다. 즉, 장바구니 분석은 데이터 안에 존재하는 항목 간의 종속관계를 찾아내는 작업이며, 마케팅에서는 손님의 장바구니에 들어 있는 품목 간에 관계를 알아본다는 의미에서 장바구니 분석이라 한다.
② K-평균군집화(K-Means Clustering)는 군집화 기법 중 주로 사용되는 기법으로 데이터를 비슷한 속성을 가진 것들끼리 그룹화한다. 대용량의 자료에서 군집을 발견하는 데 효과적인 방법으로 알려져 있다.

40 **다음 〈보기〉에서 설명하는 중역지원시스템(ESS)의 기능은?** 2014년 기출

보기
중역이 각 경영요소의 성과에 대한 고수준의 요약정보를 제공받고, 이들 요소 중 어느 하나를 선택해서 강조하면 이 요약정보에 대한 보다 구체적인 내용이 다음 아래 수준에서 제시되고, 상세한 정보로 제공된다.

① 추세분석(trend analysis) ② 심층분석(drill-down analysis)
③ 정보압축 ④ 예외보고

해설 **중역지원시스템**(ESS ; Executive Support System) : 중역정보시스템(EIS ; Executive Information System)이라고도 한다. 기능에는 주요 성공요인 추적기능, 추세분석(trend analysis)기능, 심층분석(drill-down analysis)기능, 정보압축기능, 예외보고기능 등이 있다.
㉠ **주요 성공요인 추적기능** : 주요 성공요인은 기업의 목표달성 여부를 결정지을 수 있는 요소이기 때문에 긴밀한 추적이 필요하다.
㉡ **추세분석**(trend analysis)**기능** : 일련의 수치가 시간의 흐름에 따라 어느 방향으로 움직이는지를 파악한다.
㉢ **심층분석**(drill-down analysis)**기능** : 특정 항목에 대한 세부사항을 더 자세하게 여럿으로 세분화하면서 분석하는 기법으로, 매출액을 월별, 주별, 일별로 상세한 정보를 조회하는 기법이다.
㉣ **정보압축기능** : 데이터베이스의 방대한 데이터 및 정보를 종합하여 의사결정에 적용가능한 요약정보의 형태로 추출할 필요가 있는데 이러한 기능을 말한다.
㉤ **예외보고기능** : 보다 상세하게 사용자가 허용할 수 있는 수준을 벗어나는 정보만을 파악할 수 있도록 한다.

정답 39 ④ 40 ②

CHAPTER 7

인공지능과 전문가시스템

01 인공지능의 개념과 응용

(1) 인공지능의 개념

① 인공지능의 개념

㉠ 인공지능(AI ; Artificial Intelligence)에 대해서는 여러 가지 정의가 내려져 있다. 대체로 컴퓨터로 하여금 인간의 행동에서 나타나는 지능과 흡사한 특징을 지닌 지능적인 컴퓨터 시스템을 고안하는 것을 말한다.

㉡ 여기서 지식을 컴퓨터 내에 어떻게 표현하는가라는 '지식표현'의 과목이 인공지능의 연구에 큰 기둥이 되어 지식의 활용을 전면적으로 내세우는 지식공학(Knowledge Engineering)이 등장하게 되었다.

② 인공지능의 영역

㉠ 지식공학이란 지식베이스 시스템(Knowledge Based System), 즉 지식베이스와 추론기구로부터 이루어진 문제해결지원 시스템을 실현하는 기술을 말하는데, 전문가시스템(ES)은 특히 대상영역에 대한 전문가 지식을 지식베이스로 축적하여 상당히 고도의 문제를 취급하는 지식베이스 시스템을 말한다.

㉡ 따라서 인공지능과 전문가시스템은 서로 별개의 것이 아니라 인공지능의 범주 내에서 전문가시스템을 파악하여야 할 것이다.

㉢ 인공지능에 필요한 4가지 능력은 학습(지식의 획득능력), 이해(패턴인식), 지식(지식을 이용한 능력), 추론(유추능력) 등이다.

㉣ 인공지능(AI)에 관한 연구는 대체로 전문가시스템, 자연어 처리, 로봇공학(Robotics), 인공신경망, 생명공학, 의료, 멀티미디어, 자율주행차(self-driving car) 등의 영역에서 이루어지고 있다. 로보틱스, 즉 로봇공학은 인간과 유사한 동작을 할 수 있는 기계의 연구나 개발을 하는 대표적인 인공지능의 활용분야이다.

(2) 지능형 의사결정기술

① 인공신경망(Artificial Neural Networks)

㉠ 인공신경망은 이름 그대로 생물학적 두뇌의 작동원리를 그대로 모방하여 새로운 형태의 알고리즘을 만들고자 하는 노력에서 개발되었다. 이는 연산능력에서 탁월한 성과를 나타내는 컴퓨터의 특성과 추론능력이 뛰어난 생물의 두뇌를 결합하고자 한 시도였다.

㉡ 인공신경망을 경영학에 응용하고자 하는 연구는 재무, 회계, 마케팅, 생산 등의 분야에서 다양하게 진행되어 왔는데, 특히 재무분야에 대한 응용연구는 매우 활발하게 진행되고 있는데 주가지수 예측, 기업신용평가, 환율예측 등의 연구가 진행되고 있다.

② **사례기반추론**(Case-based Reasoning)

㉠ 사례기반추론은 과거에 발생한 유사사례를 이용하여 새로운 문제를 해결하고자 하는 것으로 인간의 문제해결방법과 가장 유사한 의사결정방법이다.

㉡ 사례기반추론은 '새로운 문제 정의 → 유사사례 탐색 → 유사사례의 발견과 해답도출 → 해답의 수정 및 보완'의 과정으로 진행된다.

㉢ 사례기반추론을 이용하기 위해서는 일반적으로 현재의 문제와 과거 사례들 사이의 유사 정도를 측정하기 위한 유사도 척도가 있어야 한다. 사례기반추론은 과거의 사례를 기반으로 추론을 하므로 현재 해결하고자 하는 문제와 얼마나 유사한 사례를 확보하느냐가 중요하다.

㉣ 경영학 분야에서 사례기반추론의 응용은 프로젝트 기업, 기업신용평가, 채권등급평가, 콜센터에서의 자동응답시스템 등에 사용되고 있다.

③ **유전자 알고리즘**(Genetic Algorithms)

㉠ 유전자 알고리즘은 확률적 탐색, 학습 및 최적화 등을 위한 기법으로 생물진화의 과정을 추상화시킨 알고리즘이다.

㉡ 유전자 알고리즘이 경영학 분야에서 활용되는 사례로는 이윤의 최대화, 원가의 최소화, 효과적인 일정관리, 자원의 배분관리 등이 있다.

④ **퍼지논리**(Fuzzy Logic)

㉠ 퍼지논리는 불분명한 상태를 참 혹은 거짓의 2진 논리에서 벗어난 다치성으로 표현하는 논리개념이다.

㉡ 근사치나 주관적 값을 사용하는 규칙들을 생성함으로써 부정확함을 표현한다.

⑤ **지능형 에이전트**(Intelligent Agent)

㉠ 지능형 에이전트는 인터넷 환경에서 지능적으로 활동하는 소프트웨어 프로그램이라고 정의할 수 있다.

㉡ 예컨대 전자상거래 환경에서의 에이전트는 전자상거래 상에서 사용자, 즉 고객, 판매자, 중개인 등의 전자상거래 참여자를 대신하여 업무를 수행하는 소프트웨어라고 정의할 수 있다.

㉢ 지능형 에이전트의 속성에는 자율성, 통신능력, 협동능력, 적응적인 행동, 신뢰성, 추론능력, 가동성 등이 있다.

㉣ **지능형 에이전트의 종류**

ⓐ **관찰자 에이전트** : 특정 정보나 사건을 자동적으로 찾아서 사용자에게 알려주는 에이전트

ⓑ **구매 에이전트** : 사용자가 원하는 조건에 접근한 상품 중 최적의 구매를 할 수 있도록 도와주는 에이전트

ⓒ **정보재생 에이전트** : 사용자가 정한 검색기준을 파악하여 정보를 검색하는 에이전트

ⓓ **도우미 에이전트** : 통신망 등의 오류를 찾아 자동적으로 해결하는 에이전트

ⓔ **학습 에이전트** : 사용자의 과거 행태를 자동적으로 학습하여 개인의 선호에 맞는 정보를 제공하거나, 인간이 해결하기 곤란한 비구조적인 문제에 지능적으로 해답을 제시하는 기능을 가진 에이전트

02 전문가시스템의 개념과 응용

(1) 전문가시스템의 개념

① 전문가시스템(ES ; Expert System)은 특정 분야의 전문가의 지식과 사고능력을 모방한 첨단컴퓨터 시스템을 의미한다.

② 즉, 전문지식이 없는 사용자가 전문가의 지식을 이용할 수 있도록 전문가의 지식과 경험을 컴퓨터에 기억시켜 문제를 해결할 수 있게 돕는 시스템이다.

③ 전문가시스템을 이루는 두 가지 주요 요소는 ㉠ 실행 가능한 프로그램 코드(명령)를 갖고 있다는 점에서 데이터베이스와 구별되는 지식베이스(knowledge base), ㉡ 지식베이스의 명령과 데이터를 해석하고 평가하는 추론기구이다.

④ 전문가시스템은 기존 컴퓨터시스템이 단순 자료만을 처리하는 것과 달리 추론과정을 통해 지식을 처리하기 때문에, 불완전한 데이터를 가지고도 추론을 통해 의사결정에 필요한 정보를 제공할 수 있는 탁월한 문제해결 능력을 갖고 있다.

⑤ 전문가시스템은 인간이 지니고 있는 전문지식과 달리 시스템에 저장만 해놓으면 잊어버리거나 없어지지 않고 필요할 때마다 수정이나 새로운 정보를 입력할 수 있다.

⑥ 전문가시스템은 컴퓨터 설계, 의학적 진단 및 처방, 법률상담이나 투자자문 등의 분야에서 폭넓게 활용되고 있다.

(2) 전문가시스템의 특성

① 전문가시스템이 동작하기 위해서는 우선 인간의 지식이 컴퓨터에서 처리될 수 있는 형태로 표현되어야 한다. 전문가시스템에 저장되어 있는 인간지식을 지식베이스라고 하며, 지식베이스에 저장하는 인간지식의 표현방법으로는 규칙, 프레임(frame), 의미론적 연결망(semantic network) 등이 있다.

② 이 중에서 가장 일반적으로 사용되는 지식표현의 방법은 규칙을 이용하는 방법인데 규칙이란 'If ~ Then ~'으로 이루어진 일반적인 규칙의 형태를 이용하여 인간지식을 표현한다.

③ 또 다른 지식표현의 방법은 지식을 서로 연관된 특징들의 덩어리로 묶어서 표현하는 프레임 방법이다. 특히, 연관성은 계층적인 연관관계라기보다는 주로 공유된 특성에 의해 나타나는 경우가 많다.

플러스 UP 전문가시스템의 관련 용어

㉠ **추론**(inference) : 규칙기반에서의 탐색과정
㉡ **규칙베이스**(rule base) : 규칙으로 이루어진 지식베이스
㉢ **프레임**(frame) : 어떤 대상이 공통요소로 인해 구조화된 틀로 표현되는 것
㉣ **검색** : 필요한 자료를 찾아내는 일

④ 대부분의 전문가시스템의 지식은 규칙의 형태로 표현되어 '규칙베이스'란 이름으로 부르기도 하는데, 이러한 규칙베이스로부터 필요한 규칙만을 추출하기 위해서는 데이터베이스에 저장된 데이터를 추출하는 것과 같은 탐색과정을 필요로 한다. 규칙베이스에서의 탐색과정을 특별히 '추론(inference)'이라고 한다.

(3) 전문가시스템의 장단점

① 전문가시스템의 장점
㉠ 전문가에 대한 비용을 줄이거나 생산성을 높인다.
㉡ 업무수행이나 의사결정의 질을 향상시켜 조직의 경쟁력을 강화시킨다.
㉢ 일관성이나 정확성을 향상시킨다.
㉣ 지식을 문서화하기 쉽다.
㉤ 이론적으로 기록에 의하여 정보를 얻기 때문에 인간에게 얻은 것보다 상세하다.

② 전문가시스템의 단점
㉠ 창조적 능력이 부족하기 때문에 전문적인 지식을 얻기가 어렵다.
㉡ 전문가 판단모형을 유지하는 데 비용이 많이 든다.
㉢ 복잡한 현실이나 해결책에 대한 합의가 이루어지지 못한 분야는 활용하기 어렵다.
㉣ 전문가시스템은 다룰 수 있는 범위가 매우 좁고, 전문가의 지식을 프로그램화하는 데 많은 시간이 걸린다.
㉤ 새로운 시스템의 개발비용이 많이 소요된다.

(4) 전문가시스템의 수행과정

① 전문가시스템은 인공지능 연구의 한 분야로서, 전문가가 가지고 있는 지식과 경험들을 시스템에 입력시켜 지식베이스로 축적하고, 사용자가 질문을 하면 추론기구가 지식베이스를 이용하여 추론을 하고, 그 결과를 사용자에게 전해주는 방식이다.

② 전문가시스템은 '문제정의 → 시스템 설계 → 프로토타입 개발 → 시스템 인도 → 구현 및 설치 → 유지・보수' 등의 과정으로 개발이 진행된다.

(5) 전문가시스템의 주요 구성요소

① 지식베이스

㉠ 지식베이스는 전문가시스템의 두뇌에 해당하는 부분으로 전문적 지식을 데이터베이스에 저장해 두는 곳이다. 즉, 지식베이스는 특정 문제의 해결에 관련된 지식을 모아 놓은 곳으로 지식에는 어떤 문제에 관한 사실(fact)과 이에 대한 전문가의 추론 절차를 나타내는 휴리스틱 데이터 등이 포함된다.

㉡ 지식을 컴퓨터에 저장하기 위해서는 적절한 지식의 표현방법이 강구되어야 하는데, 이는 산출(output), 규칙(production system), 의미론적 네트워크(semantic network), 프레임(frame) 등이 있다.

② 소프트웨어

㉠ 전문가시스템을 위한 소프트웨어는 추론엔진, 사용자와의 인터페이스를 위한 프로그램 등 여러 가지가 존재한다.

㉡ 추론엔진은 지식베이스에 저장된 지식을 새로운 문제해결에 이용하는 기능을 담당한 부분으로 추론엔진에서는 지식의 표현형태에 따라 다른 방식으로 추론하게 된다.

㉢ 사용자와의 인터페이스는 시스템과 사용자가 의사소통을 하게 해주는 부분이다. 모든 시스템에서 인터페이스 부분은 중요하지만 추론의 과정을 거쳐야 하는 전문가시스템에서는, 특히 인터페이스 설계가 중요하다고 할 수 있다.

③ 하드웨어 : 독립적으로 작동하는 마이크로 컴퓨터, 미니나 대형에 연결된 마이크로 컴퓨터와 단말기 등이 사용자 워크스테이션으로 사용될 수 있다.

④ 추론엔진

㉠ 추론엔진은 지식베이스에 저장된 지식을 새로운 문제해결에 이용하는 기능을 담당하는 부분이다. 즉, 지식기반을 통해 추론행위를 함으로써 주어진 규칙과 사실을 이용하여 새로운 사실을 탐색하는 행위를 하는 전문적인 프로그램을 말한다.

㉡ 추론엔진에서 추론을 하는 방식은 크게 '정방향 추론(Forward Chaining)'과 '역방향 추론(Backward Chaining)'의 두 가지로 나누어 생각할 수 있다.

ⓐ 정방향 추론은 규칙베이스에 저장된 여러 규칙들의 조건부를 검색하여 찾고자 하는 지식과 관련된 규칙들을 찾아내고 조건부가 만족되면 규칙들의 결론부를 따르는 방식이다.

ⓑ 역방향 추론은 원하는 결론부의 내용을 먼저 가정하고 이러한 결론을 가진 규칙들을 찾아낸 후 그 규칙들의 조건부가 현재의 상황과 합치하는지를 판단한 뒤, 의사결정에 이용한다.

⑤ **블랙보드(Blackboard)** : 블랙보드란 현재의 문제를 설명하기 위해 따로 분리된 작업메모리 장소로, 블랙보드는 추론 등의 중간 결과를 기록하는 데에도 이용된다.

⑥ **인터페이스** : 시스템과 사용자가 의사소통을 하게 해주는 부분이다.

⑦ **설명기능 부분** : 설명기능 부분이란 전문가시스템이 추론을 하여 제시한 결과에 대해서 사용자가 근거를 요구할 때 이를 설명하기 위한 부분이다. 전문가시스템은 사용자가 알지 못하는 전문지식을 기반으로 사용자에게 답을 제시하므로 사용자가 답을 저항 없이 수용할 수 있도록 충실한 설명을 제시해 줄 필요가 있다.

플러스 UP 디지털 대시보드와 스마트 태그

㉠ **디지털 대시보드(Digital Dashboard)** : 디지털 대시보드는 개인, 팀, 기업 및 외부의 정보들을 분석적인 도구와 집합적인 도구에 한 번의 클릭으로 액세스하도록 통합한 지식 노동자를 위한 주문형 솔루션이다.

㉡ **스마트 태그(Smart Tag)** : 사용자가 작업한 내용을 여러 가지 사례로 미리 예측하여 거기에 대한 사용자 메뉴를 필요할 때마다 제공해 주는 새로운 사용자 인터페이스 아이콘이다.

(6) 전문가시스템의 활용

① 전문가시스템 활용분야

㉠ 초기에 이학, 공학, 의약분야에서 주로 활용되었던 전문가시스템은 현재는 경영학 분야에서 활용되기 시작하여 투자의사결정 지원, 주식가격 예측, 신용카드 부정사용 적발, 세액계산 지원, 생산일정계획 등에 이용되고 있다.

㉡ 지식베이스 시스템은 공학자와의 의사소통의 매개체가 되며 의학생들에게는 교육용 도구로도 사용될 수 있다. 즉, 전문가시스템은 지식의 과학화에 대단히 유용한 기술로서 여러 가지 이점을 가져다준다.

② 전형적인 응용분야

㉠ **의사결정관리** : 상황평가에 따른 대안의 발굴과 추천을 행하는 것으로 대출포트폴리오 분석, 종업원 업적평가, 보험인수, 인구통계학적 예측분야 등이 이에 속한다.

㉡ **진단 및 문제점 제거** : 보고된 징후와 과거의 기록 등으로부터 잠재적 원인을 추측하는 것으로 설비교정, 소프트웨어의 오류수정(debugging), 의료진단을 위한 전문가시스템이 이에 속한다.

㉢ **유지·보수와 일정계획** : 한정된 자원의 할당 또는 시간이 결정적인 중요성을 가지는 문제를 지원하는 것으로 유지·보수 일정계획, 생산일정계획, 교육일정계획, 프로젝트의 관리 등이 이에 해당한다.

㉣ **지능 텍스트 및 문서화** : 기존의 각종 법령이나 정책, 절차에 대한 지식베이스를 구축하여 사용자에게 제공한다. 건축법, 세법, 종업원 복지규정 등에 관한 전문가시스템이 이에 속한다.

ⓜ **설계 및 설비구성** : 주어진 제약 하에서 바람직한 설비구성안을 제시한다. 컴퓨터 시스템의 구성, 통신망의 구성, 조립공정의 구성 등이 이 분야에 속한다.

ⓑ **선택 및 분류** : 수많은 복잡한 대안이 존재할 때, 어느 것을 고를 것인가를 지원한다. 원자재 선택, 불량계좌의 확인, 정보의 분류, 혐의자 색출 등이 이에 속한다.

ⓢ **공정감시 및 제어** : 공정이나 절차를 감시·제어하는 것으로 기계 및 로봇 제어, 재고관리, 생산감시, 화학실험 등이 이에 속한다.

플러스 UP 용어 정리

ⓖ **워크플로**(Workflow) : 작업절차를 통한 정보 또는 업무의 이동을 의미하며, 작업흐름이라고도 부른다. 즉, 워크플로는 작업절차의 운영적 측면이다. 워크플로는 지식기반 비즈니스 프로세스 내의 정형화된 업무들의 공동작업을 가능하게 한다.

ⓝ **전자회의시스템** : 주컴퓨터(main computer)에 여러 개의 전자회의 공간을 할당하고 특정한 PC통신 가입자들이 일정한 주제에 대해 컴퓨터로 메시지를 교환하여 의견을 나눌 수 있는 것을 말한다.

ⓓ **컨트롤차트** : 시간의 경과에 따른 프로세스 성능을 측정하고 안전성과 성능의 실행, 정의를 내리기 때문에 프로세스 행동을 분석하는 이상적인 툴이다.

ⓡ **인포테인먼트**(Infotainment) : 정보(information)와 오락(entertainment)의 합성어로, 정보의 전달에 오락성을 가미한 소프트웨어 또는 미디어를 가리키는 용어이다.

ⓜ **대시보드**(Dashboard) : 한 화면에서 다양한 정보를 중앙집중적으로 관리하고 찾을 수 있도록 하는 사용자 인터페이스(UI) 기능으로 여러 종류의 웹기반 콘텐츠를 재사용할 수 있도록 구성한다.

CHAPTER

7 기출유형 다잡기

01 **지식베이스와 추론기구로부터 이루어진 문제해결 지원시스템을 실현하는 기술을 말하는 것은?**

① 초보시스템　　② 사용자시스템
③ 전문가시스템　　④ 지식공학

해설 지식공학은 지식베이스와 추론기구로부터 이루어진 문제해결 지원시스템을 실현하는 기술을 말하는데, 전문가시스템은 특히 대상영역에 대한 전문가 지식을 지식베이스로 축적하여 상당히 고도의 문제를 취급하는 지식베이스 시스템이다.

02 **과거에 발생한 유사사례를 이용하여 새로운 문제를 해결하고자 하는 것으로, 인간의 문제해결방법과 가장 유사한 의사결정방법은?** ✔ 2014년 기출

① 지능형 에이전트　　② 유전자 알고리즘
③ 퍼지논리　　④ 사례기반추론

해설 사례기반추론은 과거에 발생한 유사사례를 이용하여 새로운 문제를 해결하고자 하는 것으로, 인간의 문제해결방법과 가장 유사한 의사결정방법이다. 사례기반추론의 일반적 과정은 '새로운 문제 정의 → 유사사례 탐색 → 유사사례의 발견과 해답도출 → 해답의 수정 및 보완'의 과정으로 진행된다.

03 **다음 〈보기〉에서 설명하는 것은?** ✔ 2018년 기출

> 보기
> 인간의 직접적인 관여 없이 사용자와 비즈니스 프로세스 또는 소프트웨어 애플리케이션을 위해 전문적이고 반복적이며, 예측 가능한 업무를 이면에서 수행하는 소프트웨어 프로그램이다.

① 전문가시스템　　② 지능형 에이전트
③ 퍼지논리시스템　　④ 신경망 애플리케이션

해설 **지능형 에이전트**(Intelligent Agent) : 예컨대 전자상거래 환경에서의 에이전트는 전자상거래상에서 사용자, 즉 고객, 판매자, 중개인 등의 전자상거래 참여자를 대신하여 업무를 수행하는 소프트웨어라고 정의할 수 있다.

정답 01 ④ 02 ④ 03 ②

04 **비선형 예측을 가능하게 하여 복잡한 의사결정문제에 대한 정확한 지원이 가능하고 가장 일반적으로 사용되는 변환함수는?**

① 시그모이드 함수
② 일차함수
③ 유클리드 함수
④ 행렬함수

해설 시그모이드 함수는 계산된 입력신호가 변환함수에 의해 변환되어 출력될 때 일반적으로 사용된다.

05 **다음 중 유사성 성격이 다른 기술은?**

① 신경망
② 웹 디자인
③ 퍼지논리
④ 유전자 알고리즘

해설 ②의 웹디자인(web design)은 단순히 홈페이지의 문자・그림・동화상・음성 등을 재가공하고 다듬어서 이용자들이 알기 쉽도록 만드는 작업을 말한다.
① 신경망(neural networks), ③ 퍼지논리(fuzzy logic), ④ 유전자 알고리즘(genetic algorithms)은 지능형 의사결정기술과 관련되어 있다.

06 **다음 중 유전자 알고리즘이 경영학 분야에서 활용되는 사례가 아닌 것은?**

① 원가 최소화
② 이윤 최대화
③ 채권등급평가
④ 자원배분관리

해설 유전자 알고리즘이 경영학 분야에서 활용되는 사례로는 이윤의 최대화, 원가의 최소화, 효과적인 일정관리, 자원의 배분관리 등이 있다.

07 **다음 중 사례기반추론이 경영학 분야에서 활용되는 사례가 아닌 것은?**

① 프로젝트 기업
② 기업신용평가
③ 콜센터의 자동응답시스템
④ 원가의 최소화

해설 사례기반추론이 경영학 분야에서 활용되는 사례로는 기업신용평가, 콜센터의 자동응답시스템, 프로젝트 기업, 채권등급평가 등의 분야에서 활용된다.

정답 04 ① 05 ② 06 ③ 07 ④

08 인간과 유사한 동작을 할 수 있는 기계의 연구나 개발을 하는 인공지능 활용 분야는?

✔ 2017년 기출

① 로보틱스
② 자연어 처리
③ 영상인식
④ 컨버전스

해설 로보틱스(로봇공학)는 로봇과 관련된 로봇의 설계, 구조, 제어, 지능, 운용 등에 대한 기술을 연구하는 공학으로 기계공학, 전기・전자공학, 컴퓨터 공학 등의 기술이 활용되고 있으며 최근에는 생체공학도 활용되는 등 다양한 방면으로 융합되어 개발되고 있는 종합적인 분야이다.

09 전문가시스템이 추론을 하여 제시한 결과에 대해서 사용자가 근거를 요구할 때 이를 설명하기 위한 부분을 무엇이라 하는가?

① 블랙보드
② 하드웨어
③ 설명기능
④ 지식베이스

해설 설명기능이란 전문가시스템이 추론을 하여 제시한 결과에 대해서 사용자가 근거를 요구할 때 이를 설명하기 위한 부분이다. 전문가시스템은 사용자가 알지 못하는 전문지식을 기반으로 사용자에게 답을 제시하므로, 사용자가 답을 저항 없이 수용할 수 있도록 충실한 설명을 제시해 줄 필요가 있다.

10 다음 〈보기〉 중 전문가시스템(ES)의 수행과정의 순서가 바르게 연결된 것은?

보기
㉠ 지식베이스를 축적한다.
㉡ 추론된 결과를 사용자에게 전해준다.
㉢ 전문가가 가지고 있는 지식과 경험들을 정리하여 시스템에 입력한다.
㉣ 추론기구가 지식베이스를 이용하여 추론한다.

① ㉣ → ㉠ → ㉢ → ㉡
② ㉡ → ㉠ → ㉣ → ㉢
③ ㉢ → ㉡ → ㉠ → ㉣
④ ㉢ → ㉠ → ㉣ → ㉡

해설 전문가시스템은 인공지능 연구의 한 분야로서, 전문가가 가지고 있는 지식과 경험들을 시스템에 입력시켜 지식베이스로 축적하고, 사용자가 질문을 하면 추론기구가 지식베이스를 이용하여 추론을 하고 그 결과를 사용자에게 전해주는 방식이다.

정답 08 ① 09 ③ 10 ④

11 **다음 중 전문가시스템의 특징이 아닌 것은?**

① 지식베이스의 이용 ② 모델의 개발
③ 실용성 ④ 연역적 추론

해설 전문가시스템의 특징은 ㉠ 전문가의 지식으로 구성된 지식베이스를 사용한다는 점, ㉡ 연역적 추론, ㉢ 실용성 등을 들 수 있는데, 특히 인공지능과 비교한다면 지금까지 인공지능은 일반적인 탐색과 추론 메커니즘에 대한 연구가 중심이다.

12 **다음 〈보기〉의 설명에 해당하는 것은?** 2019년 기출

> **보기**
> • 최초의 사례는 의사의 진단과정을 컴퓨터로 구현한 마이신(MYCIN)이라는 소프트웨어이다.
> • 기본적으로 지식베이스, 지식관리모듈, 추론엔진, 설명모듈로 이루어져 있다.

① 시멘틱웹 ② 사례기반추론
③ 전문가시스템 ④ 지능형에이전트

해설 제시된 설명에 해당하는 것은 전문가시스템이다. 전문가시스템(ES)의 구성요소는 지식베이스, 소프트웨어, 하드웨어, 추론엔진, 블랙보드, 인터페이스, 설명모듈 등으로 구별될 수 있다. 전문가시스템(ES)이 동작하기 위해서는 우선 인간의 지식이 컴퓨터에서 처리될 수 있는 형태로 표현되어야 한다. 전문가시스템에 저장되어 있는 인간지식을 지식베이스라고 하며, 지식베이스에 저장하는 인간지식의 표현방법으로는 규칙, 프레임(frame), 의미론적 연결망(semantic network) 등이 있다.

13 **의사결정지원을 위한 주요 인공지능기술이 아닌 것은?**

① DNA칩 ② 퍼지논리
③ 신경망 ④ 사례기반추론

해설 DNA칩(DNA chip)은 사람의 유전자 정보를 고밀도로 담아 유전자 이상에 의해 발생하는 난치병을 치료하는 데 쓰이는 유전자 정보의 집적체이다. 의사결정지원을 위한 주요 인공지능기술에는 인공신경망, 퍼지논리, 사례기반추론, 유전자 알고리즘, 지능형 에이전트 등이 있다.

14 **사례기반추론의 과정에서 가장 먼저 수행하는 것은?**

① 해답의 수정 및 보완 ② 유사사례 발견과 해답의 도출
③ 유사사례 탐색 ④ 새로운 문제의 정의

정답 11 ② 12 ③ 13 ① 14 ④

해설 사례기반추론은 '새로운 문제의 정의 → 유사사례 발견 → 해답의 도출 → 해답의 수정 → 보완'의 순이다.

15 **다음 중 전문가시스템에 대한 설명으로 틀린 것은?** ✔ 2016년 기출유사

① 초보자라도 전문가의 지식을 이용할 수 있게 도와주는 시스템이다.
② 전문가의 지식을 규칙 등의 형태로 컴퓨터에 저장해 두었다가 활용하는 시스템이다.
③ 컴퓨터 설계, 의학적 진단 및 처방, 법률상담이나 투자자문 등의 분야에서 폭넓게 활용되고 있다.
④ 대부분의 전문가시스템은 결과가 타당하거나 정확한지에 대하여 개별적으로 확인하지는 않는다.

해설 전문가시스템은 직면한 문제를 타당성에 근거하여 진단하고 해결하기 위한 전략을 제공하고 경험이나 상황이 학습까지 될 수 있는 인공지능을 장착한 정보시스템을 말하기 때문에 틀린 것은 ④번이다.

» **전문가시스템의 추론** : 규칙기반에서의 탐색과정
㉠ **정방향 추론** : 저장된 지식들의 조건부를 검색할 때, 조건부가 만족하는 규칙의 결론부의 내용을 따르는 방식이다.
㉡ **역방향 추론** : 저장된 지식들의 조건부를 검색할 때, 결론부의 내용을 먼저 가정(설정)하고 이러한 결론을 가진 규칙들을 찾아서 조건부의 상황과 합치(일치)하는지를 판단하는 방식이다.

16 **현재의 문제를 설명하기 위해 따로 분리된 작업 메모리 장소로 추론 등의 중간결과를 기록하는 데에도 이용되는 것은?**

① 하드웨어
② 소프트웨어
③ 블랙보드
④ 설명기능 부분

해설 ① **하드웨어** : 독립적으로 작동하는 마이크로 컴퓨터, 미니나 대형에 연결된 마이크로 컴퓨터와 단말기 등이 사용자 워크스테이션으로 사용될 수 있다.
② **소프트웨어** : 전문가시스템을 위한 소프트웨어는 추론엔진, 사용자와의 인터페이스를 위한 프로그램 등 여러 가지가 존재한다. 추론엔진은 지식베이스에 저장된 지식을 새로운 문제해결에 이용하는 기능을 담당한 부분으로 추론엔진에서는 지식의 표현형태에 따라 다른 방식으로 추론하게 된다.
④ **설명기능 부분** : 전문가시스템이 추론을 하여 제시한 결과에 대해서 사용자가 근거를 요구할 때 이를 설명하기 위한 부분이다.

정답 15 ④ 16 ③

17 다음 중 인공지능을 활용하는 시스템이 아닌 것은?

① 인공신경망
② 전문가시스템
③ 지능형 에이전트
④ 거래처리시스템

해설 인공지능(AI ; Artificial Intelligence)이란 학습능력, 지각능력, 자연언어의 이해능력 등 인간의 지능적 행위를 컴퓨터 프로그램으로 실현한 기술을 뜻한다.
① **인공신경망** : 생물학적 뇌의 작동원리를 그대로 모방하여 새로운 형태의 알고리즘을 만들고자 하는 노력에서 개발되었다.
② **전문가시스템** : 특정 분야의 전문가의 지식이나 기술, 사고능력을 모방한 첨단 컴퓨터 프로그램이다.
③ **지능형 에이전트** : 일반적으로 인터넷 환경에서 지능적으로 활동하는 소프트웨어 프로그램이라고 정의할 수 있다.

18 다음 중 전문가시스템의 구성요소가 아닌 것은?

2017년 기출유사

① 중역(executive)
② 블랙보드
③ 지식베이스
④ 소프트웨어

해설 전문가시스템(Expert System)은 특정 분야의 전문가의 지식과 사고능력을 모방한 첨단컴퓨터 시스템을 의미한다. 구성요소는 크게 지식베이스와 소프트웨어, 하드웨어, 추론엔진, 블랙보드, 인터페이스, 설명기능 부분 등으로 구별될 수 있다.
① 중역(executive)은 기업의 임원을 총칭하는 말이다.

19 다음 〈보기〉의 (　　) 안에 공통으로 들어갈 말로 알맞은 것은?

2018년 기출

> **보기**
> 전문가시스템은 많은 (　　)들을 포함하고 있다. 이러한 (　　)들은 상호 연결되어 있고 결과의 수는 미리 알려지고 제한되어 있다. 같은 결과에 이르는 다양한 경로가 있으며 동시에 여러 개의 (　　)을/를 적용할 수 있다.

① 정보
② 지식
③ 규칙
④ 데이터베이스

해설 전문가시스템이 동작하기 위해서는 우선 인간의 지식이 컴퓨터에서 처리될 수 있는 형태로 표현되어야 한다. 전문가시스템에 저장되어 있는 인간지식을 지식베이스라고 하며, 지식베이스에 저장하는 인간지식의 표현방법으로는 규칙, 프레임(frame), 의미론적 연결망(semantic network) 등이 있다.
이 중에서 가장 일반적으로 사용되는 지식표현의 방법은 규칙을 이용하는 방법인데 규칙이란 'If~ Then ~'으로 이루어진 일반적인 규칙의 형태를 이용하여 인간지식을 표현한다.

정답 17 ④ 18 ① 19 ③

20 인공지능(AI)의 활용도가 상대적으로 낮은 것은? ✔ 2019년 기출

① 로보틱스 ② 파일시스템

③ 자율주행차 ④ 자연어처리시스템

해설 인공지능(AI)은 학습능력, 지각능력, 자연언어의 이해능력 등 인간의 지능적 행위를 컴퓨터 프로그램으로 실현한 기술을 뜻한다. 인공지능에 관한 연구는 대체로 전문가시스템, 자연어처리, 로봇공학(Robotics)의 세 가지 영역에서 이루어지고 있다. 자율주행차(self- driving car)도 인공지능이 활용될 수 있는 영역이다.

21 다음 〈보기〉에서 설명하는 것은? ✔ 2018년 기출

보기

- 인간의 신경체계를 모방한 정보처리시스템으로, 처리요소(뉴런)들을 상호 긴밀하게 연결시켜 대량 병렬처리가 가능하다.
- 입력층(input layer), 출력층(output layer), 이들 사이의 한 개 혹은 여러 개의 은닉층(hidden layer)으로 형성된다.
- 역전파(back-propagation) 알고리즘을 통한 학습방법 등이 있으며, 패턴인식, 데이터 마이닝 등에 활용한다.

① 뇌공학 ② 인공신경망

③ 집단지성 ④ 뉴로 마케팅

해설 인간의 신경체계를 모방한 정보처리시스템은 인공신경망(Artificial Neural Network)이다. 신경세포인 뉴런(neuron)이 여러 개 연결된 망의 형태로, 구조 및 기능에 따라 여러 종류로 구분되는데 가장 일반적인 인공신경망은 한 개의 입력층과 출력층 사이에 다수의 은닉층(Hidden Layer)이 있는 다층 퍼셉트론(Multilayer Perceptron)이다.

정답 20 ② 21 ②

CHAPTER 8

정보통신

01 컴퓨터 통신의 개념

(1) 컴퓨터 통신의 배경

① 통신의 의미

㉠ 통신은 사람과 사람 사이의 의사와 정보를 전달하는 것이고, 정보원(송수신자), 목적물, 전송매체(통신매체) 등이 통신의 3요소이다.

㉡ 데이터 통신(Data Communication)이란 데이터나 정보를 일반전화회선과 같은 통신 채널을 이용하여 한 컴퓨터에서 다른 컴퓨터로 전송하는 것을 의미한다.

㉢ 통신시스템의 4가지 구성요소에는 데이터 단말장치(Terminal), 전송매체(데이터 전송회선), 통신제어장치(Communication Control Unit), 컴퓨터 등이 있다.

② 컴퓨터 통신은 통신회선에 컴퓨터의 본체와 그에 부수되는 입출력장치 및 기타의 기기를 접속하고 이에 의하여 정보를 송수신 또는 처리한다.

③ 데이터 통신시스템의 기본적인 구성

㉠ 데이터 단말장치(Data Terminal Equipment)는 데이터 통신망에 연결된 사용자 장치의 일반적인 이름으로 컴퓨터와 같은 단말장치이다.

㉡ 데이터회선 종단장치(Data Circuit terminating Equipment)는 신호변환장치로서 공중전화망과 같은 아날로그 전송선로를 이용하는 경우에는 변복조기(modem)이다.

㉢ 디지털 서비스 유닛(Digital Service Unit)은 데이터 전용회선과 같은 디지털 전송회선을 이용하는 경우이다.

④ **전기통신망** : 전기통신망에는 교환망과 전용망이 있고, 교환망에는 회선교환망과 패킷교환망이 있다.

㉠ **회선교환망(Circuit Switched Network)** : 현재의 공중전화망이 대표적으로 두 지점 간에 연결을 요구하면 통신이 끝날 때까지 소요 회선을 교환기에서 지속적으로 연결한다.

㉡ **패킷교환망(Packet Switched Network)** : 데이터를 패킷이라고 하는 블록으로 쪼개 각각의 패킷에 헤더(header)라고 하는 수신측 주소정보 등을 부가하여 전송하며, 이 정보에 따라 데이터는 수신측에 전달된다.

㉢ 전용망은 회선의 교환없이 주로 두 사용자 간의 점대점(point to point) 통신에 사용되며, 64kbps에서 1,920kbps의 고속전송이 가능하다.

⊕ BPS = Bit Per Second로 초당 전송되는 비트의 개수

(2) 컴퓨터 통신의 기본개념

① 컴퓨터 통신은 컴퓨터를 다른 컴퓨터와 통신회선으로 연결하여 자료를 주고받는 통신형태로, 일반적으로 개인용 컴퓨터를 이용하는 경우가 많기 때문에 PC통신이라고도 한다.

② 통신서비스에는 각종 정보를 축적하여 이를 원하는 사람들에게 제공하는 데이터베이스 서비스, 가입자 간에 편지를 주고받을 수 있는 전자우편 서비스, 여러 사람이 동시에 컴퓨터 화면을 통하여 대화를 나눌 수 있는 전자대화 서비스, 가입자 간에 자유롭게 의견을 나누고 정보를 공유하는 전자게시판 서비스, 컴퓨터를 이용하여 물품을 구입하는 거래처리 서비스(홈쇼핑 등) 등이 있다.

③ 전 세계적인 망을 형성하고 있는 인터넷에 가입하면 세계 각국의 정보를 검색할 수도 있고, 각국의 가입자들과 전자우편 등을 통하여 정보를 교환할 수도 있다.

④ PC통신을 하기 위해서는 개인용 컴퓨터, 통신장비(모뎀), 통신용 프로그램이 필요하다. 모뎀(modem)은 음성전화선을 이용하여 통신을 할 때 컴퓨터와 전화망 간에 데이터를 상호 변환해 주는 통신장비로서, 통신속도를 가늠하는 기능도 가지고 있으므로 통신속도에 유의해야 한다.

(3) 데이터의 전송

① 데이터 전송의 개념

㉠ 데이터 전송이란 하나의 컴퓨터 내 어떤 장치에서 다른 장치로 데이터를 옮기거나 하나의 컴퓨터에서 다른 외부 장치로 데이터를 옮기는 것을 말한다.

㉡ 데이터를 옮기는 속도를 데이터 전송속도라고 한다. 순수 데이터 전송속도(raw data rate)는 유휴시간, 오류검사 절차 및 기타 오버헤드 때문에 실제로 의미 있는 데이터가 전송되는 속도보다 훨씬 빠르다.

㉢ 컴퓨터 통신에서 정보는 '인코딩 → 변조 → 복조 → 디코딩'의 과정을 통해 전송된다.

㉣ 데이터 전송방식의 유형은 동기화 방식에 따른 분류와 데이터 전송방향 그리고 데이터 전송방법에 따른 분류로 나눌 수 있다.

② **동기화 방식에 따른 분류** : 송신된 데이터를 바르게 수신하기 위해서는 각 비트의 위치와 데이터의 선두 위치를 수신측에서 정확하게 알아야 한다. 이를 위하여 송신측과 수신측은 타이밍을 맞추어 각 비트의 위치와 데이터의 선두 위치를 식별하는 동작을 동기화라고 한다. 동기화에는 데이터를 배열하고 모으는 방식에 따라서 비동기식 전송과 동기식 전송으로 구분된다.

㉠ **비동기식(Asynchronous) 전송방식** : 비동기식 전송방식은 데이터를 한 번에 한 문자씩 전송한다. 이때 각각의 문자는 패리티 비트, 시작 비트, 종료 비트를 모두 포함하게 된다. 전송효율이 비교적 우수하여 단거리 통신에 이용된다.

㉡ **동기식(Synchronous) 전송방식**

ⓐ 비동기식 전송방식에 비하여 더 효율적인 동기식 전송방식은, 데이터를 한 번에

하나 이상의 문자를 플래그라고 하는 시작 바이트와 종료 바이트 사이에 놓고 전송한다.

ⓑ 이 경우 각 문자에 대한 시작 비트와 종료 비트가 없으므로 비동기식 전송보다 더 많은 양의 데이터를 전송할 수 있으며, 송신기와 수신기 사이의 동기화는 클럭(Clock, 타이밍 신호)에 의하여 제어된다.

ⓒ 동기식 전송방식에는 문자동기방식과 비트동기방식이 있다.

③ 데이터 전송방향에 따른 분류

㉠ 단향식 방식(Simplex) : 일정하게 정해진 방향으로만 통신이 가능한 형태로서 TV 또는 라디오 방송에서 사용하는 형태이다.

㉡ 반이중 방식(Half-duplex) : 무전기와 같이 양방향 통신이 가능하지만 동시에는 사용이 불가능한 형태의 통신방식이다.

㉢ 전이중 방식(Full-duplex) : 전화기나 일반적인 데이터 통신에서처럼 양방향으로 동시에 통신이 가능한 방식이다. 대량의 데이터 전송이 가능하지만, 비용이 가장 많이 드는 단점이 있다.

④ 데이터 전송방법에 따른 분류

㉠ 직렬(Serial)전송 : 데이터를 구성하는 각 비트들의 열이 하나의 전송회선을 통하여 차례로 전송되는 방식이다. 이는 비트 단위로 순차적인 전송을 수행하기 때문에 전송시간이 많이 소요되지만, 전송대역을 유효하게 사용할 수 있으며 대부분의 데이터 통신 시스템에서 사용된다. 비록 전송속도는 느리지만 원거리 전송인 경우는 전송매체의 비용이 적게 소요되기 때문에 경제적인 방법이다.

㉡ 병렬(Parallel)전송 : 데이터를 구성하는 각 비트들이 서로 다른 전송로를 통하여 동시에 전송되는 방식으로 직렬전송에 비하여 단위시간당 더 많은 데이터를 전송할 수 있다. 직렬전송과는 달리 많은 전송로가 필요하므로 송수신 간 거리가 증가할수록 비용이 많이 소요되지만, 동시에 전송되므로 전송속도가 빠르고 대량의 정보를 전송할 수 있다. 컴퓨터와 프린터 사이나 컴퓨터시스템 내부의 부품들 사이의 데이터 전송에 주로 이용된다.

⑤ 데이터 전송매체

㉠ 유선 전송매체 : 유선통신은 전선을 사용하여 데이터를 전기신호나 빛의 형태로 전송한다. 전송매체로는 트위스티드 와이어(twisted wire), 동축케이블(coaxial cable) 및 광케이블(fiber-optic cable) 등이 있다.

㉡ 무선 전송매체 : 지상파 무선통신, 마이크로파, 적외선 및 인스턴트 메시징(instant messaging) 등이 있다.

(4) 데이터 교환방식

① 회선교환(Circuit Switching)방식

㉠ 회선교환방식은 통신장치 간에 교환기를 통하여 송신자와 수신자 사이에 통신이 끝날 때까지 통신회선을 계속 연결된 상태로 유지하는 방식으로서 전화회선이 대표적인 예이다.

㉡ 이 방식은 송신자와 수신자와의 회선이 독점적으로 설정되며 일단 접속이 이루어지면 일정한 속도로 데이터가 전송되므로, 한꺼번에 많은 양의 데이터를 전송하는 경우에 유리하다. 그러나 접속하는 데 상당한 시간이 소요되는 단점이 있다.

㉢ 기업의 주요 거점 간 통신에 많이 사용하고 있는 전용회선은 회선교환방식을 지속적으로 사용하는 것으로 볼 수 있다.

② 메시지교환(Message Switching)방식

㉠ 메시지교환방식은 전송되는 데이터에 목적지 주소를 부착하여 전송하며, 전송경로상의 한 교환기에서 다음 교환기까지만 전송하는 방식이다. 그러므로 그 다음 교환기로 전송될 때까지 한시적으로 저장되었다가 다시 전송되어야 하므로 저장 후 전송(store and forward)방식이라고도 한다.

㉡ 데이터를 일시적으로 저장하기 위해서는 교환기가 충분한 기억용량을 가져야 하며, 그 특성상 음성 통신과 같은 실시간 또는 대화 형식의 메시지를 전송하는 데는 한계가 있다.

③ 패킷교환(Packet Switching)방식

㉠ 패킷(Packet)이란 영어의 package와 bucket의 합성어로 소포 또는 한묶음이라는 뜻으로 사용되며, 이는 데이터와 제어정보의 묶음을 뜻하며 패킷교환방식에서의 정보전송단위를 말한다.

㉡ 패킷교환방식은 전송되는 데이터를 일정한 크기와 형식의 패킷으로 나누어 각각의 패킷을 독립적으로 전송하는 방식이다.

㉢ 일반적으로 패킷은 128자의 길이로 구성되며 같은 시간에 다수의 이용자가 전송설비를 공유할 수 있어서 회선을 효율적으로 이용할 수 있다.

㉣ 패킷교환방식의 특징

ⓐ 통신회선의 이용도가 높고, 패킷단위로 축적하므로 빠른 응답시간이 요구되는 응용에 사용되며, 디지털 전송을 기본으로 하므로 전송품질과 신뢰성이 높다.

ⓑ 데이터 전송을 위한 추가 데이터가 필요하고, 짧은 메시지와 낮은 정보량의 전송에 적합하다.

ⓒ 패킷교환방식은 트래픽 용량이 큰 경우에 유리하다.

ⓓ 패킷교환방식은 메시지교환방식과 같이 축적 후 교환방식의 일종이다.

ⓔ 메시지교환의 경우와 비슷하게 속도와 코드가 서로 다른 기기는 물론, 통신 프로토콜이 서로 다른 기기인 경우에도 통신이 가능한 융통성이 매우 큰 교환방식이다.

㉤ 패킷교환방식과 메시지교환방식의 차이점
ⓐ 메시지교환방식에서는 데이터 단위의 길이에 제한이 없으나, 패킷교환방식은 길이가 제한된다.
ⓑ 메시지교환방식에서는 패킷이 파일화되지 않지만, 패킷교환방식은 패킷이 될 수 있다.

플러스UP 통신 용어

㉠ **전자우편(e-Mail)** : 컴퓨터를 통하여 메시지를 주고 받는 기능이다. 인터넷을 통해 전달되는 메시지로 인터넷을 통해 다른 컴퓨터와 문서・프로그램 등의 파일을 송수신하는 것이다.
㉡ **하이퍼링크(Hyperlink)** : 하이퍼텍스트와 하이퍼미디어의 개념을 통칭하는 용어로, 사용자로 하여금 화면상에 나타난 그림이나 문자를 클릭함으로써 부가적인 정보에 접근할 수 있도록 하는 기술이다.
㉢ **멀티미디어(Multimedia)** : 컴퓨터를 매개로 하여 영상, 음성, 문자 등과 같은 다양한 정보매체를 복합적으로 만든 장치나 소프트웨어의 형태이다.
㉣ **원격회의(Teleconferencing)** : 원거리에 위치한 사람들이 텔레비전 화면을 통하여 상대방의 얼굴을 보면서 한 장소에 있는 것 같은 분위기로 진행하는 회의이다.

(5) 네트워크 접근방법

다수의 사용자가 동일한 네트워크를 사용할 때 서로 충돌을 피하면서 이용할 수 있어야 하는데, 접근방법은 네트워크에 접속되어 있는 각종 장비 및 기기들이 한정된 네트워크를 서로 원만하게 나누어 효율적으로 사용하는 방법을 의미한다. 접근방법에는 폴링방식, 경쟁방식, 토큰전달방식 등이 있다.

① **폴링(Polling)방식** : 네트워크 내의 단말기를 정해진 순서에 따라 호출하여 전송할 메시지의 유무를 점검하는 방식으로 주컴퓨터가 모든 통신을 조정한다. 메시지가 짧고 간결할 경우 유리하다.
② **경쟁(Contention)방식** : 회선을 먼저 차지한 단말기에서 우선적으로 사용할 권한을 부여하는 방식이다. 이때 단말기의 경쟁을 통제하는 방법으로 CSMA/CD방식이 있다. 데이터 전송에 대한 우선순위가 정해지지 않고 전송량이 적을 때 매우 효율적이고 신뢰성이 높다.
③ **토큰전달(Token Passing)방식** : 토큰전달순서에 따라 전송권한을 부여하는 방법으로서, 토큰을 전달받은 단말기만이 데이터를 전송할 수 있다. 토큰이란 네트워크를 타고 돌아다니는 특별한 신호를 의미하는데, 네크워크 내에는 토큰이 하나 밖에 없으므로 특정 시간에 오로지 하나의 장치에서만 전송이 가능하다.

(6) 컴퓨터 통신망의 기본유형

① 버스(Bus)형

㉠ 전체 노드가 한 개의 전송선로를 통하여 통신하는 형태이다.

㉡ 소규모 네트워크인 경우, 자주 변경할 필요가 없는 경우에는 버스형이 효과적이다.

② 링(Ring)형

㉠ 원의 형태로 구성된 네트워크로서 접근제어방식은 주로 토큰패싱기법을 사용한다.

㉡ 네트워크 구축이 용이하며 전송속도가 빠르다는 장점이 있다.

③ 성(Star)형

㉠ 한 개의 중심 노드가 나머지 노드의 교환기 역할을 담당하는 형태이다.

㉡ 문제 노드의 이상 발견 및 수리가 용이하고, 새로운 노드의 증설, 위치변경이 쉽다.

④ 트리(Tree)형

㉠ 상위 허브와 하위 허브로 이어지며 나무 또는 나무의 반대 형태로 연결되는 형태이다.

㉡ 중앙에 컴퓨터가 있고 일정한 지역의 단말기끼리 하나의 통신회선으로 연결되어 있다.

⑤ 그물(Mesh)형

㉠ 인터넷이 대표적인 그물형이다. 이 형태는 복잡하고 다양한 경로를 통해서 연결된다.

㉡ 병목현상이나 회선의 고장에는 융통성이 있으나 관리가 어렵고 비효율적이다.

플러스 UP 파일처리의 방식

㉠ 일괄처리방식(Batch Processing)

ⓐ 일괄처리방식은 컴퓨터에 입력시킨 데이터를 일정기간이나 일정량이 될 때까지 축적해 두었다가 일괄적으로 처리하는 방식이다. 즉, 주기적인 자료처리에 이용된다.

ⓑ 월별 매출상품의 파악, 설문지 조사 등(수시간, 일간, 주간, 월간)에 해당하는 자료를 수집한 다음 일괄적으로 처리하는 경우이다.

㉡ 실시간처리방식(Real Time 또는 On-line)

ⓐ 실시간처리방식은 자료가 발생되자마자 즉각적으로 처리한다.

ⓑ 단말장치와 온라인으로 연결해 좌석예약이나 현금자동인출기 등에 이용되고 있다.

㉢ 시분할처리방식(Time Sharing)

ⓐ CPU의 사용시간을 일정한 간격으로 분할하여 실행하는 방식이다.

ⓑ CPU의 시간을 분할하여 여러 작업을 순환하며 수행한다.

02 통신망의 구성과 프로토콜

(1) 프로토콜(Protocol)

① 프로토콜의 개념

㉠ 컴퓨터 네트워크에서 통신은 서로 다른 컴퓨터 시스템에 있는 개체(entity) 사이에서 발생한다. 개체는 정보를 송신하거나 수신하는 모든 일을 맡게 되며, 응용 프로그램, 브라우저, 전자우편 소프트웨어 등이 있다.

㉡ 통신을 원하는 두 개체가 무작정 데이터를 전송하고 통신 상대방이 제대로 이해하기를 기대할 수는 없다. 따라서 통신이 성공적으로 수행되기 위해서는 개체들이 일정한 약속에 따라 데이터를 송신하고 수신하여야 하는데, 이때 사용되는 약속을 프로토콜(protocol)이라고 한다.

㉢ 컴퓨터와 컴퓨터 사이 또는 한 장치와 다른 장치 사이에서 정보를 원활히 주고받기 위한 통신방법에 대한 규칙과 약속으로, 프로토콜 규약에는 신호 송신의 순서, 데이터의 표현법, 오류검출법 등이 있다.

② **프로토콜의 주요 구성요소** : 프로토콜은 무엇을 통신할 것이며, 어떻게 그리고 언제 통신할 것인지를 정의하며 주요한 구성요소로는 구문, 의미 그리고 타이밍이 있다.

▌프로토콜의 구성요소▐

구분	내용
구문(Syntax)	구문은 데이터의 구조나 형식을 가리키는 것으로서 데이터가 어떤 순서로 표현되는지를 나타낸다.
의미(Semantics)	의미는 데이터를 구성하는 각 비트가 의미하는 뜻을 나타낸다.
타이밍(Timing)	타이밍은 '언제 데이터를 전송해야 할 것인가'와 '얼마나 빨리 전송할 것인가'라는 두 가지 특성에 대하여 정의한다.

③ **프로토콜의 주요 기능** : 통신 네트워크에서 프로토콜의 주요 기능은 다음과 같다.

㉠ 통신경로에 있는 각각의 장치들을 확인한다.

㉡ 다른 장비들의 신호를 포착한다.

㉢ 전송된 메시지의 에러 유무를 확인한다.

㉣ 메시지가 재전송을 필요로 하는지 확인한다.

㉤ 에러 발생시 에러를 복구한다.

④ **프로토콜의 네트워크 계층구조(Network Architecture)** : 통신시스템의 기능별 특성 및 역할에 따라 계층적으로 프로토콜을 체계화한 것을 네트워크 계층구조라 하며, 네트워크 계층구조는 통신시스템의 외형적인 요소를 정의하고 상호 연결과 상호작용을 의미하는 통신제어구조를 나타낸다.

(2) 무선식별(RFID)

① RFID의 뜻

㉠ RFID(Radio Frequency IDentification), 즉 무선주파수 식별(무선인식, 무선식별, 전자태그) 기술은 무선주파수(radio frequency)를 이용하여 먼 거리에 있는 대상(물건, 사람 등)을 식별할 수 있는 기술이다.

㉡ RFID는 자동인식(AIDC)기술의 한 종류로서 micro-chip을 내장한 Tag에 저장된 데이터를 무선주파수를 이용하여 비접촉 방식으로 Reading하는 기술을 말한다. 전자 Tag(반도체칩)를 사물에 부착하여, 사물이 주위 상황을 인지하고 기존 IT 시스템과 실시간으로 정보를 교환하고 처리할 수 있는 기술을 말한다.

㉢ 태그에 내장된 전지에서 전력을 받는 능동(active)방식과 자체적인 전력원을 갖지 않고 판독기가 방출하는 무선주파수에서 전력을 받는 수동(passive)방식이 있다.

② RFID의 특징

㉠ RFID는 태그의 데이터 변경 및 추가가 자유롭고, 일시에 대량의 판독이 가능하다.

㉡ RFID의 태그는 냉온·습기·먼지·열 등의 열악한 판독환경에서도 판독률이 매우 높고, 원거리 및 고속이동시에도 인식이 가능하다.

㉢ RFID 시스템은 바코드에 비해 비용이 높고 스마트 카드(smart card)에 비해서는 메모리 용량이 작은 단점이 있다.

㉣ 바코드는 근거리에서 작동해야 하지만 RFID는 무선신호의 세기에 따라 거리를 자유롭게 조절할 수 있다.

플러스UP WiFi(Wireless Fidelity)

WiFi는 2.4GHz대를 사용하는 무선 LAN 규격에서 정한 제반 규정에 적합한 제품에 주어지는 인증마크로 '와이파이'라고도 한다. 이 규격에 의해 제작된 제품 중에서 무선 네트워크 관련 기업이 만든 업계단체인 WECA(Wireless Ethernet Compatibility Alliance)가 자체 시험을 통해서 상호 접속성 등을 확인한 후 인정을 취득한 제품에 한해 이 마크를 붙일 수 있다. 고성능 무선통신을 가능하게 하는 무선 랜 기술로, 야외지역과 병원, 호텔, 학교 등에서 저렴한 가격으로 액세스 구축이 가능하도록 한 것이다.

(3) OSI 7계층 참조모델

① OSI(International Standards Organization) 7계층 참조모델은 인터넷과 같은 개방형 시스템의 상호 접속을 위한 참조모델로, ISO에서 1977년 서로 다른 기종의 컴퓨터 통신을 위한 구조개발에 의하여 탄생한 규정이다.

② OSI 7계층 참조모델의 목적

㉠ 시스템 간의 통신을 위한 표준을 제공한다.

ⓛ 시스템 간의 통신을 방해하는 기술적인 문제들을 제거한다.
ⓒ 단일 시스템의 내부 동작을 기술하여야 하는 노력을 제거한다.
ⓓ 시스템 간의 정보교환을 위한 상호 접속점을 정의한다.
ⓔ 관련 규격의 적합성을 조성하기 위한 공통적인 기반을 구성한다.

③ OSI 7계층 참조모델의 기본요소

개방형 시스템(Open System)	응용프로세스 간의 통신을 수행할 수 있도록 통신기능을 제공한다.
응용개체(Application Entity)	응용프로세스를 개방형 시스템상의 요소로 모델화한 것이다.
접속(Connection)	응용개체 간을 연결하는 논리적인 통신회선이다.
물리적 매체(Physical Media)	시스템 간에 정보를 교환할 수 있도록 해주는 전기적인 통신매체이다.

④ OSI 7계층 참조모델의 구조 : OSI 7계층 참조모델은 크게 3개의 그룹으로 나눌 수 있다.

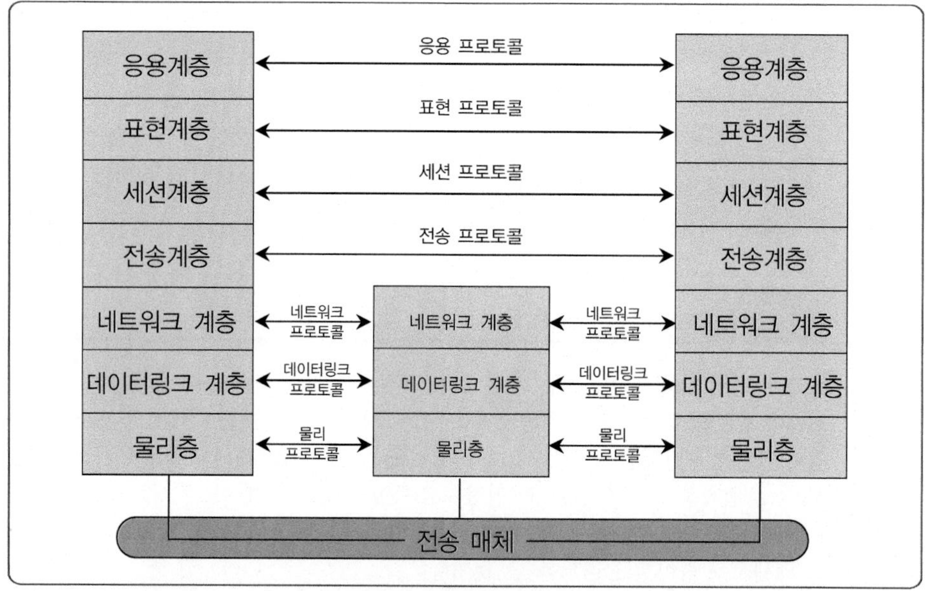

▌OSI 7계층도 ▌

㉠ 물리계층과 데이터링크 계층, 네트워크 계층은 네트워크 지원 계층으로 한 장치에서 다른 장치로 데이터를 이동할 때 필요한 물리적인 면, 즉 전기적인 규격, 물리적인 연결, 물리주소, 전송시간과 신뢰도 등을 처리한다.
㉡ 세션계층, 표현계층, 응용계층은 사용자 지원 계층으로 생각할 수 있으며, 이들은 서로 상관없는 소프트웨어 시스템 간의 상호연동을 가능하게 한다.
㉢ 전송계층은 전술한 두 그룹을 연결하고 하위계층에서 전송한 것이 상위계층에서 사용할 수 있는 형태가 되도록 하는 기능을 제공한다.

⑤ **물리계층(Physical Layer)** : 물리계층은 상위층으로부터 받은 데이터를 통신회선을 통하여 비트 단위로 전송하는 계층이다. 따라서 물리계층에서는 물리적 매체를 통하여 데이터의 비트 흐름을 전송하기 위하여 필요한 기능들을 조정하는 역할을 수행한다.

⑥ **데이터링크 계층(Data Link Layer)** : 데이터링크 계층은 인접한 개방형 시스템 사이에서 전송단위(비트의 모음)를 오류 없이 전달하는 기능을 수행한다. 데이터링크 계층은 데이터를 전송단위로 분할하는 기능, 전송단위의 순서제어 기능, 에러제어 기능, 데이터흐름 제어기능 등이 포함되어 있다.

⑦ **네트워크 계층(Network Layer)**

㉠ 네트워크 계층은 데이터링크 계층이 제공하는 인접한 개방형 시스템 사이의 데이터 전송기능을 이용하여 통신경로 선택(routing), 데이터 전송 및 중계(relay), 여러 개의 네트워크를 경유할 경우 네트워크 품질(quality)의 차이를 조정하는 기능을 수행한다.

㉡ 데이터링크 계층이 기지국 대 기지국(노드 대 노드) 전달을 감독하는 반면에, 네트워크층은 각 패킷이 시작지점에서 최종 목적지로 성공적이고 효과적으로 전달되게 한다.

▍네트워크 계층의 서비스 ▍

스위칭	네트워크 전송을 위해 물리링크들을 임시적으로 연결하여 더 긴 링크를 만든다. 이 경우 각 패킷은 목적지까지 같은 경로를 통하여 전송되며, 대표적인 예로 전화망이 있다.
라우팅	여러 경로를 이용할 수 있을 때 패킷을 보내기 위한 가장 좋은 경로를 선택하는 것을 의미한다. 이 경우 각각의 패킷은 목적지까지 서로 다른 경로를 통하여 전송되고 목적지에서 다시 모여 결합된다.

⑧ **전송계층(Transport Layer)** : 전송계층은 전체 메시지의 발신지 대 목적지 전달을 책임진다. 또한 오류제어와 흐름제어를 발신지 대 목적지 수준에서 감독하면서 전체 메시지가 완전하게 바른 순서로 도착하는 것을 보장한다.

⑨ **세션계층(Session Layer)** : 세션계층은 네트워크의 대화제어자(dialogue controller)로서 통신장치들 간의 상호작용을 설정하고 유지하며 동기화하는 역할을 수행한다. 또한, 세션계층은 사용자 간의 연결이 유효한지 확인하고 설정한다.

⑩ **표현계층(Presentation Layer)** : 표현계층은 통신장치들 간의 상호운영성을 갖도록 보장한다. 즉, 두 장치 간에 서로 달리 사용하는 제어코드와 문자 및 그래픽문자 등을 위하여 필요한 번역을 수행하고 두 장치가 일관되게 전송데이터를 서로 이해할 수 있도록 하는 기능을 제공한다.

⑪ **응용계층(Application Layer)** : 응용계층은 사용자 또는 응용 프로그램이 네트워크에 접근할 수 있도록 한다. 응용계층은 사용자 인터페이스를 제공하며, 전자우편, 파일전송, 공유 데이터베이스 관리 등의 서비스를 제공한다.

(4) TCP/IP

① TCP/IP의 개념

㉠ TCP/IP는 패킷통신방식의 인터넷 프로토콜인 IP(Internet Protocol)와 전송조절 프로토콜인 TCP(Transmission Control Protocol)로 이루어져 있다.

㉡ IP는 패킷전달 여부를 보증하지 않고, 패킷을 보낸 순서와 받는 순서가 다를 수 있다(unreliable datagram service).

㉢ TCP는 IP 위에서 동작하는 프로토콜로, 데이터의 전달을 보증하고 보낸 순서대로 받게 해준다. HTTP, FTP, SMTP 등 IP를 기반으로 한 많은 수의 애플리케이션 프로토콜들이 TCP 위에서 동작하기 때문에, 묶어서 TCP/IP로 부르기도 한다.

② TCP/IP(Transmission Control Protocol/Internet Protocol)와 OSI

㉠ TCP/IP는 OSI보다 먼저 개발되었으므로 TCP/IP 프로토콜의 계층구조는 OSI 모델의 계층구조와 정확히 일치하지는 않다.

㉡ TCP/IP 프로토콜은 물리계층, 네트워크 계층, 인터넷 계층, 전송계층, 응용계층의 다섯 계층으로 구성되며, 응용계층은 OSI 모델의 세션계층, 표현계층, 응용계층을 합한 것과 동일하다.

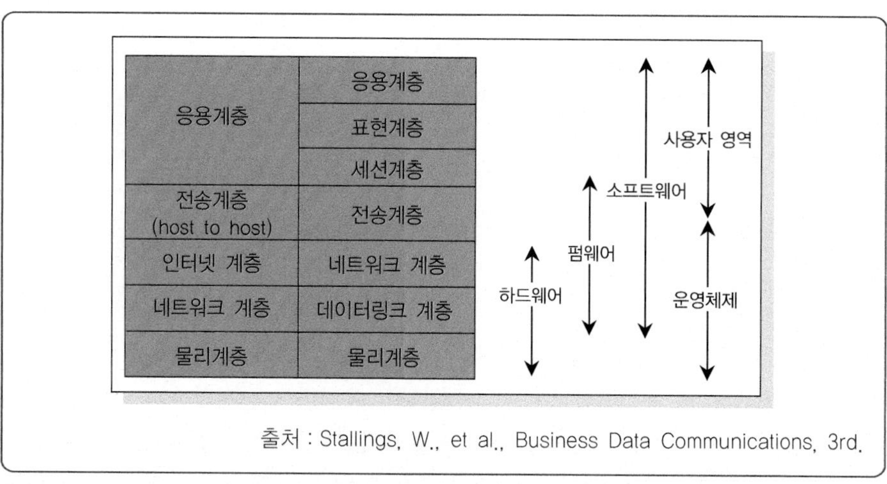

출처 : Stallings, W., et al., Business Data Communications, 3rd.

▌OSI 참조모델과 TCP/IP의 비교 ▌

③ TCP/IP 프로토콜의 계층구조

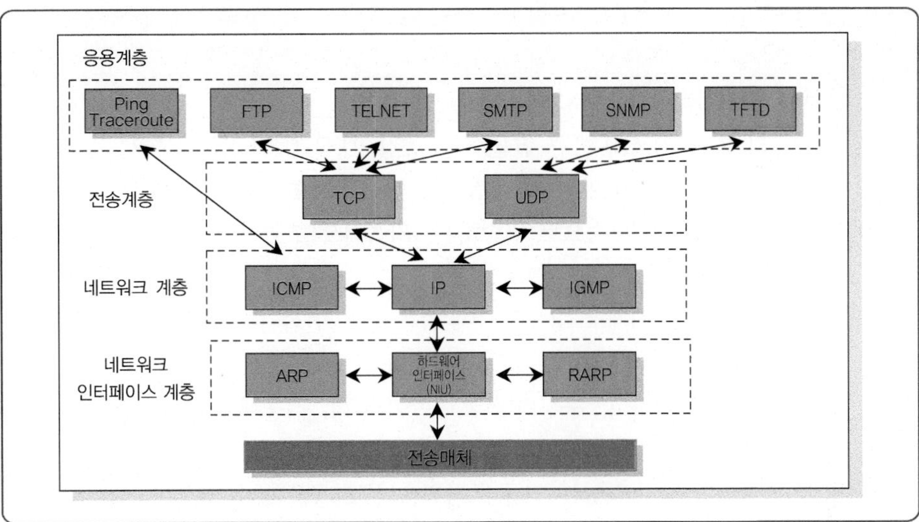

▌TCP/IP 프로토콜의 계층구조 ▌

㉠ **네트워크 계층** : 네트워크 계층에서 TCP/IP는 IP 프로토콜을 지원한다. IP는 ARP, RARP, ICMP, IGMP 등 네 개의 지원 프로토콜을 가지고 있다.

㉡ IP(Internet Protocol)

ⓐ 인터넷 프로토콜(IP)은 TCP/IP 프로토콜에서 사용하는 전송 메커니즘이다. IP는 신뢰성을 제공하지 않는 비연결형 데이터그램 프로토콜로서, 목적지까지 전송이 제대로 이루어지도록 최선을 다하지만 완전하게 이루어진다는 보장은 없는 프로토콜이다. 따라서 만일 신뢰성이 중요한 요인이라면, IP는 TCP와 같은 신뢰성 있는 프로토콜과 함께 사용되어야 한다.

ⓑ IP 프로토콜은 비연결 프로토콜, IP 주소를 사용해서 주소지정, 최대 패킷크기는 65,535바이트 등의 특징을 지니고 있다.

㉢ **전송계층** : TCP/IP는 전송계층에서 TCP와 UDP 프로토콜을 가지고 있다.

ⓐ TCP(Transmission Control Protocol) : 연결형 서비스를 대상으로 가상회선(virtual circuit)을 확립하고 안전한 메시지의 전송을 보장한다. 즉, TCP는 신뢰성 있는 포트 대 포트 프로토콜이라 할 수 있다. TCP는 안정적인 데이터 전송, 흐름제어를 바이트 단위로 하기 때문에 블록의 크기결정에 유연, 동시에 양방향 전송이 가능한 가상회선(Virtual Circuit) 제공 등의 특징을 지니고 있다.

ⓑ UDP(User Datagram Protocol) : 표준 TCP/IP 프로토콜보다 간단하며, 포트주소, 검사합 오류제어, 상위계층에서 온 데이터의 길이정보를 추가한 종단 대 종단 전송 레벨 프로토콜이다. UDP에 의해 생성된 패킷을 사용자 데이터그램이라고 한다.

㉣ **응용계층** : 다양한 사용자 응용 프로그램을 지원하기 위하여 필요한 로직을 포함하고 있다.

03 컴퓨터 통신망의 종류와 활용

(1) 근거리 통신망(LAN ; Local Area Network)

① 근거리 통신망(LAN)은 큰 건물, 제조공장, 대학캠퍼스 등 제한된 구역과 같이 지리적으로 한정된 구역에서 여러 가지 컴퓨터들을 서로 연결하여 음성, 데이터, 영상 등과 같은 종합적인 정보를 고속으로 전송하는, 지역적으로 한정된 통신망이라 할 수 있다.

② LAN의 특성

㉠ 광대역 전송매체로 고속통신이 가능하고, 인접기관과의 통신도 가능하다.

㉡ 범위가 넓지 않아 상대적으로 관리하기 쉽다.

㉢ 확장이 용이하고, 구성변화에 대한 신뢰성, 적응성, 높은 호환성을 갖는다.

㉣ 통신망 내의 어떤 기기와도 통신이 가능하다.

③ 각 컴퓨터가 가지고 있는 컴퓨터 자원을 서로 공유할 수 있으며, 데이터 발생 즉시 업무를 처리하여 효율을 높일 수 있고, 정보를 공동으로 사용할 수 있는 장점 등이 있다.

플러스 UP 모뎀(Modem)

모뎀은 컴퓨터의 디지털 신호를 아날로그 신호로 변환하여 전화선을 통해 전송하거나 전화선의 아날로그 신호를 디지털 신호로 변환하여 컴퓨터로 전송하는 역할을 한다. 모뎀은 주로 컴퓨터 정보통신을 위한 주변장치로 많이 사용하는데, 데이터가 같은 비트로 연속되면 전송특성상 신호전달에 문제가 발생하므로 전송선의 특성에 맞추어 변조한다. 모뎀의 속도는 BPS로 나타내고 초당 비트 수를 의미한다.

플러스 UP 전송매체에 의해 연결되는 방법

㉠ **버스 네트워크** : 단일 통신링크(케이블, 광섬유)가 다수의 컴퓨터를 연결하는 네트워크

㉡ **스타 네트워크** : 중앙컴퓨터와 중앙컴퓨터에 연결된 여러 터미널로 구성된 네트워크

㉢ **링 네트워크** : 다수의 사용자들이 동시에 중앙컴퓨터를 사용할 수 있는 네트워크

㉣ **클라이언트/서버 네트워크** : 최종 사용자의 클라이언트(=워크스테이션)가 LAN(서버) 또는 메인 프레임(슈퍼 서버)에 연결되어 있는 컴퓨팅 환경

(2) 원거리 통신망(WAN ; Wide Area Network)

① 원거리 통신망(WAN)은 한 도시나 국가 전체를 연결하거나 지리적으로 멀리 떨어져 있는 도시들, 국가와 국가를 연결하는 네트워크로 기업이나 정부, 개인의 활동 등을 지원하는 데 널리 활용된다.

② WAN은 대표적인 원거리 통신망으로는 전화망, 디지털 통신망, 종합정보통신망(ISDN) 등의 공중통신망과 전용회선 등이 있으며, 장거리 전화 등은 원거리 통신망을 이용하는 것이라고 할 수 있다.

(3) **광대역 지역통신망**(MAN ; Metropolitan Area Network)

① 광대역 지역통신망이란 지역적으로 산재한 근거리 통신망을 상호 연결하기 위하여 탄생한 새로운 개념으로서, 근거리 통신망과 원거리 통신망의 중간 형태를 취하며 대개 50km 정도의 거리가 이에 속한다.

② 광대역 지역통신망은 광케이블을 사용하여 근거리 통신망을 대도시 지역으로까지 확대한 것으로 볼 수 있으며, 근거리 통신망 간이나 사설교환기 간을 연결한다든지, 호스트 컴퓨터와 멀티미디어 단말기를 연결하는 네트워크로 계획되고 있다.

③ 대도시의 여러 경찰서나 소방서를 연결하는 네트워크, 병원을 연결하는 네트워크 등으로 흔히 사용된다.

(4) **부가가치 통신망**(VAN ; Value Added Network)

① 부가가치 통신망(VAN)이란 KT와 같은 통신사업자로부터 통신회선을 임차하거나, 또는 통신사업자가 직접 보유한 통신회선에 정보처리기능을 결합하여, 부가가치를 부여한 정보서비스를 제공할 수 있도록 구축된 통신망(network)이다.

② 부가가치 통신망(VAN)은 단순한 전송기능은 물론, 그 이상의 정보의 축적이나 가공·변환처리 등의 부가가치를 부여한 음성, 또는 데이터 정보를 제공해 주는 광범위하고 복합적인 서비스의 집합이다.

플러스 UP 통신 용어

㉠ **와이파이(Wi-Fi ; Wireless Fidelity)** : 무선 접속장치(AP ; Access Point)가 설치된 곳에서 전파나 적외선 전송방식을 이용하여 일정한 거리 안에서 무선 인터넷을 할 수 있는 근거리 통신망을 칭하는 기술이다.

㉡ **블루투스(Bluetooth)** : 휴대폰과 휴대폰 또는 휴대폰과 PC 간에 사진이나 벨소리 등 파일을 전송하는 무선전송기술을 말한다.

㉢ **유비쿼터스(Ubiquitous)** : 사용자가 네트워크나 컴퓨터를 의식하지 않고 장소에 상관없이 자유롭게 네트워크에 접속할 수 있는 정보통신의 환경을 말한다.

㉣ **적외선 통신(IrDA ; Infrared Data Association)** : 케이블 없이 적외선으로 데이터를 전송하는 기술이다. 즉, 가시광선과 밀리파 사이에 있는 적외선을 이용하여 근거리에 무선으로 데이터를 전송하는 통신기술이다.

㉤ **소셜 네트워크 서비스(SNS ; Social Network Service)** : 인터넷에서 이용자들이 인적 네트워크를 형성할 수 있게 하는 서비스로 웹을 기반으로 하여 사람들이 기존의 인맥관계를 강화시키거나 새로운 인맥을 만들 수 있는 서비스를 말하며, 간단히 SNS라고 부른다. SNS 서비

스는 사람들을 일정한 유형으로 분류하는 서비스, 친구들과 연락을 주고받을 수 있는 수단을 제공하는 서비스, 사용자들의 신뢰관계를 기반으로 무언가를 추천하는 시스템을 갖춘 서비스 등으로 분류된다. SNS에는 링크드인(Linkedin), 페이스북(Facebook), 트위터(Twitter) 등이 전 세계인들이 사용하는 글로벌 SNS이다.

(5) 종합정보통신망(ISDN ; Integrated Services Digital Network)

① 종합정보통신망이란 1992년 미국 대통령선거전에서 나온 용어로 미국 전역을 연결하는 고속도로의 건설이 미국의 경제적 번영의 기초가 되었듯이, 정보의 원활한 배급을 위해 종합정보통신망을 구축하여 국가경쟁력을 키우겠다는 구상이다.

② ISDN은 공공기관, 대학연구소, 기업은 물론 전국의 가정까지 첨단 광케이블망으로 연결함으로써 문자, 음성, 영상 등 다양한 대량의 정보를 초고속으로 주고받는 최첨단 통신시스템을 의미한다.

③ ISDN의 특징

㉠ 하나의 회선을 통하여 여러 가지 서비스가 종합적으로 제공된다.

㉡ 정보와 신호가 분리가능하고, 회선교환방식과 패킷교환방식이 동시에 가능하다.

㉢ 고속・고품질의 통신이 가능하고 멀티미디어 통신이 용이하다.

④ 터미널 어댑터(Terminal Adapter)는 NT 및 S-Card 기능이 함께 내장되어 전화기, 팩스, 모뎀 등 기존 아날로그 방식의 통신기기를 ISDN망에 사용가능하게 하는 장비이다.

(6) 광섬유 케이블

① 광섬유 케이블(Optical Fiber Cable)은 전기적 신호가 아니라 빛의 파동형태로 정보가 전달되기 때문에, 전송속도가 가장 고속이고 전자기장의 간섭도 없으며, 잡음 또한 거의 없다.

② 광섬유 전송의 장점

㉠ 크기가 작으며 가볍고 설치노력이 절감된다.

㉡ 대용량 전송이 가능하다.

㉢ 전송속도가 빠르다.

㉣ 전자기적 간섭을 받지 않는다.

㉤ 도청의 위험성이 매우 낮다.

㉥ 양방향 통신이 가능하다.

㉦ 아날로그 신호와 디지털 신호의 전송이 가능하다.

플러스UP 디지털 전송의 특성

디지털 전송의 특성에는 ㉠ 고속의 전송속도, ㉡ 정보전송량의 증대, ㉢ 높은 경제성, ㉣ 아날로그 시스템보다 월등히 낮은 전송에러율, ㉤ ISDN 기술과 같이 동일회선으로 데이터, 음성, 비디오 등 다양한 유형의 정보를 동시에 전송할 수 있는 기술 등이 있다.

플러스UP 정보통신 용어

㉠ 라우터(Router) : 서로 다른 네트워크를 연결하여 정보를 주고받을 때, 송신정보(packet)에 담긴 수신처의 주소를 읽고 가장 적절한 통신통로를 이용하여 다른 통신망으로 전송하는 장치이다.

㉡ Switching Hub : 각 허브에 연결된 노드가 세그먼트와 같은 효과를 갖도록 해주는 장비로서 트리구조로 연결된 각 노드가 동시에 데이터 전송을 할 수 있게 해주며, 규정된 네트워크 속도를 공유하지 않고 각 노드에게 규정속도를 보장해 줄 수 있는 네트워크 장비이다.

㉢ 브라우터(Brouter) : 브릿지 기능과 라우터 기능을 함께 가진 LAN 간의 접속장치이다.

㉣ 게이트웨이(Gateway) : 네트워크에 연결되어 있는 일련의 컴퓨터를 다른 네트워크나 인터넷과 같은 다른 통신망과 연결해 주는 것으로 처리장치와 메모리 등을 가지고 있는 장치이다.

㉤ 노드 : 노드(Node)는 정보통신용어로서, 공중정보망의 데이터 교환점을 의미한다.

CHAPTER

8 기출유형 다잡기

01 **다음 중 데이터 전송을 위한 다중화 방식이 아닌 것은?**

① 시분할 다중화 방식
② 코드분할 다중화 방식
③ 주파수분할 다중화 방식
④ 비트분할 다중화 방식

해설 다중화 방식에는 시분할 다중화 방식, 코드분할 다중화 방식, 주파수분할 다중화 방식 등이 있다.

02 **ISDN을 통해 인터넷에 접속하려 한다. 다음 중 필요한 장비는?**

① 터미널 어댑터(Terminal Adapter)
② 팩스 모뎀(FAX Modem)
③ 사운드 카드(Sound Card)
④ 코-프로세서(Co-processor)

해설 TA는 NT 및 S-Card 기능이 함께 내장되어 전화기, 팩스, 모뎀 등 기존 아날로그 방식의 통신기기를 ISDN망에 사용가능하게 하는 장비이다.

03 **ISDN을 이용하여 PC통신을 구축할 때의 장점이 아닌 것은?**

① 전송속도가 빠르므로 대용량의 파일전송에 유리하다.
② 음성뿐만 아니라 영상, 데이터 서비스를 통합하여 제공한다.
③ 디지털 통신으로 고품질의 서비스가 가능하다.
④ 일반 모뎀을 활용함으로써 비용도 저렴하다.

해설 설치비와 회선사용료는 모뎀 사용시에 비해 더 높다.

04 **다음 용어에 대한 설명 중 옳지 않은 것은?**

① Bridge : 두 개의 LAN을 연결하는 장치
② BPS : 초당 전송되는 바이트의 수
③ Protocol : 네트워크의 구성요소들 간의 전송을 관리하는 규칙 및 절차
④ WiFi : 무선 LAN을 위한 국제 무선네트워크 표준규약

정답 01 ④ 02 ① 03 ④ 04 ②

해설 ② BPS = Bit Per Second로 초당 전송되는 비트의 개수
④ WiFi(Wireless Fidelity) : 2.4GHz대를 사용하는 무선 LAN 규격에서 정한 제반 규정에 적합한 제품에 주어지는 인증마크로 와이파이라고도 한다. 이 규격에 의해 제작된 제품 중에서 무선 네트워크 관련 기업이 만든 업계 단체인 WECA(Wireless Ethernet Compatibility Alliance)가 자체 시험을 통해서 상호 접속성 등을 확인한 후 인정을 취득한 제품에 한해 이 마크를 붙일 수 있다.

05 **다음 중 64Kbps의 속도를 제공하는 종합정보통신망과 가장 관련이 깊은 것은?**

① 전용선접속　② 모뎀접속
③ ISDN　④ Cable TV

해설 ISDN은 64Kbps의 속도로 데이터 전송, 교환이 디지털화된 전용회선이다. ISDN은 공공기관, 대학연구소, 기업은 물론 전국의 가정까지 첨단 광케이블망으로 연결함으로써 문자, 음성, 영상 등 다양한 대량의 정보를 초고속으로 주고받는 최첨단 통신시스템을 의미한다.

06 **다음 〈보기〉의 설명에 해당하는 LAN의 유형은?** 2019년 기출

보기
- 중앙에 있는 제어노드로, 다른 모든 노드를 점 대 점 방식으로 연결한 형태이다.
- 중앙집중적 구조이므로 유지보수가 쉽고 전송 제어가 간단하다.
- 모든 통신은 중앙의 제어노드를 통해 이루어진다.

① 링형(ring type)　② 트리형(tree type)
③ 성형(star type)　④ 메시형(mesh type)

해설 근거리 통신망(LAN)은 원거리 통신망(WAN)에 대비되는 개념으로, 개별기업 또는 부서단위로 구성되는 네트워크이다. LAN의 일반적인 구조에는 버스(Bus)형, 링(Ring)형, 스타(Star)형, 트리(Tree)형, 혼합형 등의 형태로 구성될 수 있다.
③ 성형(star type)은 한 개의 중심 노드가 나머지 노드의 교환기 역할을 담당하는 형태이다. 문제 노드의 이상 발견 및 수리가 용이하고, 새로운 노드의 증설, 위치변경이 쉽다.

정답 05 ③ 06 ③

07 **집에서 전화선을 통해 PC통신업체에 접속하여 인터넷을 사용하려 한다. 다음 중에서 모뎀이 하는 역할은?**

① 컴퓨터의 디지털 신호를 아날로그 신호로 변환하여 전화선을 통해 전송하거나 전화선의 아날로그 신호를 디지털 신호로 변환하여 컴퓨터로 전송하는 역할을 한다.
② 컴퓨터의 아날로그 신호를 디지털 신호로 변환하여 전화선을 통해 전송하거나 전화선의 디지털 신호를 아날로그 신호로 변환하여 컴퓨터로 전송하는 역할을 한다.
③ 컴퓨터의 아날로그 신호를 변환작업 없이 전화선을 통해 주고받는 역할을 한다.
④ 컴퓨터의 디지털 신호를 변환작업 없이 전화선을 통해 주고받는 역할을 한다.

해설 모뎀은 변조와 복조의 역할을 수행한다.

08 **다음 중 다중처리방식에 대한 설명으로 옳지 않은 것은?**

① Multiuser : 여러 사람이 동시에 프로그램과 데이터를 공유하여 수행하는 것을 말한다.
② Multiplexer : 두 개 이상의 프로그램에서 동시에 다량의 데이터를 읽어 오는 것을 말한다.
③ Multitasking : 두 개 이상의 프로그램을 동시에 실행하는 것을 말한다.
④ Multiprocessing : 한 시스템에서 여러 개의 처리과정을 동시에 수행하는 것을 말한다.

해설 ② Multiplexer : 단일의 통신채널이 동시에 많은 단말기에서 전송하는 데이터를 처리할 수 있도록 하는 통신장치이다. 전형적으로 멀티플렉서는 송신측에 있는 여러 단말의 전송신호를 하나의 신호로 결합시킨다.

09 **다음 〈보기〉에서 설명하는 것은?** ✔ 2018년 기출

> **보기**
> 연속적 파장형태인 아날로그 신호를 이산적 형태인 디지털 신호로 변환하는 기능을 수행하며, 역으로 디지털 신호를 아날로그 신호로 변화는 장치이다.

① 허브(hub) ② 라우터(router)
③ 모뎀(modem) ④ 스위치(switch)

해설 모뎀(modem)은 컴퓨터의 디지털 신호를 아날로그 신호로 변환하여 전화선을 통해 전송하거나 전화선의 아날로그 신호를 디지털 신호로 변환하여 컴퓨터로 전송하는 역할을 한다.

정답 07 ① 08 ② 09 ③

10 다음 〈보기〉의 내용에 해당하는 컴퓨터 통신망의 형태는? ✔ 2016년 기출

> **보기**
> 허브(hub)가 중앙에 위치하고 다른 모든 노드들을 연결하는 형태로, 허브가 회선 교환방식을 사용하여 통신하려는 두 개의 노드에 전용 회선을 만들어 준다.

① 그물(Mesh)형 ② 버스(Bus)형
③ 스타(Star)형 ④ 링(Ring)형

해설 전송매체에 의해 연결되는 방법
㉠ **버스 네트워크** : 단일 통신링크(케이블, 광섬유)가 다수의 컴퓨터를 연결하는 네트워크
㉡ **스타 네트워크** : 중앙 컴퓨터와 중앙 컴퓨터에 연결된 여러 터미널로 구성된 네트워크
㉢ **링 네트워크** : 다수의 사용자들이 동시에 중앙 컴퓨터를 사용할 수 있는 네트워크
㉣ **그물 네트워크** : 모든 노드들이 상호간에 점대점(point-to-point)으로 연결되는 그물 모양의 형태
㉤ **클라이언트/서버 네트워크** : 최종 사용자의 클라이언트(= 워크스테이션)가 LAN(서버) 또는 메인 프레임(슈퍼 서버)에 연결되어 있는 컴퓨팅 환경

11 다음 중 LAN의 특성으로 잘못 설명된 것은?

① 광대역 전송매체로 고속통신이 가능하다.
② 단일기관에서 관리하므로 인접기관과는 통신이 불가능하다.
③ 범위가 넓지 않아 상대적으로 관리하기 쉽다.
④ 통신망 내의 어떤 기기와도 통신이 가능하다.

해설 ② 인접기관과의 통신이 가능하다.

12 데이터 전송에 사용되는 물리적인 전송매체가 아닌 것은? ✔ 2018년 기출

① 동축케이블(coaxial cable)
② 광케이블(fiber-optic cable)
③ 트위스티드 와이어(twisted wire)
④ 인스턴트 메시징(instant messaging)

해설 ④ 인스턴트 메시징(instant messaging)은 네트워크 상에서 간단한 메시지나 파일의 송수신이 가능한 소프트웨어를 의미한다.

정답 10 ③ 11 ② 12 ④

13 **다음 중 ISDN의 특징으로 틀린 것은?**

① 하나의 회선을 통하여 여러 가지 서비스가 종합적으로 제공된다.
② 정보와 신호가 분리가능하고, 회선교환과 패킷교환이 동시에 가능하다.
③ 기존의 전화망에서 사용하는 모뎀을 그대로 사용할 수 있다.
④ 고속·고품질의 통신이 가능하고 멀티미디어 통신이 용이해졌다.

해설 ③ 기존의 전화망에서 사용하는 모뎀은 사용할 수 없다.

14 **OSI 프로토콜의 7개 계층 중 경로가 설정된 통신 세션의 종단 간 제어기능을 제공하고, 네트워크에서의 시스템의 위치와는 무관하게 순차적이고 신뢰성 있게 데이터를 전송하는 기능을 제공하는 계층은?**

① 전송계층 ② 세션계층
③ 응용계층 ④ 데이터링크 계층

해설 ① 시스템 네트워크 구조(SNA) 7계층 모델의 제4계층으로 OSI 기본 참조모델의 전송계층을 말한다.

15 **다음 중 TCP 프로토콜의 기능이 아닌 것은?**

① 흐름제어 ② 다중송신
③ 오류제어 ④ 인터넷 주소지정

해설 TCP 프로토콜의 주요 기능은 IP 프로토콜이 전송한 데이터를 올바른 순서로 재배치하고 에러가 발생한 데이터에 대해서 송신자에게 재전송할 것을 요구함으로써 신뢰성 있는 데이터 송수신을 가능하게 한다. 인터넷 주소를 지정하는 것은 IP 프로토콜의 기능이다.

16 **데이터를 한 번에 하나 이상의 문자를 플래그라고 하는 시작 바이트와 종료 바이트 사이에 놓고 전송하는 방법은?**

① 비동기식 전송방식 ② 동기식 전송방식
③ 단방향 전송방식 ④ 전이중 전송방식

해설 동기식 전송방식은 데이터를 한 번에 하나 이상의 문자를 플래그라고 하는 시작 바이트와 종료 바이트 사이에 놓고 전송한다. 이 경우 각 문자에 대한 시작 비트와 종료 비트가 없으므로 비동기식 전송보다 더 많은 양의 데이터를 전송할 수 있으며, 송신기와 수신기 사이의 동기화는 클럭(Clock ; 타이밍 신호)에 의하여 제어된다.

정답 13 ③ 14 ① 15 ④ 16 ②

17 **다음 중 메시지교환방식의 장단점이 잘못된 것은?**

① 메시지를 교환기에 저장시켰다가 전송하므로 통신회선을 효율적으로 사용할 수 있다.
② 부가적인 제어정보에 의하여 통신처리의 실행이 불가능하다.
③ 전송지연시간이 매우 크다.
④ 응답시간이 느리고 대화형으로 응용이 불가능하다.

해설 ② 메시지교환방식의 장점으로 부가적인 제어정보에 의하여 통신처리의 실행이 가능하다.

18 **서로 다른 두 개의 전송회선을 이용하거나, 채널의 전송용량을 나누어 서로 반대방향으로 데이터를 전송하는 방식은?**

① 비동기식 전송방식
② 동기식 전송방식
③ 단방향 전송방식
④ 전이중 전송방식

해설 전이중 전송방식은 서로 다른 두 개의 전송회선을 이용하거나, 채널의 전송용량을 나누어 서로 반대방향으로 데이터를 전송하는 방식이다. 대량의 데이터 전송이 가능하지만, 비용이 가장 많이 드는 단점이 있다.

19 **네트워크에 연결되어 있는 일련의 컴퓨터를 다른 네트워크나 인터넷과 같은 다른 통신망과 연결해 주는 것으로, 처리장치와 메모리 등을 가지고 있는 장치는?**

① Bridge
② Gateway
③ Hub
④ Repeater

해설 게이트웨이는 네트워크에 연결되어 있는 일련의 컴퓨터를 다른 네트워크나 인터넷과 같은 다른 통신망과 연결해 주는 것으로, 처리장치와 메모리 등을 가지고 있는 장치이다.

20 **다음 중 정보통신과 관련된 용어에 대한 설명으로 적합한 것은?**

① 프로토콜은 아날로그 신호를 디지털 신호로 혹은 반대로 변환하는 장치이다.
② 라우터는 네트워크에서 두 지점 간 정보전송을 관리하는 일단의 절차와 규칙의 집합이다.
③ 스위치는 네트워크상의 특정 목적지로 데이터를 재전송하거나 필터링 기능을 수행하는 장치이다.
④ 모뎀은 패킷 데이터를 다른 네트워크를 통해서 정확한 주소로 전달하기 위해 사용하는 통신 프로세서이다.

정답 17 ② 18 ④ 19 ② 20 ③

해설 ③ **스위치**(switch) : 네트워크상의 특정 목적지로 데이터를 재전송하거나 필터링 기능을 수행하는 장치이다.
① **프로토콜**(protocal) : 컴퓨터 간에 정보를 주고받을 때의 통신방법에 대한 규칙과 약속이다.
② **라우터**(router) : 서로 다른 네트워크를 연결하여 정보를 주고받을 때, 송신정보(패킷 : packet)에 담긴 수신처의 주소를 읽고 가장 적절한 통신통로를 이용하여 다른 통신망으로 전송하는 장치이다.
④ **모뎀**(modem) : 변복조장치라고도 불리는 가장 기본적인 데이터 통신장비로서, 전화선이나 전용선을 연결하여 데이터를 송수신할 수 있도록 한다.

21 **디지털 메시지용 패킷으로 쪼개고, 준비된 패킷을 서로 다른 통신 경로를 따라 전송하며, 목적지에 도착한 패킷을 다시 재조합하는 방법은?** 2018년 기출

① 멀티플렉싱(multiplexing)
② 패킷 교환(packet switching)
③ 회선 교환(circuit-switching)
④ 인터넷 프로토콜(internet protocol)

해설 제시된 내용은 패킷 교환(packet switching)에 대한 설명이다. 이는 데이터를 패킷이라고 하는 블록으로 쪼개 각각의 패킷에 헤더(header)라고 하는 수신측 주소정보 등을 부가하여 전송하며, 이 정보에 따라 데이터는 수신측에 전달된다.

22 **다음 중 지역적으로 산재한 근거리 통신망을 상호 연결하기 위하여 탄생한 새로운 개념으로서 근거리 통신망과 원거리 통신망의 중간 형태인 통신망은?**

① LAN ② WAN
③ ISDN ④ MAN

해설 광대역 지역통신망(MAN ; Metropolitan Area Network)이란 지역적으로 산재한 근거리 통신망을 상호 연결하기 위하여 탄생한 새로운 개념으로서, 근거리 통신망과 원거리 통신망의 중간 형태를 취하며 대개 50km 정도의 거리가 이에 속한다.

23 **넓은 지역을 연결하는 광역통신망으로 지방과 지방, 국가와 국가 또는 대륙과 대륙 등과 같이 지리적으로 멀리 떨어져 있는 지역 사이를 연결하는 통신망은?**

① WAN ② LAN
③ MAN ④ NSFNet

해설 WAN(Wide Area Network)은 광역 네트워크망으로 국가와 국가와 같이 지리적으로 멀리 떨어져 있는 지역 사이를 연결하는 통신망이다.

정답 21 ② 22 ④ 23 ①

24 통신 프로토콜의 기본구성으로 적절하지 않은 것은?

① 구조 ② 구문
③ 의미 ④ 타이밍

해설 프로토콜의 구성요소
㉠ **구문** : 구문은 데이터의 구조나 형식을 가리키는 것으로서 데이터가 어떤 순서로 표현되는지를 나타낸다.
㉡ **의미** : 의미는 데이터를 구성하는 각 비트가 의미하는 뜻을 나타낸다.
㉢ **타이밍** : 타이밍은 '언제 데이터를 전송해야 할 것인가'와 '얼마나 빨리 전송할 것인가'라는 두 가지 특성에 대하여 정의한다.

25 주어진 데이터를 같은 크기의 작은 데이터 블록으로 자르는 작업은?

① 캡슐화 ② 재합성
③ 단편화 ④ 동기화

해설 ① **캡슐화** : 제어 정보를 데이터에 포함시키는 과정
② **재합성** : 단편화된 데이터를 메시지로 재합성하는 과정
④ **동기화** : 두 프로토콜 개체를 동일 상태로 유지하는 과정

26 기간통신망 사업자로부터 통신회선을 임대하여 데이터전용서비스, 전자우편서비스, 정보처리시스템 등의 부가가치를 창출할 수 있도록 구성된 네트워크를 무엇이라고 하는가?

① Private Network ② EDI
③ CALS ④ VAN

해설 ① **사설망(Private Network)** : 네트워크를 직접적으로 통제함으로써 네트워크의 운영에 유연성과 독립성을 제공하는 망
② **EDI** : 국제 운송회사들이 운송서류를 신속히 전달할 목적으로 전자문서를 표준화하여 사용한 것이 시초이며, 기업 간 거래의 시작에서 종료시점까지 표준화된 전자형식으로 컴퓨터와 컴퓨터 간에 상호 정보를 서류 없이 처리하는 절차로 정의할 수 있다.
③ **CALS** : 1985년 무기 매뉴얼의 디지털화 등 군 내부 업무를 개선할 목적으로 개발되었으나, 오늘날엔 상품의 설계, 개발, 생산, 판매, 유지·보수, 폐기 등 상품의 전 주기에 걸친 기업활동 전반을 전자화하는 것으로 확장되었다.

정답 24 ① 25 ③ 26 ④

27 **고성능 무선통신을 가능하게 하는 무선 랜 기술로, 야외지역과 병원, 호텔, 학교 등에서 저렴한 가격으로 액세스 구축이 가능하도록 한 것은?**

① WLL　　② WIPI
③ WiFi　　④ Bluetooth

해설 ① WLL : 상용 무선 가입자 망
② WIPI : 한국형 무선인터넷 플랫폼의 표준 규격
④ Bluetooth : 휴대폰과 휴대폰, 휴대폰과 PC 간에 사진이나 벨소리 등 파일을 전송하는 무선 전송기술이다.

28 **다음의 컴퓨터 통신망 중 제일 빠른 통신망은?**

① 케이블 모뎀　　② 디지털 통신망
③ 광케이블　　④ 광대역 지역통신망

해설 컴퓨터 통신망의 종류
㉠ **근거리 통신망**(LAN) : 지역적으로 한정된 통신망으로, 즉시 업무를 처리하여 효율을 높일 수 있고, 정보를 공동으로 사용할 수 있는 장점 등이 있다.
㉡ **원거리 통신망**(WAN) : 한 도시나 국가 전체를 연결하거나 지리적으로 멀리 떨어져 있는 도시, 국가와 국가를 연결하는 네트워크로, 전화망, 디지털 통신망, 종합정보통신망(ISDN) 등의 공중통신망과 전용회선 등이 있다.
㉢ **광대역 지역통신망**(MAN) : 광대역 지역통신망이란 지역적으로 산재한 근거리 통신망을 상호 연결하기 위한 것으로, 대도시의 여러 경찰서나 소방서를 연결하는 네트워크, 병원을 연결하는 네트워크 등으로 흔히 사용된다.
㉣ **종합정보통신망**(ISDN) : 문자, 음성, 영상 등 다양한 대량의 정보를 초고속으로 주고받는 최첨단 통신시스템을 의미한다.

29 **다음 중 디지털 전송의 특성에 대한 설명으로 틀린 것은?**

① 고속의 전송속도　　② 높은 경제성
③ 정보전송량의 증대　　④ 높은 전송에러율

해설 디지털 전송의 특성에는 ㉠ 고속의 전송속도, ㉡ 정보전송량의 증대, ㉢ 높은 경제성, ㉣ 아날로그 시스템보다 월등히 낮은 전송에러율, ㉤ ISDN 기술과 같이 동일회선으로 데이터, 음성, 비디오 등 다양한 유형의 정보를 동시에 전송할 수 있는 기술 등이 있다.

정답 27 ③ 28 ③ 29 ④

30 **다음 〈보기〉에서 설명하는 것은?** ✔ 2014년 기출

> **보기**
> 데이터를 작은 묶음으로 나누어 서로 다른 통신경로로 전송하고 목적지에 도착한 조각들을 다시 재조합하는 데이터통신의 전송방법이다.

① 메인프레임 ② B2B
③ 그리드컴퓨팅 ④ 패킷교환방식

해설 ④ **패킷교환방식** : 전송되는 데이터를 일정한 크기와 형식의 패킷으로 나누어 각각의 패킷을 독립적으로 전송하는 방식이다. 특히, 패킷교환방식에서 데이터를 전송할 때에는 패킷이라는 기본 전송 단위로 데이터를 분해하여 전송한 후, 다시 원래의 데이터로 재조립하여 처리한다.
① **메인프레임(mainframe)** : 다양한 데이터를 처리할 수 있는 범용목적의 대형 컴퓨터로서, 다수의 단말기(terminal)를 연결하여 많은 사람들이 복잡한 작업을 수행할 수 있다.
② **B2B(Business-to-Business)** : 기업과 기업 사이의 거래를 기반으로 한 비즈니스 모델을 의미한다.
③ **그리드컴퓨팅(grid computing)** : 최근 활발히 연구가 진행되고 있는 분산 병렬 컴퓨팅의 한 분야로서, 원거리 통신망(WAN)으로 연결된 서로 다른 기종의 컴퓨터들을 묶어 가상의 대용량 고성능 컴퓨터를 구성하여 고도의 연산작업 혹은 대용량처리를 수행하는 것을 일컫는다.

31 **데이터 교환방식 중 회선 교환(circuit-switching)에 대한 설명으로 옳지 않은 것은?** ✔ 2019년 기출

① 패킷 교환보다 항상 효율적이다.
② 음성과 같은 실시간 데이터 통신에 유리하다.
③ 전용선처럼 사용이 가능하므로 많은 양의 데이터 전송에 유용하다.
④ 노드와 노드 간에 전용 통신로를 설정하여 데이터를 교환하는 방식이다.

해설 ① 회선 교환은 데이터를 전송하기 전에 회선을 구성한 뒤 데이터를 전송하는 방식이므로 데이터를 전송하지 않을 때도 회선을 유지해야 하기 때문에 비효율적이다. 반면, 패킷 교환은 패킷단위로 분리하여 보내는 전송방식으로, 가장 빠른 경로를 라우터가 탐색하여 전송하기 때문에 전송 효율이 높은 장점이 있다.

32 **컴퓨터가 전송매체에 의해 연결되는 방법 중 중앙컴퓨터와 중앙컴퓨터에 연결된 여러 터미널로 구성된 네트워크는?**

① 버스 네트워크 ② 스타 네트워크
③ 링 네트워크 ④ 클라이언트/서버 네트워크

정답 30 ④ 31 ① 32 ②

해설 ② **스타 네트워크** : 중앙컴퓨터와 중앙컴퓨터에 연결된 여러 터미널로 구성된 네트워크
① **버스 네트워크** : 단일 통신링크(케이블, 광섬유)가 다수의 컴퓨터를 연결하는 네트워크
③ **링 네트워크** : 다수의 사용자들이 동시에 중앙컴퓨터를 사용할 수 있는 네트워크
④ **클라이언트/서버 네트워크** : 최종 사용자의 클라이언트(=워크스테이션)가 LAN(서버) 또는 메인 프레임(슈퍼 서버)에 연결되어 있는 컴퓨팅 환경

33 다음 중 근거리 통신을 위한 무선 네트워크가 아닌 것은?

2014년 기출

① 와이파이(Wi-Fi)
② 적외선 통신(IrDA)
③ 블루투스(Bluetooth)
④ WAN(Wide Area Network)

해설 ④ **WAN(Wide Area Network)** : 원거리 통신망으로 한 도시나 국가 전체를 연결하거나 지리적으로 멀리 떨어져 있는 도시, 국가와 국가를 연결하는 네트워크로 기업이나 정부, 개인의 활동 등을 지원하는 데 널리 활용된다.
① **와이파이(Wi-Fi ; Wireless Fidelity)** : 무선 접속장치(AP ; Access Point)가 설치된 곳에서 전파나 적외선 전송방식을 이용하여 일정한 거리 안에서 무선 인터넷을 할 수 있는 근거리 통신망을 칭하는 기술이다.
② **적외선 통신(IrDA ; Infrared Data Association)** : 케이블 없이 적외선으로 데이터를 전송하는 기술이다. 즉, 가시광선과 밀리파 사이에 있는 적외선을 이용하여 근거리에 무선으로 데이터를 전송하는 통신기술이다.
③ **블루투스(Bluetooth)** : 휴대폰과 휴대폰 또는 휴대폰과 PC 간에 사진이나 벨소리 등 파일을 전송하는 무선전송기술을 말한다.

34 기존에 사용하던 32비트 인터넷 주소 길이를 128비트로 확장한 차세대 인터넷 주소 체계는?

2019년 기출

① IPv2
② IPv4
③ IPv6
④ IPv8

해설 IPv6(Internet Protocol Version 6)은 IPv4에 이어서 개발된, 인터넷 프로토콜(IP) 주소 표현 방식의 차세대 버전으로 128bit의 주소체계를 가지고 있다. IPv6은 현재 사용되고 있는 IP 주소체계인 IPv4의 단점을 개선하기 위해 개발된 새로운 IP 주소체계이다. 인터넷 엔지니어링 태스크 포스(IETF)의 공식규격으로, 차세대 인터넷통신규약이라는 뜻에서 IPng(IP next generation)라고도 한다.

정답 33 ④ 34 ③

35 **네트워크의 교환시스템에서 통신메시지를 고정길이 또는 가변길이의 그룹으로 세분하여 교환하는 방식은?**

① 회선스위칭(Circuit Switching)
② 셀스위칭(Cell Switching)
③ 메시지스위칭(Message Switching)
④ 패킷스위칭(Packet Switching)

해설 ④ **패킷스위칭(Packet Switching)** : 통신메시지를 패킷이라는 고정길이 또는 가변길이의 그룹으로 세분하며, 어떤 프레임 중계기술을 적용하느냐에 따라 패킷의 길이는 가변적이다.
① **회선스위칭(Circuit Switching)** : 통신장치 간에 교환기를 통하여 송신자와 수신자 사이에 통신이 끝날 때까지 통신회선을 계속 연결된 상태로 유지하는 방식으로서 전화회선이 대표적인 예이다.
② **셀스위칭(Cell Switching)** : ATM(Asynchronous Transfer Mode) 스위치는 음성, 비디오 및 그 이외의 데이터를 고정길이 셀로 분할하고, 네트워크의 그 다음 목적지까지 전송한다.
③ **메시지스위칭(Message Switching)** : 전송되는 데이터에 목적지 주소를 부착하여 전송하며 전송경로상의 한 교환기에서 다음 교환기까지만 전송하는 방식이다. 그러므로 그 다음 교환기로 전송될 때까지 한시적으로 저장되었다가 다시 전송되어야 하므로 저장 후 전송방식이라고도 한다.

36 **다음 중 휴대형 인터넷 단말기로 이동 중에도 자유롭게 초고속 인터넷 접속이 가능한 차세대 첨단 통신서비스는?**

① DMB ② 와이브로(WiBro)
③ CDMA ④ 유비쿼터스

해설 **와이브로**(Wireless Broadband Internet) : 제4세대 이동통신으로 가는 중간단계로 우리나라가 세계에서 첫 번째로 개발한 것이다. 이동 중에도 언제, 어디서나 다양한 정보와 콘텐츠 사용이 가능한 초고속 인터넷 서비스이다.

37 **바코드보다 발전한 형태로 물품 등 관리할 사물에 작은 전자칩을 부착, 전파를 이용해 사물의 정보 및 주변 환경정보를 자동으로 추출해 관리하는 것은?**

① 스마트 카드 ② GPS
③ RFID ④ ISBN

해설 **전자태그**(RFID ; Radio Frequency Identification) : 현재의 종이 꼬리표나 바코드 대신 값싼 반도체 칩을 물품에 부착하고 무선주파수(radio frequency)의 전파를 사용하여 사람이나 제품 등의 물체를 자동으로 식별하는 기술이다.

정답 35 ④ 36 ② 37 ③

38 다음 중 고객의 편의를 위해 은행이 설치한 현금자동인출기의 거래처리방식은?

① 부분처리방식
② 일괄처리방식
③ 배치처리방식
④ 온라인처리방식

해설 실시간처리방식(Real-time 또는 On-line)은 자료가 발생되자마자 즉각적으로 처리하며, 단말장치와 온라인으로 연결해 좌석예약이나 현금자동인출기 등에 이용되고 있다.

39 다음 중 컴퓨터 통신에서 정보의 전송과정을 바르게 연결한 것은?

① 복조 → 디코딩 → 인코딩 → 변조
② 변조 → 복조 → 인코딩 → 디코딩
③ 인코딩 → 변조 → 복조 → 디코딩
④ 디코딩 → 인코딩 → 변조 → 복조

해설 컴퓨터 통신에서 정보는 '인코딩 → 변조 → 복조 → 디코딩'의 과정을 통해 전송된다.

40 다음 〈보기〉에서 설명하는 것은? ✔ 2014년 기출

보기
- 인터넷에서 사용되는 프로토콜로서 컴퓨터들을 연결한 네트워크를 통해 컴퓨터 간 패킷의 이동을 관리하는 기능, 전송되는 패킷의 순서를 지켜주는 기능, 패킷이 제대로 전송되었는지 확인하는 기능을 가지고 있다.
- 두 개의 컴퓨터가 서로 다른 하드웨어와 소프트웨어를 사용하고 있어도 상호간 통신을 가능하게 한다.

① TCP/IP
② 지능형 에이전트
③ 침입탐지시스템
④ 배치프로세싱(Batch processing)

해설 ① **TCP/IP** : 패킷통신방식의 인터넷 프로토콜인 IP(Internet Protocol)와 전송조절 프로토콜인 TCP(Transmission Control Protocol)로 이루어져 있다. IP는 패킷전달 여부를 보증하지 않고, 패킷을 보낸 순서와 받는 순서가 다를 수 있다(unreliable datagram service). TCP는 IP 위에서 동작하는 프로토콜로, 데이터의 전달을 보증하고 보낸 순서대로 받게 해준다. HTTP, FTP, SMTP 등 IP를 기반으로 한 많은 수의 애플리케이션 프로토콜들이 TCP 위에서 동작하기 때문에, 묶어서 TCP/IP로 부르기도 한다.
② **지능형 에이전트** : 일반적으로 인터넷 환경에서 지능적으로 활동하는 소프트웨어 프로그램을 말한다.

정답 38 ④ 39 ③ 40 ①

③ **침입탐지시스템** : 외부 침입자가 시스템의 자원을 정당한 권한 없이 불법적으로 사용하려는 시도나, 내부 사용자가 불법적으로 권한을 사용하는 것을 탐지하여 침입을 방지하는 것을 목적으로 하는 S/W or H/W이다.
④ **배치프로세싱(Batch processing)** : 일괄처리방식으로 컴퓨터에 입력시킨 데이터를 일정기간이나 일정량이 될 때까지 축적해 두었다가 일괄적으로 처리하는 방식이다. 즉, 주기적인 자료처리에 이용된다.

41 기업 간의 네트워크의 비즈니스 활용으로 옳은 것은?

① 기업의 LAN과 WAN을 고객의 네트워크와 공급업체의 네트워크에 국내적·국제적으로 연결한다.
② 거래처리비용을 증가시킨다.
③ 기업은 비즈니스 관계와 제휴를 구축하여 비즈니스를 감소시킨다.
④ 경쟁자들을 몰아내기 위해 서비스 품질을 낮춘다.

해설 기업 간 네트워크는 비즈니스에서 기업의 LAN과 WAN을 고객의 네트워크와 공급업체의 네트워크에 국내적·국제적으로 연결한다.

42 다음 중 광섬유 전송의 장점에 대한 설명으로 틀린 것은?

① 크기가 작고 가벼우며 설치노력이 절감된다.
② 아날로그 신호와 디지털 신호의 전송이 가능하다.
③ 도청의 위험성이 매우 높다.
④ 전자적 잡음에 영향을 받지 않기 때문에 에러율이 상당히 낮다.

해설 광섬유 전송의 장점
㉠ 크기가 작고 가벼우며 설치노력이 절감된다.
㉡ 대용량의 전송이 가능하다.
㉢ 전송속도가 빠르다.
㉣ 전자기적 간섭을 받기 때문에 에러율이 상당히 낮다.
㉤ 도청의 위험성이 매우 낮다.
㉥ 아날로그 신호와 디지털 신호의 전송이 가능하다.

정답 41 ① 42 ③

43 다음 〈보기〉에서 설명하는 것은?

✔ 2014년 기출

> **보기**
>
> 기업에서 공중망 인터넷을 마치 자신의 인트라넷처럼 사용하는 방식이다. 터널링기법을 사용해 데이터를 암호화하고 데이터 패킷들을 전송함으로써 제3자의 접근을 막고 안전성을 확보한다.

① 모뎀(Modem)
② 가상사설망(VPN)
③ 부가가치망(VAN)
④ 유비쿼터스(Ubiquitous)

해설 ② **가상사설망(VPN ; Virtual Private Network)** : 기업에서 공중망 인터넷을 마치 자신의 인트라넷처럼 사용하는 방식으로, 터널링(tunneling)기법을 사용해 데이터를 암호화하여 데이터를 안전하게 전송함으로써 제3자의 접근을 막고 안전성을 확보한다.

① **모뎀(Modem)** : 컴퓨터의 디지털 신호를 아날로그 신호로 변환하여 전화선을 통해 전송하거나 전화선의 아날로그 신호를 디지털 신호로 변환하여 컴퓨터로 전송하는 역할을 한다.

③ **부가가치망(VAN)** : 통신사업자로부터 통신회선을 임차하거나 또는 통신사업자가 직접 보유한 통신회선에 정보처리기능을 결합하여 부가가치를 부여한 정보서비스를 제공할 수 있도록 구축된 통신망이다.

④ **유비쿼터스(Ubiquitous)** : 사용자가 네트워크나 컴퓨터를 의식하지 않고 장소에 상관없이 자유롭게 네트워크에 접속할 수 있는 정보통신의 환경을 말한다.

44 다음 중 일반 전화회선을 뜻하는 것으로, 음성정보나 팩스 등을 주고받을 수 있는 네트워크를 지칭하는 것은?

① PSTN(Public Switched Telephone Network)
② EIP(Enterprise Information Portal)
③ VPN(Virtual Private Network)
④ BBS(Bulletin Board System)

해설 ① PSTN(Public Switched Telephone Network, **공중전화 교환망**) : 음성신호를 전달하는 역할을 하는 기존의 일반 전화망을 뜻한다. 교환기를 통하여 사용자들의 전화를 연결하여 음성정보의 교환서비스를 제공한다. 기본적으로 일반가정에서 전화를 이용할 때 음성정보 교환서비스를 지원하고, 현재는 각종 데이터 통신서비스도 공중전화 교환망을 이용하고 있다.

③ **가상사설망(VPN ; Virtual Private Network)** : 모든 사람들에게 공개되어 있는 인터넷이라는 네트워크에서 원격지 지점들 간의 정보통신을 인터넷을 통하여 수행하면서도 마치 사설망을 쓰고 있는 것처럼 해주는 기능이다.

④ BBS(Bulletine Board System) : 온라인을 통한 정보교환시스템을 말한다.

정답 43 ② 44 ①

CHAPTER

9 인터넷과 전자상거래

01 인터넷의 개요

(1) 인터넷의 개념

① 인터넷은 전 세계의 컴퓨터가 서로 연결되어 정보를 교환할 수 있는 하나의 거대한 컴퓨터 통신망이다. 즉, 인터넷은 수많은 컴퓨터 네트워크들을 연결시키는 네트워크이다. 공통된 주소체계와 '전송제어 프로토콜/인터넷 프로토콜(TCP/IP ; Transmission Control Protocol/ Internet Protocol)'이라는 통신 프로토콜에 기반을 두고 있다.

㉠ 인터넷의 시초는 1969년 미국의 국방성이 적의 공격에 의해 통신망에 연결된 몇 대의 통제용 컴퓨터가 파괴되더라도 다른 통신망을 통해 정보교환이 가능하게 하도록 구축한 ARPAnet(advanced research project agency network)에서 비롯되었다.

㉡ CSnet(computer science network) : 1979년 미국 국립과학재단이 개설한 대학・연구소・일반기업 등을 위한 네트워크, 후에 NSFnet으로 개편하였다.

㉢ BITnet(because it's time network) : 1981년 미국의 뉴욕 시립대학과 예일대학의 컴퓨터를 통신회선으로 연결하면서부터 발전한 세계적인 대학 간 학술정보 전산망이다.

㉣ NSFnet(national science foundation network) : 1986년 미국 전역에 분산되어 있는 슈퍼컴퓨터센터, 연구기관, 대학, 도서관 등을 상호 접속하여, 과학기술분야의 교육과 연구개발을 지원하기 위한 망서비스를 제공하고 있다.

㉤ **인터넷 주소체계** : IPv6(Internet Protocol version 6)은 IPv4 프로토콜의 한계점으로 인해 그 대안으로 개발된 차세대 주소표현방식을 말한다. IPv6은 128bit의 주소체계를 가지고 있고 16bit씩 8개의 부분을 16진수로 표시하며, 약 2128개의 주소를 갖고 있어 거의 무한대로 사용할 수 있다.

② 인터넷의 본래 용도는 전자우편(Electronic mail ; E-mail), 파일전송 프로토콜(FTP ; File Transfer Protocol)에 의한 파일전송, 전자게시판 및 뉴스그룹, 원격컴퓨터 접속(telnet) 등이었다. 그러나 1990년대에 접어들면서, 그래픽 환경을 통해 인터넷 사이트들을 간단하고 쉽게 사용할 수 있도록 만든 월드 와이드 웹(WWW : World Wide Web)이 급격하게 확산되면서 인터넷의 핵심요소가 되었다. 월드 와이드 웹은 전 세계의 서로 다른 네트워크를 연결하는 표준 글로벌 네트워크이다.

③ 웹(Web) 2.0(2세대 인터넷 기반서비스)

㉠ 웹(Web) 2.0은 인터넷 사용환경이 상호작용과 기초적인 사회적 네트워크에 중점을 두고 있으며, 사용자들의 참여로 콘텐츠와 서비스가 창조되는 분산구조의 형식이다.

㉡ 웹(Web) 2.0의 특징

ⓐ 웹 플랫폼화

ⓑ 사용자가 직접 가치를 부여

ⓒ 실시간 상호작용

ⓓ 사용자 참여(공유)

ⓔ 사용자 생성 콘텐츠

ⓕ 롱테일 비즈니스

㉢ 인터넷상에서 정보를 모아 보여주기만 하는 웹 1.0에 비해 웹 2.0은 사용자가 직접 데이터를 다룰 수 있도록 데이터를 제공하는 플랫폼이 정보를 더 쉽게 공유하고 서비스 받을 수 있도록 만들어진 것이다. RSS, 검색엔진, 블로그(Blog), 위키피디아(Wikipedia), 딜리셔스(del.icio.us) 등이 이에 속한다.

④ 웹(Web) 3.0

㉠ 웹 3.0은 월드 와이드 웹이 앞으로 어떻게 될 것인지를 서술할 때 쓰이는 용어이다.

㉡ 웹 3.0은 개인화, 지능화된 웹으로 진화하여 개인이 중심에서 모든 것을 판단하고 추론하는 방향으로 개발되고 활용된다. 웹(Web) 3.0의 핵심기술은 시맨틱 웹(Semantic Web) 기술로 컴퓨터가 사람을 대신하여 정보자원의 뜻을 이해하고, 논리적인 추론까지 할 수 있는 기술이다.

플러스 UP 시맨틱 웹(semantic web)

㉠ 인터넷비즈니스와 관련된 네트워크기술의 하나로 월드 와이드 웹(World Wide Web)을 창시한 팀 버너스 리(Lee)가 창안한 현재의 웹이 의미의 웹으로 진화한 개념이다.

㉡ 컴퓨터가 스스로 문장이나 문맥 속의 단어의 미묘한 의미를 구분하여 사용자가 원하는 정보를 제공할 수 있는 웹이다.

㉢ 시맨틱 웹(Semantic Web)은 컴퓨터가 정보자원의 뜻을 이해하고, 논리적 추론까지 할 수 있는 차세대 지능형 웹이다. 현재의 컴퓨터처럼 사람이 마우스나 키보드를 이용해 원하는 정보를 찾아 눈으로 보고 이해하는 웹이 아니라, 컴퓨터가 이해할 수 있는 웹을 말한다.

㉣ 즉, 사람이 읽고 해석하기에 편리하게 설계되어 있는 현재의 웹 대신에 컴퓨터가 이해할 수 있는 형태의 새로운 언어로 표현해 기계들끼리 서로 의사소통을 할 수 있는 지능형 웹이다.

⑤ 사물인터넷(IoT)

㉠ 사물인터넷(Internet of Things : IoT)은 현실세계의 사물들과 가상세계를 네트워크로 상호 연결해 사람과 사물, 사물과 사물 간 언제 어디서나 서로 소통할 수 있도록 하는 미래 인터넷 기술을 의미한다.

㉡ 이 용어는 1999년 MIT대 오토아이디센터(Auto-ID Center) 소장 케빈 애시턴(Kevin Ashton)이 향후 RFID(전자태그)와 기타 센서를 일상생활에 사용하는 사물에 탑재한 사물인터넷이 구축될 것이라고 전망하면서 처음 사용한 것으로 알려져 있다.

㉢ 사물인터넷에 연결되는 사물들은 자신을 구별할 수 있는 유일한 아이피를 가지고 인터넷으로 연결되어야 하며, 외부 환경으로부터의 데이터 취득을 위해 센서를 내장할 수 있다.

㉣ 유무선 네트워크에서의 엔드디바이스(end-device)는 물론 인간, 차량, 교량, 각종 전자장비, 문화재, 자연환경을 구성하는 물리적 사물 등이 모두 이 기술의 구성요인에 포함되며, 가전에서부터 자동차, 물류, 스마트팩토리, 스마트팜, 헬스케어 등에 이르기까지 다양한 분야에서 활용가능하다.

㉤ 모든 것이 연결되는 '연결성', 연결성을 기반으로 점검과 제어가 실시간으로 가능한 '즉시성', 수집한 데이터를 다양한 목적으로 활용할 수 있는 '확장성' 때문에 다양한 분야에서 활용할 수 있다.

(2) 인터넷의 특징

① 인터넷의 특징에는 개방성, 멀티미디어 정보전송능력, 네트워크 용량의 지속적인 확대, 시간적·공간적 장벽의 해소, 정보의 발생 즉시 검색이 가능, 정보의 신속·정확한 교환 등이 있다.

② 도메인(Domain)은 인터넷 주소(인터넷 호스트 컴퓨터가 할당받은 주소)를 가리키는 말로서 IP 주소(IP Address)와 도메인 이름(Domain Name)으로 구분할 수 있다. 인터넷 호스트 컴퓨터가 할당받은 주소는 본래 숫자로 만들어졌고 이를 가리켜 IP 주소라고 한다. 기관별 도메인 이름은 ㉠ edu : 교육기관, ㉡ gov : 정부기관, ㉢ org : 비영리기관/단체, ㉣ com : 영리기관, ㉤ mil : 군사기관, ㉥ net : 네트워크 관련 기관 등이 있다.

③ 인터넷의 다른 컴퓨터와 접속하려면 반드시 IP 주소를 알아야 한다. 이러한 문제를 해결하기 위해서 나온 것이 DNS(Domain Name System or Server)이다. DNS는 숫자로 표현되는 IP 주소에 대해서 각각 도메인 이름을 할당해 주고 사용자가 도메인 이름으로 다른 호스트에 접속하고자 할 때 IP 주소를 알려주는 서비스이다.

④ 인터넷이 제공하는 서비스는 네트워크 게임, 네트워크 상거래, 가상박물관 등으로 확장되었고 아마추어 라디오, 케이블 텔레비전망, 스프레드 스펙트럼 라디오, 인공위성, 광섬유 등이 인터넷 서비스 전달에 활용되고 있다.

⑤ 인터넷의 활용분야에는 가상교육, 전자우편, 정보검색, 채팅, 인터넷 전화, 인터넷 방송, 전자상거래, 쇼핑, 광고, 화상회의 등 다양하게 활용될 수 있다.

플러스 UP DNS, HTML, HTTP

㉠ DNS(Domain Name System or Server) : 인터넷에 연결된 특정 컴퓨터의 도메인 네임(Domain name)을 IP 주소(Address)를 찾아 변환해 주는 일을 하는 컴퓨터 체계이다.
㉡ HTML(Hyper Text Markup Language) : 인터넷 서비스의 하나인 월드 와이드 웹을 통해 볼 수 있는 문서를 만들 때 사용하는 프로그래밍 언어의 한 종류이다. 특히, 하이퍼텍스트를 작성하기 위해 개발되었으며, 인터넷에서 웹을 통해 접근되는 대부분의 웹페이지들은 HTML로 작성된다.
㉢ HTTP(Hyper Text Transfer Protocol) : 하이퍼미디어(Hypermedia) 방식을 지원해 주는 일종의 통신규약(Protocol)이다.

플러스 UP 인터넷 용어

㉠ 버그(Bug) : 소프트웨어나 하드웨어의 오류 또는 오동작
㉡ 봇넷(Botnet) : 스팸메일이나 악성코드 등을 전파하도록 하는 악성코드 봇(Bot)에 감염되어 해커가 마음대로 제어할 수 있는 좀비 PC들로 구성된 네트워크를 말한다.
㉢ 스파이웨어(Spyware) : 다른 사람의 컴퓨터에 잠입하여 중요한 개인정보를 빼가는 소프트웨어를 말한다.
㉣ 패치(Patch) : 컴퓨터 프로그램의 일부를 빠르게 고치기 위해 개발사가 추가로 내놓은 수정용 소프트웨어로 픽스(fix)라고 부르기도 한다.

(3) 인트라넷(Intranet)

① 인트라넷의 개념

㉠ 인트라넷은 한 조직 내부의 네트워크로 많은 인터넷 기술을 이용해 기업 내부 환경에 정보 공유, 커뮤니케이션, 협업, 업무 프로세스를 지원한다.

㉡ 인트라넷 애플리케이션을 관리하기 위한 사용자 서비스에는 인트라넷 포털, 브라우저, 서버 소프트웨어, 기업의 인트라넷 소프트웨어 환경의 일부인 애플리케이션 소프트웨어, 그룹웨어 등이 있다.

㉢ 웹브라우저/서버 소프트웨어, 검색엔진, 웹 소프트웨어 툴, 네트워크 관리 소프트웨어가 개방형 인트라넷의 주요 요소이다.

② 인트라넷의 특징

㉠ 인트라넷은 이메일, 팩스 등을 이용함으로써 기업 내부의 커뮤니케이션을 향상시킬 수 있고, 토론그룹, 채팅방, 비디오회의와 같은 서비스를 통해 협업활동을 향상시킬 수 있다.

㉡ 인트라넷은 의사결정과 비즈니스 운영을 지원하는 핵심 애플리케이션 개발과 배치를 위한 플랫폼으로 사용된다.

ⓒ 인트라넷의 전사정보 포털은 일상 기업용무의 대시보드가 되었다.

ⓔ 인트라넷은 인터넷 기술을 기반으로 한 기업 내부의 네트워크로서 인터넷과 마찬가지로 어디서든지 IP 주소에 의해 웹사이트에 접속할 수 있지만 조직구성원들에게만 허용된다.

③ 인트라넷의 장점

㉠ 범세계적이고 전사적인 영역

㉡ 브라우저를 통한 쉽고 편리한 그래픽 사용자 인터페이스 접근

㉢ 모든 플랫폼에 사용이 가능하다.

㉣ 하드웨어, 소프트웨어 적용시 비용이 저렴하다.

㉤ 표준화된 문서작성 및 파일전송이 가능하다.

㉥ 빠른 정보접근성, 공동작업시 생산성이 향상된다.

(4) 엑스트라넷(Extranet)

① 인터넷 기술을 사용하여 공급사·고객·협력업체 사이의 인트라넷을 연결하는 협력적 네트워크로, 자기회사와 관련 있는 기업체(납품업체, 고객업체)들과의 원활한 통신을 위해 인트라넷의 이용범위를 그들 관련 기업체 간으로 확대한 것이다. 자사와 제휴 및 관련업체와의 업무를 공유하거나 협력관계를 유지함으로써 생산성 향상, 비용의 절감, 커뮤니케이션 향상 등을 가져오게 된다.

② 엑스트라넷의 비지니스 가치

㉠ 고객과 공급자는 기존의 방법보다 훨씬 빠르고 편리하게 접속할 수 있다.

㉡ 기업은 비즈니스 파트너들에게 새로운 형식의 상호대화식 웹서비스를 제공할 수 있다.

㉢ 고객과 비즈니스 파트너 간의 커뮤니케이션의 개선과 사업적 우위를 가져다준다.

(5) 인터넷 광고(Internet Advertising)

① 인터넷을 활용하여 적은 비용으로 많은 소비자를 만날 수 있으며, 고객의 반응도 바로 파악할 수 있는 광고이다. 인터넷 광고에는 노출형 광고와 검색 광고로 나눌 수 있다.

② 광고효과를 측정하는 방법은 히트 수, 방문횟수, 뷰, 클릭 수, 사용자 등을 이용한다.

③ 인터넷 광고의 장점

㉠ 갱신이 쉽고, 비용이 적게 든다.

㉡ 타깃광고나 맞춤광고가 가능하다.

㉢ 효과의 측정이 용이하다.

㉣ 쌍방향 커뮤니케이션이다.

02 전자상거래의 개요

(1) 전자상거래의 개념

① 전자상거래의 개념

㉠ 전자상거래(EC)는 기업과 기업 또는 기업과 소비자 간의 상거래 활동을 통신네트워크를 통해 수행하는 것을 의미한다.

㉡ 전자상거래의 네트워크 기반이 주로 인터넷을 중심으로 이루어져 있으며, 향후 추세도 인터넷을 기반으로 하는 전자상거래로 정착, 발전할 것이기 때문에 일반적으로 전자상거래란 인터넷 전자상거래를 지칭하는 경우가 많다.

② 전자상거래의 등장

㉠ 일반적으로 전자상거래의 등장은 1970년대 미국에서 시작된 EDI(Electronic Data Interchange)로부터 시작되었다고 할 수 있다.

㉡ EDI란 국제 운송회사들이 운송서류를 신속히 전달할 목적으로 전자문서를 표준화하여 사용한 것이 시초이며, 기업 간 거래의 시작에서 종료시점까지 표준화된 전자형식으로, 컴퓨터와 컴퓨터 간에 상호 정보를 서류 없이 처리하는 절차로 정의할 수 있다. 이후에 EDI는 CALS로 확장되었다.

㉢ CALS란 1985년 무기 매뉴얼의 디지털화 등 군 내부 업무를 개선할 목적으로 개발되었으나, 오늘날엔 상품의 설계, 개발, 생산, 판매, 유지・보수, 폐기 등 상품의 전 주기에 걸친 기업활동 전반을 전자화하는 것으로 확장되었다.

③ 정보통신의 전자상거래 애플리케이션 비즈니스 가치

㉠ 지리적 장애의 극복 : 먼 곳에서 발생한 거래정보를 획득

㉡ 시간장애의 극복 : 먼 곳으로부터의 정보요청을 바로 처리

㉢ 비용장애의 극복 : 전통적인 통신수단의 비용 절감

㉣ 구조적 장애의 극복 : 경쟁우위를 위한 연계를 지원

플러스 UP 탈중개화

㉠ 탈중개화(disintermediation)는 디지털 시장에서는 유통업자와 같은 중개인을 거치지 않고 판매자가 직접 소비자에게 상품을 제공할 수 있어서 중개상이 사라지는 현상을 말한다.

㉡ 탈중개화로 디지털 시장에서는 최종 소비자가격을 낮출 수 있다.

④ 전자상거래의 모델

㉠ **참여주체에 따른 비즈니스 모델의 분류** : 기업 간의 전자상거래(B2B), 기업과 소비자 간의 전자상거래(B2C), 소비자와 기업 간의 전자상거래(C2B), 소비자와 소비자 간의 전자상거래(C2C), 기업과 정부 간의 전자상거래(B2G), 정부와 소비자 간의 전자상거래(G2C)

㉡ **수익원천에 따른 비즈니스 모델의 분류** : 광고형 모델, 판매형 모델, 중개형 모델, 회비형 모델 등이 있다.

(2) 전자상거래의 유형

① 기업과 소비자 간의 전자상거래(B2C ; Business to Consumer)

㉠ 기업과 소비자(B2C) 간의 전자상거래란 소비자들이 인터넷 쇼핑몰 등에서 구매하는 형태를 의미한다. 즉, 기업과 소비자 간의 전자상거래는 기업이 네트워크를 이용하여 고객에게 제품 및 서비스를 직접 전달하기 위한 것이다.

㉡ 인터넷 쇼핑몰과 같은 홈 뱅킹, 인터넷 뱅킹, 대금납부, 자금이체 등의 온라인 광고, 사이버 주식거래, 정보・교육 제공(유료 데이터베이스), 오락(게임, 주문형 서비스) 등이 그 예이다.

㉢ 인터넷에서는 역경매도 이루어지고 있는데, 역경매란 전통적인 방식과는 달리 다수의 판매자가 구매자에게 상품을 판매할 경우에 주로 이용한다. 역경매에서는 구매자가 제품의 구매의사를 공시하고, 판매자가 자사제품의 우월성을 홍보하며 가격을 제시하게 된다.

㉣ 기업과 소비자 간의 전자상거래는 기업의 입장에서는 다음의 사항을 주된 목적으로 한다.

ⓐ 새로운 사업기회의 개발

ⓑ 새로운 판매채널의 개발로 인한 매출의 증대

ⓒ 값비싼 중간상인의 배제로 인한 원가 절감

ⓓ 소비자에 대한 직접적 서비스의 향상 등

② 기업과 기업 간의 전자상거래(B2B ; Business to Business)

㉠ 기업과 기업(B2B) 간의 전자상거래란 기업의 부가가치 통신망, 인터넷 등의 네트워크상에서 기업 간의 주문처리, 송장처리, 지불 등을 하는 것을 의미한다. 기업 간의 전자상거래는 1990년대 초까지는 주로 VAN을 이용하다가 1990년대 중반 이후부터는 인터넷을 활용하고 있으며, 무역・제조 등의 분야에서 활용되기 시작하여 점차 다른 업종으로 확산되어 왔다.

㉡ 기업 간의 전자상거래의 직접적인 이점으로는 종이 없이 전자적으로 처리함으로써 업무처리비용 및 시간의 절감, 자료의 재입력이 없어지면서 입력오류 방지, 업무처리절차 개선이 있다. 전략적 이점으로는 거래상대방과의 관계 개선, 경쟁우위 확보, 전략적 정보시스템의 구축과 경영혁신의 추구이다.

㉢ 기업 간의 전자상거래는 네트워크를 통하여 서로 연결된 2개 이상의 기업이 원자재 및 부품의 조달, 유통 등의 물류활동이나 신제품의 공동개발, 공동생산 등을 전자적인 방법으로 처리하여 경영효율을 높이고자 하는 것이다. EDI, Extranet, 전자자금 이체(Electronic Funds Transfer) 등이 그 예이다.

㉣ 기업 간의 전자상거래는 네트워크를 통한 거래처리를 통하여 다음의 사항을 주된 목적으로 한다.
ⓐ 원가의 절감
ⓑ 개발 및 생산 등에 있어서의 사이클 타임의 단축
ⓒ 보다 향상된 고객 서비스의 제공 등

③ **소비자와 소비자 간의 전자상거래(C2C ; Consumer to Consumer)**
㉠ 소비자와 소비자(C2C) 간의 전자상거래에는 직거래와 경매가 대표적이며, 주로 일반적인 경매형태와 역경매가 이루어지고 있다.
㉡ 전통적 경매방식이란 최저가로 시작해서 더 이상 높은 가격이 제안되지 않으면 최고가에 낙찰하는 오름차순 경매제도를 말한다.

④ **기업과 정부 간의 전자상거래(B2G ; Business to Government)**
기업과 정부 간(B2G)의 전자상거래는 아직 초기단계라 할 수 있는데, 정부조직에서 인터넷과 같은 전자적 매체를 통해 민간기업으로부터 필요한 물품을 조달하거나 법인세·부가가치세 등을 징수하는 것 등이 이에 해당한다.

⑤ **소비자와 정부 간의 전자상거래(C2G ; Consumer to Government)**
소비자와 정부(C2G) 간의 전자상거래는 행정전산망을 그 예로 들 수 있으며, 전자적 매체를 통하여 소비자들이 정부가 제공하는 서비스를 이용하는 것을 의미한다.

(3) 전자상거래의 활용현황

① **전자상거래의 활용으로 발생하는 사업상의 가치**
㉠ 온라인 판매를 통한 새로운 수익을 창출한다.
㉡ 생산원가를 절감(비용감소)한다.
㉢ 보다 향상된 웹 고객서비스와 지원으로 기존고객의 충성도를 높인다.
㉣ 새로운 시장과 채널을 개발한다.
㉤ 새로운 웹기반의 상품을 개발한다.
㉥ 웹마케팅과 광고 그리고 온라인 판매를 통한 새로운 고객을 유치한다.

② **전자문서교환(EDI : Electronic Data Interchange)**
㉠ EDI란 기업 간에 데이터를 효율적으로 교환하기 위해 지정한 데이터와 문서의 표준화 시스템이다. 즉, 이메일·팩스와 더불어 전자상거래의 한 형태이며, 기업 간의 거래에 관한 데이터와 문서를 표준화하여 컴퓨터 통신망으로 거래당사자가 직접 전송·수신하는 정보전달시스템이다.
㉡ 국내 기업 간의 거래는 물론 국제무역에서 각종 서류의 작성과 발송, 서류정리절차 등의 번거로운 사무처리가 없어져 처리시간의 단축, 비용의 절감 등으로 제품의 주문·생산·납품·유통의 모든 단계에서 생산성을 획기적으로 향상시킨다.

③ 광속상거래(CALS ; Commerce At Light Speed)

㉠ 광속상거래란 뭔가 새로운 것을 만들어 내는 것이 아니라 지금까지 있었던 정보를 최대한 효율화하기 위한 시스템의 개념, 구축운동으로써 물류의 연속적인 구매와 제 사이클 동안 물류의 지원을 할 수 있는 시스템을 의미한다.

㉡ 즉, 모든 기업 및 기업 내에서 제품을 설계, 개발, 제조, 유통서비스의 데이터가 디지털화된 데이터베이스 속에서 제품의 설계시부터 제품의 라이프사이클(Life-cycle) 동안 제품의 품질을 유지할 물류를 실시간으로 관리하는 시스템이라고 할 수 있다.

㉢ CALS를 통해 서류에 의존하는 기술정보의 생성 및 교환을 디지털 정보로 생성・교환하는 것으로 전환하고, 업무처리 절차의 근본적인 재구성을 통해 개별적으로 자동화・진화된 체계를 통합시켜 디지털 정보 교환체계를 구축하여 비용절감, 시간단축 및 종합적인 품질향상을 얻을 수 있게 된다.

④ 공급체인관리(SCM ; Supply Chain Management)

㉠ 공급체인관리는 제품계획, 원재료 구매, 제조, 배달 등 공급체인에 관련된 구성요소를 유기적으로 통합하고, 그 결과로 생성된 가치를 고객에게 전달한다. 따라서, '불확실성이 높은 시장변화에 Supply Chain 전체를 기민하게 대응시켜 다이내믹(dynamic)하게 최적화를 도모하는 것'으로 정의할 수 있다.

㉡ 구체적으로는 이제까지 부문마다의 최적화, 기업마다의 최적화에 머물렀던 정보, 물류, 현금에 관련된 업무의 흐름을 Supply Chain 전체의 관점에서 재검토하여 정보의 공유화와 비즈니스 프로세스의 근본적인 변혁을 꾀하여 채찍효과를 해결하고 Supply Chain 전체의 효율을 향상시키려고 하는 기법이다.

플러스 UP **채찍효과(Bullwhip Effect)**

㉠ **개념** : 채찍효과는 공급사슬에서 최종 소비자로부터 멀어질수록(즉, 상류로 갈수록) 정보가 지연되거나 왜곡되어 수요와 재고의 불안정이 확대되는 현상을 말한다. 이것은 소를 몰 때 쓰는 긴 채찍은 손잡이 부분에서 작은 힘이 가해져도 끝 부분에서는 큰 파동이 생기는 데 착안해 붙여진 이름이다.

㉡ **영향** : 정보의 왜곡현상으로 공급사슬 전체로는 재고가 많아지게 되고 고객에 대한 서비스 수준도 떨어지며 생산능력계획의 오류, 수송상의 비효율, 생산계획의 난맥 등과 같은 악영향이 발생하게 된다.

㉢ **채찍효과의 주요 원인** : ⓐ 여러 부문에서의 중복적인 수요예측, ⓑ 일괄주문에 의한 주문량의 변동폭 증가, ⓒ 결품에 대한 우려로 경쟁적인 주문증대에 의한 가수요, ⓓ 고가 또는 저가정책에 의한 선행 구입, ⓔ 긴 리드타임 등이다.

⑤ 고객관계관리(CRM ; Customer Relationship Management)

㉠ CRM은 고객과 관련된 기업의 내・외부 자료를 분석, 통합하여 고객의 특성에 기초한 마케팅 활동을 계획하고, 지원하며, 평가하는 과정이다. CRM은 고객의 수익성을 우

선시하여 콜센터, 캠페인 관리도구와의 결합을 통해 고객정보를 적극적으로 활용하는 것이다.

㉡ CRM과 데이터베이스 마케팅과의 차이점

ⓐ 첫 번째 차이점은 CRM에는 기업 내 사고를 바꾸자는 BPR적인 성격이 강하게 내포되어 있다. 기업의 고객과 관련된 내·외부 자료를 이용하자는 측면은 데이터베이스 마케팅과 성격이 같다고 할 수 있다. 그러나 CRM의 경우 고객의 정보를 취할 수 있는 방법, 즉 고객접점이 데이터베이스 마케팅에 비해 훨씬 더 다양하고, 이 다양한 정보의 취득을 전사적으로 행한다는 것이다.

ⓑ 두 번째 차이점은 고객관리에 대한 전략의 확보이다. 데이터베이스 마케팅이 DM(Direct Mailing), TM(Tele-Marketing)과 같은 방식을 이용하여 순간순간의 고객정보를 취하여 이를 다시 매스마케팅(Mass Marketing)에 활용하는 반면에, CRM은 고객데이터의 세분화를 실시하여 신규고객 획득, 우수고객 유지, 고객가치 증진, 잠재고객 활성화, 평생 고객화와 같은 사이클을 통하여 고객을 적극적으로 관리하고 유도하며, 고객의 가치를 극대화시킬 수 있는 전략을 가지고 있는가의 여부에 있는 것이다.

플러스 UP 롱테일 법칙(Long Tail Theory)

㉠ 롱테일 법칙은 매출의 80%는 20%의 핵심고객에게 나온다는 파레토(Pareto) 법칙에 반대되는 의미로, 80%의 고객에게서 20%에 해당하는 핵심고객보다 더 많은 매출이 발생할 수 있다는 법칙이다.

㉡ 롱테일 법칙의 핵심은 20%의 인기상품에서 나오는 수익과 80%의 비인기상품에서 나오는 수익을 비교했을 때, 80%의 비인기상품의 총수익을 절대 무시할 수 없다는 관점이다.

㉢ 롱테일 법칙의 근간은 현대사회가 인기상품이나 주력상품에 집중하는 획일적 사고에서 벗어나 다양한 가능성에 눈뜰 수 있는 계기가 되었다. 실제로 롱테일 법칙은 80%의 '사소한 다수'가 만들어 내는 새로운 시장과 지식 등 다양성의 힘을 강조하고 있다. 80%의 사소한 다수가 20%의 핵심적인 소수보다 매우 뛰어난 가치를 창출한다는 법칙이다. 비인기상품도 전체적으로 모이면 큰 시장을 만들 수 있다.

⑥ 전사적 자원관리(ERP ; Enterprise Resource Planning)

㉠ 전사적 자원관리는 기업의 인적·물적자원을 효율적으로 활용하는 관리시스템으로서 통합업무 패키지 또는 기간업무시스템으로 불리우며, 기업경쟁력 강화를 위한 통합정보시스템 구축을 목적으로 한다.

㉡ ERP의 도입효과

ⓐ 기업 내의 영업, 생산, 구매, 자재, 회계 등 모든 조직과 업무가 IT로 통합되어 실시간으로 모든 정보를 통합·처리할 수 있게 된다.

ⓑ ERP 패키지 내에 포함되어 있는 Best Practice라는 선진 프로세스를 회사 내에 적용시킬 수 있어 BPR을 자동적으로 수행한 결과를 가져온다.

ⓒ 복잡·다양해져 가는 시대에 충분한 확장성을 보장받을 수 있어, 중·장기적인 관점에서 비용을 절약하는 효과를 가져온다.

㉢ ERP시스템의 특징

ⓐ 재고관리능력의 향상에 따른 업무의 효율화와 계획생산체제의 구축이 가능해질 뿐 아니라, 생산실적관리도 편리해진다.

ⓑ ERP시스템을 도입함으로써 업무처리능률을 극대화하기 위한 선진프로세스와 최첨단의 정보기술을 동시에 얻는 효과가 있다.

(4) 전자결제시스템

① 전자결제(Electronic Payment)의 의미

㉠ 전자결제는 전통적인 어음·수표 등에 의한 결제에 대응하는 개념으로 결제절차가 전자적인 방식에 의해 이루어지는 것을 의미한다. 전자결제를 e-Credit라고도 한다.

㉡ 전자결제방식의 사용이 증가하게 되면 지급결제의 신속화·간소화는 물론 취급비용의 감소로 전자결제가 활성화된다.

㉢ 전자결제시스템의 특징은 익명성이 보장되고, 결제가 안전하며, 소액결제가 가능하다.

② 전자결제의 유형

㉠ 전자결제는 신용카드와 은행계좌이체, 은행가상계좌, 휴대폰, ARS 신용카드 안전결제 등을 통해서 이루어진다.

㉡ 부가서비스로 에스크로(escrow), 전자보증, 현금영수증 등을 제공하고 있다.

③ 전자화폐의 유형

전자화폐는 화폐적 가치가 어떻게 저장되었는가에 따라 IC카드형과 네트워크형으로 나뉜다.

㉠ IC카드형 전자화폐

ⓐ IC카드형 전자화폐는 오프라인 전자화폐시스템으로 전자지갑형 전자화폐라고 한다.

ⓑ IC카드형 전자화폐로에는 몬덱스(Mondex), 비자캐시(Visa Cash), K-Cash 등이 있다.

㉡ 네트워크형 전자화폐

ⓐ 네트워크형 전자화폐는 가상은행이나 인터넷과 연결된 고객의 컴퓨터에 저장한다.

ⓑ 종류에는 이캐시(e-Cash), 사이버코인(cybercoin) 등이 있다.

④ 에스크로(Escrow)

㉠ 에스크로는 공신력 있는 제3자가 소비자가 물품을 구입하여 구매금액을 지불하면 맡고 있다가 판매자의 판매가 정상적으로 완료되면 판매자 계좌로 입금시키는 결제방식이므로 정상적인 물품을 받을 수 있다는 소비자 이점과 물품에 대한 대금을 확실하게 받을 수 있다는 판매자 이점이 있다.

㉡ 전자상거래의 문제인 허위거래나 사기사건 발생을 방지하기 위한 대책으로 구매자나 판매자가 입을 수 있는 피해를 예방하여 거래의 양 당사자를 모두 보호할 수 있다.

(5) 전자상거래에서 사용하는 보안기법

① **전자인증서(Digital Certificate)** : 전자거래나 전자신청에 널리 사용되며 인증기관이 신청자가 제시한 암호키를 확인한 후 인증하는 것으로, 전자상거래의 신뢰를 형성하는 중요한 역할을 수행한다.

② **대칭키 암호화(Symmetric Key Encryption)** : 암호화키와 복호화키를 같게 하여 사용하는 암호화 방식이다.

③ **공개키 암호화(Public Key Encryption)** : 암호화키와 복호화키를 다르게 사용하는 암호화 방식이다.

④ **SSL** : 인터넷을 통한 메시지 전송을 안전하게 하기 위해 Netscape에서 개발한 인터넷 서버와 클라이언트 간에 인증을 위해 사용하는 네트워크계층의 암호화 방식이다.

⑤ **S-HTTP** : 기존의 HTTP의 취약한 보안을 보완하여 HTTP가 주고받는 데이터의 암호화를 수행하고 전자서명을 지원하는 방식이다.

⑥ **SET** : 신용카드를 기반으로 한 상품구매시 전자결제를 안전하게 할 수 있도록 하기 위해 만든 전자결제과정 표준안이다.

⑦ **SEA** : HTTP와 호환성 문제를 해결하기 위해 제안

플러스 UP 디지털 경제(e-Economy)

㉠ **디지털 경제** : 인터넷을 기반으로 이루어지는 모든 경제활동이며, 디지털 경제에서 성공하기 위한 3C는 독창성(Creativity) · 고객(Customer) · 신용(Credit) 등이다.

㉡ **디지털 경제 하의 새로운 경제원칙**

ⓐ 수직적 통합 → 수직적 통합의 해체

ⓑ 유형자산에서 수익획득 → 무형자산에서 수익획득

ⓒ 수확체감 → 수확체증

ⓓ 불안전한 정보 → 완전정보

㉢ 음악파일과 같은 디지털상품은 전통상품에 비해 생산비용은 높지만 추가 생산비용(한계비용)은 거의 0에 가깝다. 따라서 전통상품에 비해 생산비용은 매우 높지만 유통비용은 매우 낮다. 디지털시장에서 거래되는 디지털상품은 기존의 한계가격결정의 원리에 따라 가격을 결정할 수 없고, 여러 가지의 제품판매전략(가격차별화 판매전략, 제품차별화 판매전략, 여타의 판매전략)을 사용하고 있다.

플러스UP 용어 정리

㉠ JIT(Just-in-Time) : 적기공급생산으로 재고를 쌓아 두지 않고서도 필요한 때 적기에 제품을 공급하는 생산방식이다. 즉, 팔릴 물건을 팔릴 때에 팔릴 만큼만 생산하여 판매하는 방식이다.

㉡ Lean System : 작업공정 혁신을 통해 비용은 줄이고 생산성은 높이는 것을 말한다. 즉, 숙련된 기술자들의 편성과 자동화 기계의 사용으로 적정량의 제품을 생산하는 방식이다.

㉢ MTS(Microsoft Transaction Server) : 윈도 NT 시스템이 설치된 인터넷 서버나 네트워크 서버에서 실행되는 프로그램으로서, 클라이언트 컴퓨터 사용자를 대신하여 애플리케이션이나 데이터베이스 트랜잭션 요구를 관리한다.

㉣ BTO(Build-Transfer-Operate) : 민간사업자가 재원을 조달하여 설계 및 시공을 하고 국가에 반환하고 사업권을 부여받아 일정기간 동안 운영하는 방식이다.

㉤ 오픈API(Open Application Programmer Interface) : 검색, 블로그 등의 데이터 플랫폼을 외부에 공개하여 다양하고 재미있는 서비스 및 애플리케이션을 개발할 수 있도록 외부 개발자나 사용자들과 공유하는 프로그램을 말한다.

㉥ 홈트레이딩시스템(HTS : Home Trading System) : 개인 투자자가 객장에 나가지 않고, 가정이나 사무실에서 컴퓨터를 이용해 주식거래를 할 수 있는 프로그램을 말한다.

㉦ 판매시점관리시스템(Point of Sales) : 무슨 상품이 언제, 어디에서, 얼마나 팔렸는지를 파악할 수 있도록 상품이 판매되는 시점에 판매정보를 수집하여 관리하는 시스템을 지칭한다.

CHAPTER

9 기출유형 다잡기

01 **다음 중 도메인 네임을 IP 주소로 변환하는 것은?**

① DNS ② HTML

③ IFCS ④ HTTP

해설 ① DNS(Domain Name System or Server) : 인터넷에 연결된 특정 컴퓨터의 도메인 네임(Domain name)을 IP 주소(Address)를 찾아 변환해 주는 일을 하는 컴퓨터 체계이다.
② HTML(Hyper Text Markup Language) : 인터넷 서비스의 하나인 월드 와이드 웹을 통해 볼 수 있는 문서를 만들 때 사용하는 프로그래밍 언어의 한 종류이다. 특히 하이퍼텍스트를 작성하기 위해 개발되었으며, 인터넷에서 웹을 통해 접근되는 대부분의 웹페이지들은 HTML로 작성된다.
④ HTTP(Hyper Text Transfer Protocol) : 하이퍼미디어(Hypermedia) 방식을 지원해 주는 일종의 통신규약(Protocol)이다.

02 **효율적으로 인트라넷 애플리케이션을 관리하기 위한 사용자 서비스에 해당하지 않는 것은?**

① 포털 ② 브라우저

③ 그룹웨어 ④ 하드웨어

해설 인트라넷 애플리케이션을 관리하기 위한 사용자 서비스에는 인트라넷 포털, 브라우저, 서버 소프트웨어, 기업의 인트라넷 소프트웨어 환경의 일부인 애플리케이션 소프트웨어, 그룹웨어 등이 있다.

03 **웹 2.0이라 부르는 2세대 인터넷 기반서비스의 주요 기술이 아닌 것은?** ✔ 2014년 기출

① RSS ② 블로그

③ 검색엔진 ④ 위키스

해설 웹 2.0은 사용자가 직접 데이터를 다룰 수 있도록 데이터를 제공하는 플랫폼이 정보를 더 쉽게 공유하고 서비스 받을 수 있도록 만들어진 것으로, RSS, 검색엔진, 블로그(blog), 위키피디아(Wikipedia), 딜리셔스(del.icio.us) 등이 이에 속한다.

정답 01 ① 02 ④ 03 ④

04 다음 〈보기〉에서 설명하는 것은?

✔ 2014년 기출

> **보기**
> - 구매자의 결제대금을 제3자에게 예치하고 있다가 배송이 정상적으로 완료된 후 대금을 판매자에게 지급하는 거래안전장치이다.
> - 이는 허위거래나 사기사건 발생을 방지하기 위한 대책으로 구매자나 판매자가 입을 수 있는 피해를 예방하여 거래의 양 당사자를 모두 보호할 수 있다.

① 에스크로서비스(Escrow Service)

② 오픈API(Open Application Programmer Interface)

③ 홈트레이딩시스템(Home Trading System)

④ 판매시점관리시스템(Point of Sales)

해설 ① **에스크로서비스(Escrow Service)** : 공신력 있는 제3자가 소비자가 물품을 구입하여 구매금액을 지불하면 맡고 있다가 판매자의 판매가 정상적으로 완료되면 판매자 계좌로 입금시키는 결제방식이므로, 정상적인 물품을 받을 수 있다는 소비자 이점과 물품에 대한 대금을 확실하게 받을 수 있다는 판매자 이점이 있다. 거래상대방을 직접 대면할 수 없기 때문에 구매와 결제가 동시에 이루어지기 힘든 온라인상에서의 전자상거래 문제를 해결하기 위한 장치이다.

② **오픈API(Open Application Programmer Interface)** : 검색, 블로그 등의 데이터 플랫폼을 외부에 공개하여 다양하고 재미 있는 서비스 및 애플리케이션을 개발할 수 있도록 외부 개발자나 사용자들과 공유하는 프로그램을 말한다.

③ **홈트레이딩시스템(HTS ; Home Trading System)** : 개인 투자자가 객장에 나가지 않고, 가정이나 사무실에서 컴퓨터를 이용해 주식거래를 할 수 있는 프로그램을 말한다.

④ **판매시점관리시스템(Point of Sales)** : 무슨 상품이 언제, 어디에서, 얼마나 팔렸는지를 파악할 수 있도록 상품이 판매되는 시점에 판매정보를 수집하여 관리하는 시스템을 지칭한다.

05 인터넷의 도메인(Domain)과 IP 주소(IP Address)에 대한 설명으로 옳지 않은 것은?

① IP 주소 대신 도메인을 이용하면 어느 컴퓨터에서든 접속이 가능하다.

② 우리나라의 상위레벨 도메인은 KR이다.

③ 각각의 조직, 컴퓨터 및 개개인을 유일하게 지정해 준다.

④ 인터넷 사용을 위해서 사용자들은 반드시 IP 주소를 알아야 한다.

해설 ④ 인터넷의 다른 컴퓨터와 접속하려면 반드시 IP 주소를 알아야 한다. 이러한 문제를 해결하기 위해서 나온 것이 DNS(도메인명 서비스)이다. DNS(Domain Name Service)는 숫자로 표현되는 IP 주소에 대해서 각각 도메인명을 할당해 주고 사용자가 도메인명으로 다른 호스트에 접속하고자 할 때 IP 주소를 알려주는 서비스이다.

정답 04 ① 05 ④

06 다음 중 인트라넷에 대한 설명으로 옳지 않은 것은?

① 인트라넷은 이메일, 팩스 등을 이용함으로써 기업 내부의 커뮤니케이션을 향상시킬 수 있고, 토론그룹, 채팅방, 비디오회의와 같은 서비스를 통해 협업활동을 향상시킬 수 있다.
② 인트라넷은 의사결정과 비즈니스 운영을 지원하는 핵심 애플리케이션 개발과 배치를 위한 플랫폼으로 사용된다.
③ 인트라넷의 전사정보 포털은 일상 기업용무의 대시보드가 되었다.
④ 인트라넷은 파트너 간의 커뮤니케이션의 개선과 사업적 우위를 가져올 수 있다.

해설 ④ 파트너 간의 커뮤니케이션의 개선과 사업적 우위를 가져올 수 있는 것은 엑스트라넷이다.

07 기업의 대고객 활동을 위한 엑스트라넷 활용이 아닌 것은?

① 조달
② 판매지원활동
③ 수주생산제품
④ Just in Time 주문

해설 조달은 공급업자, 유통업자와 관련된 활용이다.

08 인터넷 이용자가 일방적으로 웹 검색 결과 및 사용자 인터페이스들을 제공받는데 그치지 않고 직접 응용 프로그램과 서비스를 개발할 수 있도록 공개된 것을 뜻하는 것은 무엇인가?

✔ 2017년 기출

① 오프쇼어링
② 클라우드 컴퓨팅
③ 오픈-API
④ 빅데이터

해설 정보공개를 공급자 위주에서 수요자 중심으로 전환함에 따라, 이용자에게는 정보를 활용할 수 있게 제공하고, 제공받은 정보는 상업적이나 비영리적으로 이용할 권리를 부여함으로써 다양한 서비스와 데이터를 좀 더 쉽게 이용하게끔 공개한 개발자를 위한 인터페이스가 공개 API이다. 대표적인 예는 '구글 맵'이 있다.

09 인터넷에서 사용되는 라우팅 프로토콜이 아닌 것은?

① GGP
② BGP
③ RIP
④ UDP

해설 UDP는 IP를 사용하는 네트워크 내에서 컴퓨터들 간에 메시지들이 교환될 때 제한된 서비스만을 제공하는 통신 프로토콜이다.

정답 06 ④ 07 ① 08 ③ 09 ④

10 웹 2.0이라 부르는 2세대 인터넷 기반서비스의 주요 특징으로 옳지 않은 것은?

① 실시간 상호작용
② 사회적 참여(공유)
③ 시맨틱 웹서비스
④ 사용자 생성 콘텐츠

해설 ③ 시맨틱 웹(Semantic Web)서비스는 웹(Web) 3.0에 해당한다. 웹 3.0은 월드 와이드 웹이 앞으로 어떻게 될 것인지를 서술할 때 쓰이는 용어이다. 시맨틱 웹(Semantic Web)은 컴퓨터가 사람을 대신하여 정보를 읽고 이해하고 가공하여 새로운 정보를 만들어 낼 수 있도록, 이해하기 쉬운 의미를 가진 차세대 지능형 웹이다.

11 다음 중 전자상거래에 대한 내용으로 옳지 않은 것은?

① UN의 국제상거래법위원회의 전자상거래에 관한 모델법을 기초로 하여 우리나라의 전자거래법이 만들어졌다.
② 전자상거래는 데이터 메시지 형태의 정보를 통한 상거래만 포함된다.
③ 데이터 메시지에는 전자메일, 팩스 등을 이용한 정보도 포함하고 있다.
④ 전자상거래를 경영의 관점에서 보면 네트워크, 데이터베이스 등을 이용한 고객대상의 상행위로 볼 수 있다.

해설 ② 전자상거래는 데이터 메시지 형태의 정보를 통한 상거래행위이며 판매, 구매, 건설, 은행, 운송 등의 제반 상거래행위라고 정의된다.

12 다음 〈보기〉 중 EDI(Electronic Data Interchange)의 활용 형태가 바르게 묶인 것은?

보기
㉠ 직접 연결 EDI
㉡ 제3자 연결 EDI
㉢ 인터넷 쇼핑몰(shopping mall) 간의 연결
㉣ 인터넷 EDI 연결

① ㉢, ㉣
② ㉠, ㉡, ㉢
③ ㉠, ㉡, ㉣
④ ㉠, ㉡, ㉢, ㉣

해설 EDI는 기업 간에 데이터를 효율적으로 교환하기 위해 지정한 데이터와 문서의 표준화 시스템으로 직접 연결 EDI, 제3자 연결 EDI, 인터넷 EDI 연결 등이 있다.

정답 10 ③ 11 ② 12 ③

13 다음 〈보기〉의 설명은 무엇에 대한 것인가?

> **보기**
> 기업 간에 데이터를 효율적으로 교환하기 위해 지정한 데이터와 문서의 표준화 시스템이다. 즉, 이메일·팩스와 더불어 전자상거래의 한 형태이며, 기업 간 거래에 관한 데이터와 문서를 표준화하여 컴퓨터 통신망으로 거래당사자가 직접 전송·수신하는 정보전달시스템이다.

① CALS ② EDI
③ CRM ④ SCM

해설 EDI는 기업 간에 데이터를 효율적으로 교환하기 위해 지정한 데이터와 문서의 표준화 시스템이다. 즉, 이메일·팩스와 더불어 전자상거래의 한 형태이며, 기업 간 거래에 관한 데이터와 문서를 표준화하여 컴퓨터 통신망으로 거래 당사자가 직접 전송·수신하는 정보전달시스템이다.

14 다음 〈보기〉의 설명은 무엇에 대한 것인가?

> **보기**
> 고객과 관련된 기업의 내·외부 자료를 분석·통합하여 고객의 특성에 기초한 마케팅 활동을 계획하고 지원하며 평가하는 과정으로, 고객의 수익성을 우선시하여 콜센터, 캠페인 관리도구와의 결합을 통해 고객정보를 적극적으로 활용하는 것이다.

① CALS ② EDI
③ CRM ④ SCM

해설 CRM은 고객과 관련된 기업의 내·외부 자료를 분석·통합하여 고객의 특성에 기초한 마케팅 활동을 계획하고 지원하며 평가하는 과정이다. CRM은 고객의 수익성을 우선시하여 콜센터, 캠페인 관리도구와의 결합을 통해 고객정보를 적극적으로 활용하는 것이다.

15 기업과 정부 간 전자상거래는? ✔ 2017년 기출

① B2G ② B2C
③ B2B ④ C2C

해설 B2G는 인터넷에서 이루어지는 기업과 정부 간의 상거래를 뜻하며, 여기서의 G는 단순히 정부뿐만 아니라 지방정부, 공기업, 정부투자기관, 교육기관 등을 포함한다.

정답 13 ② 14 ③ 15 ①

16 다음 중 정보통신의 전자상거래 애플리케이션의 비즈니스 가치의 전략적 능력이 아닌 것은?

① 지리적 장애의 극복
② 시간장애의 극복
③ 비용장애의 극복
④ 주문처리시간의 극복

해설 정보통신의 전자상거래 애플리케이션 비즈니스 가치
㉠ 지리적 장애의 극복 : 먼 곳에서 발생한 거래정보를 획득
㉡ 시간장애의 극복 : 먼 곳으로부터의 정보요청을 바로 처리
㉢ 비용장애의 극복 : 전통적인 통신수단의 비용 절감
㉣ 구조적 장애의 극복 : 경쟁우위를 위한 연계를 지원

17 기업의 인적·물적자원을 효율적으로 활용하는 관리시스템으로서 통합업무 패키지 또는 기간업무시스템으로 불리우며, 기업경쟁력 강화를 위한 통합정보시스템 구축을 목적으로 하는 것은? ✔ 2016년 기출유사

① MRP
② ERP
③ CRP
④ CRM

해설 전사적 자원관리(ERP ; Enterprise Resource Planning)는 기업의 인적·물적자원을 효율적으로 활용하는 관리시스템으로서, 통합업무 패키지 또는 기간업무시스템으로 불리우며, 기업경쟁력 강화를 위한 통합정보시스템 구축을 목적으로 한다.

18 기존의 기업 내 부문별 또는 개별기업 내부에 한정된 혁신활동의 한계를 극복하기 위해서는 원재료 공급업체에서 출발하여 최종 소비자에게 제품이 전달되는 모든 과정을 나타내는 것은?

① CRM
② SCM
③ ERP
④ TQM

해설 ② SCM(공급체인관리 ; Supply Chain Management)은 기업 간 또는 기업 내부의 공급자에서 사용자(고객)에 이르기까지의 공급체인상의 일련의 정보, 물자, 현금 등의 흐름을 총체적으로 통합하여 관리함으로써 효율화를 추구하는 경영기법이다.

19 가격이 매순간마다 다른 가격으로 결정되는 가격결정시스템은?

① Dynamic Pricing
② Competitive Pricing
③ Penetration Pricing
④ Customer-Oriented Pricing

정답 16 ④ 17 ② 18 ② 19 ①

해설 ① 변동가격(Dynamic Pricing) : 가격이 매순간마다 다른 가격으로 결정되는 가격을 말한다.
② 경쟁가격(Competitive Pricing) : 완전한 자유 경쟁이 행해지는 시장에서 수요자나 공급자가 서로 경쟁함으로써 이루어지는 가격을 말한다.
③ 침투가격(Penetration Pricing) : 생산자나 가격책정자가 일반적으로 소비자가 지각하는 경제적인 가치보다 낮게 가격을 책정하여 많은 소비자를 유인하는 전략이다.
④ 고객지향형 가격(Customer-Oriented Pricing) : 충성도가 높은 우량고객에게 제공하는 가격과 일반고객에게 제공하는 가격을 다르게 책정하는 가격을 말한다.

20 다음 중 네트워크 기반 인프라스트럭처의 특성에 해당되지 않는 것은?

① 편재성
② 견고성
③ 기능성
④ 의존성

해설 인프라스트럭처(Infrastructure)의 특징에는 편재성(Ubiquity), 견고성(Robustness), 광대역성(Band-width), 기능성(Functionality) 등이 있다.

21 전자상거래와 모바일 상거래의 특징을 설명한 것으로 옳지 않은 것은? 2017년 기출

① 전자상거래는 이동성을 제공한다.
② 모바일 상거래는 위치파악 기능을 제공할 수 있다.
③ 모바일 상거래는 무선네트워크로 이루어지는 상거래 활동을 말한다.
④ 전자상거래는 모바일 상거래보다 비교적 많은 애플리케이션을 사용할 수 있다.

해설 전자상거래는 인터넷 보편화 이전의 전자적 문서교환에서부터 PC와 인터넷 환경을 통해 이루어지는 상거래를 뜻한다. 이동성을 제공하는 상거래는 모바일 상거래이다.

22 다음 중 디지털 경제(e-Economy)하의 새로운 경제원칙들에 관한 설명으로 틀린 것은?

① 고도의 상호작용 및 높은 협업비용에 따라 자연스럽게 수직적 통합이 요구된다는 '수직적 통합'의 규칙
② 수익 및 가치의 창출은 주로 지적자산이나 고객관계자산으로부터 파생된다는 '무형자산에서 수익획득'의 규칙
③ 투자대비 수익 증가에 따라 하나 혹은 두 개의 업체에 의해 시장이 독점될 수 있다는 '수확체증'의 규칙
④ 고객 및 공급자 정보에 대한 접근이 쉽고 저비용 구조를 제공한다는 '완전정보'의 규칙

정답 20 ④ 21 ① 22 ①

해설 디지털 경제(e-Economy) 하의 새로운 경제원칙
㉠ 수직적 통합 → 수직적 통합의 해체
㉡ 유형자산에서 수익획득 → 무형자산에서 수익획득
㉢ 수확체감 → 수확체증
㉣ 불안전한 정보 → 완전정보

23 디지털상품 또는 디지털마켓에 대한 설명으로 옳은 것은?

✔ 2014년 기출

① 음악파일과 같은 디지털상품은 추가 생산비용이 전통상품에 비해 매우 낮다.
② 음악파일과 같은 디지털상품은 생산비용, 유통비용이 전통상품에 비해 매우 높다.
③ 디지털시장에서는 중간상인 단계의 생략이 가능하여 전통시장에 비해 가격이 상승한다.
④ 디지털시장에서는 가격을 가변적으로 운영하기 어려워서 고정가격을 기반으로 가격정책을 운영한다.

해설 ① 음악파일과 같은 디지털상품은 전통상품에 비해 생산비용은 높지만 추가 생산비용(한계비용)은 거의 0에 가깝다. 따라서 전통상품에 비해 생산비용은 매우 높지만 유통비용은 매우 낮다. 디지털시장에서 거래되는 디지털상품은 기존의 한계가격결정의 원리에 따라 가격을 결정할 수 없고, 여러 가지의 제품판매전략(가격차별화 판매전략, 제품차별화 판매전략, 여타의 판매전략)을 사용하고 있다.

24 다음 〈보기〉에서 설명하는 디지털 시장의 현상은?

✔ 2018년 기출

보기
- 전통적인 유통 채널은 여러 중간층을 가지고 있기 때문에 제품의 최종가격이 높아질 수 있다. 디지털 시장에서는 이러한 중간층을 제거함으로써 최종 소비자가격을 낮출 수 있다.
- 디지털 시장에서는 유통업자와 같은 중개인을 거치지 않고 판매자가 직접 소비자에게 상품을 제공할 수 있어서 중개상이 사라지는 현상이 발생 가능하다.
- 인터넷을 활용한 전자상거래를 통하여 유통과정에서의 가치사슬 중간부분에 있는 조직이나 비즈니스 프로세스가 제거되는 현상을 말한다.

① 정보불균형(information asymmetry)
② 가격투명성(price transparency)
③ 동적가격정책(dynamic pricing)
④ 탈중개화(disintermediation)

해설 ④ 디지털 시장에서 유통업자와 같은 중개인을 거치지 않고 판매자가 직접 소비자에게 상품을 제공할 수 있어서 중개상이 사라지는 현상을 설명하는 것은 탈중개화(disintermediation)이다.

정답 23 ① 24 ④

25 다음 〈보기〉의 설명에 해당하는 웹 2.0의 핵심어는? ✔ 2019년 기출

> **보기**
>
> 정보를 찾거나 표시하고 분류하기 위한 방식으로, 콘텐츠를 등록하는 사용자가 콘텐츠에 대한 설명을 위해 꼬리표를 추가하여 등록하는 것이다. 이를 통해 검색엔진이 콘텐츠를 쉽게 검색하고 공유하며 활용할 수 있다.

① 태깅(tagging)
② 매시업(mashup)
③ 소셜화(socialization)
④ 크라우드소싱(crowdsourcing)

해설 태깅(tagging)에 대한 설명이다. Tagging은 웹상에서 어떤 이미지나 파일 따위에 이름을 붙이는 것으로 해당 내용을 대표할 수 있는 키워드를 다는 것이다. 이때 선정한 키워드에 따라 내용이 분류되므로 한 가지 내용에 여러 개의 태그를 연결할 수 있다.

② **매시업(mashup)** : 웹서비스 업체들이 제공하는 각종 콘텐츠와 서비스를 융합하여 새로운 웹서비스를 만들어내는 것을 의미하는 말이다. 웹 2.0(데이터의 소유자나 독점자 없이 누구나 손쉽게 데이터를 생산하고 공유할 수 있도록 한 사용자 참여 중심의 인터넷 환경) 시대로 접어들면서 매시업이 주목받고 있다.

③ **소셜화(socialization)** : 기존 인터넷과 정보서비스를 사회적 관계・경험・평판・추천 등을 기반으로 재구조화해 정보 신뢰성과 투명성을 제고하는 것이다. 기존 업무와 시스템을 융합해 새로운 가치를 만들어 내는 것을 의미하는 소셜화의 가장 일반적인 모습 중 하나는 웹사이트 소셜화다.

④ **크라우드소싱(crowdsourcing)** : 웹 2.0 시대를 맞아 새롭게 부상하는 기업 서비스의 해결 방안 중 하나이다. 2006년 와이어드(Wired) 잡지가 만든 신조어로, 기업이 문제 해결을 위해 대중을 상대로 지식을 공모하고, 참여를 유도하며, 이에 적절한 보상을 해주는 방법을 말한다.

26 전자상거래의 대표적인 비즈니스 모델이 아닌 것은? ✔ 2013년 기출

① 소매모델
② 전자결재모델
③ 중개모델
④ 콘텐츠서비스모델

해설 ② 전자결재모델은 비즈니스 모델이 아니라 업무의 신속성과 간소화를 위한 업무 관련 모델이다.

27 사물인터넷의 활용사례로 적절하지 않은 것은? ✔ 2019년 기출

① SNS
② 헬스케어
③ 원격 검침
④ 스마트 홈

해설 사물인터넷(Internet of Things : IoT)은 현실세계의 사물들과 가상세계를 네트워크로 상호 연결해 사람과 사물, 사물과 사물 간 언제 어디서나 서로 소통할 수 있도록 하는 미래 인터넷 기술을 의미한다.

정답 25 ① 26 ② 27 ①

사물인터넷은 유무선 네트워크에서의 엔드디바이스(end-device)는 물론 인간, 차량, 교량, 각종 전자장비, 문화재, 자연환경을 구성하는 물리적 사물 등이 모두 이 기술의 구성요인에 포함되며, 가전에서부터 자동차, 물류, 유통, 헬스케어에 이르기까지 다양한 분야에서 활용가능하다.
① SNS(Social Network Service), 즉 사회관계망서비스는 기존의 인터넷을 기반으로 활용되고 있는 서비스이다.

28 다음 중 전자상거래의 특성에 대한 설명으로 옳지 않은 것은?

① 실시간 거래를 전 세계를 대상으로 할 수 있다.
② 고객요구를 수용하기 위해 막대한 비용과 인력이 필요하다.
③ 네트워크로 연결되어진 가상공간으로 인해 시간적 제약을 극복할 수 있다.
④ 특정된 매매 당사자로 하여금 직접적 거래를 가능하게 함으로써 상호간의 이익을 극대화할 수 있다.

해설 인터넷 전자상거래는 비교적 적은 비용으로도 직접 소비자를 상대로 하는 거래를 할 수 있다. 실물거래에는 점포임차, 설비시설의 구비 등으로 상당한 비용이 소요된다.

29 상품의 판매가 발생하는 시점에서 상품의 정보를 판독시켜 처리하는 시스템은?

① CRM　　② POS System
③ Bar-code System　　④ EDI

해설 판매시점관리 시스템(POS System)은 상품의 판매가 발생하는 시점에서 상품의 정보(상품명, 가격)를 판독시켜 처리하는 시스템이다. POS(Point of Sale) 시스템은 상품이 판매될 때마다 개개 상품의 판매정보를 수집·분석·관리하는 가장 현대적인 전산판독시스템이다.

30 다음 중 인터넷 마케팅의 형태로 틀린 것은?

① e-Mail 마케팅　　② 협력 마케팅
③ 전염성 마케팅　　④ 텔레 마케팅

해설 인터넷 마케팅의 형태
㉠ **e-Mail 마케팅** : 전자카탈로그, 온라인 설문(또는 제품설명서)을 e-Mail로 발송하는 형태
㉡ **전염성 마케팅** : 의식적 또는 무의식적으로 서로 알리면서 퍼져나가게 하는 효과를 주는 마케팅
㉢ **퍼미션(Permission) 마케팅** : 고객에게 정보서비스를 제어할 수 있는 권한을 주고 동의를 얻는 마케팅
㉣ **협력 마케팅** : 웹사이트 간의 목표가 유사하여 상생하고자 서로 도와가면서 고객을 모으고 유지하는 마케팅

정답 28 ② 29 ② 30 ④

31 **다음 중 전자결제시스템의 기본요건이 아닌 것은?**

① 익명성　　② 안전성
③ 이중사용 가능성　　④ 소액결제 가능성

해설 전자화폐의 결제시스템의 특징은 익명성이 보장되고, 결제가 안전하며 소액결제가 가능하다.

32 **다음 중 전사적 자원관리(ERP)시스템에 대한 설명이 아닌 것은?** ✔ 2014년 기출

① 대부분 메인프레임 컴퓨터 구조로 사용자가 컴퓨터 자원을 효율적으로 관리할 수 있도록 편의를 제공하는 것으로, 사용자와 컴퓨터의 중간자적인 역할을 담당한다.
② 재고관리능력의 향상에 따른 업무의 효율화와 계획생산체제의 구축이 가능해질 뿐 아니라, 생산실적관리도 편리해진다.
③ ERP시스템을 도입함으로써 업무처리능률을 극대화하기 위한 선진프로세스와 최첨단의 정보기술을 동시에 얻는 효과가 있다.
④ 영업, 재고, 생산, 구매, 재무, 회계, 인사 등의 기업 내의 모든 업무를 고객지향적인 프로세스를 중심으로 통합하는 업무시스템이다.

해설 전사적 자원관리(ERP ; Enterprise Resource Planning)는 기업의 인적·물적자원을 효율적으로 활용하는 관리시스템으로서, 통합업무 패키지 또는 기간업무시스템으로 불리우며, 기업경쟁력 강화를 위한 통합정보시스템 구축을 목적으로 한다.
①은 운영체제(Operating System)에 대한 설명이다.

33 **공급체인관리(SCM)에 관한 설명으로 가장 틀린 것은?**

① 제품계획, 원재료 구매, 제조, 배달 등 공급체인에 관련된 구성요소를 유기적으로 통합하고, 그 결과로 생성된 가치를 고객에게 전달한다.
② 고객과 관련된 기업의 내·외부 자료를 분석·통합하여 고객의 특성에 기초한 마케팅 활동을 계획하고, 지원하며, 평가하는 과정이다.
③ 공급체인관리의 목적은 전체 시스템의 효율화와 최적화를 꾀한다.
④ SCM은 전략적 수준에서부터 전술 및 운영수준에 이르기까지 전체적인 측면에서 기업의 활동영역과 운영범위를 포함한다.

해설 ②는 고객관계관리(CRM ; Customer Relationship Management)에 대한 설명이다.

정답 31 ③ 32 ① 33 ②

34 사용자가 DB의 검색·분석을 통한 문제 또는 해결점을 찾는 분석형 애플리케이션은?

① AI ② EIS
③ GIS ④ OLAP

해설 ① AI(Application Identifier) : 응용식별자로서 식별번호, 일자, 측정단위, 원산지, 배송처 등 물류관리에 필요한 여러 정보를 바코드로 표시하게 해주는 코드로 정보의 형식과 내용을 지정한다.
② EIS(Executive Information System, 중역정보시스템 혹은 최고경영자 정보시스템) : '최고경영자가 경영의 관리적 계획, 감독 그리고 분석을 증진할 수 있도록 정보를 제공하기 위해 설계된 데이터 지향시스템(data－oriented system)'으로 정의할 수 있다.
③ GIS(Geographical Information System) : 유통에 관련된 위치정보는 자사의 관리뿐 아니라 구매자의 확인까지 가능한 지원을 해준다. GIS는 지리, 교통, 통신 등과 같은 일련의 활동을 시스템화한 것이다.

35 전 세계의 서로 다른 네트워크를 연결하는 표준 글로벌 네트워크는? 2018년 기출

① 인터넷 ② 엑스트라넷
③ 인트라넷 ④ 월드 와이드 웹

해설 ④ 월드 와이드 웹(World Wide Web)은 인터넷에 연결된 웹 사이트들을 통해 정보를 공유할 수 있는 전 세계적인 정보공간이다.

36 물건을 구매함으로써 누적되는 보너스 점수를 통해 경품 또는 할인권 등 구매에 따른 혜택을 부여하는 마케팅은?

① 다이렉트 마케팅 ② 텔레 마케팅
③ EDI 마케팅 ④ 프리퀀시 마케팅

해설 일반적으로 프리퀀시 마케팅(frequency marketing)은 제품에 대한 재구매 유도를 위한 방법으로 단회고객을 고정고객으로 전환시키는 것을 기대한다. 즉, 물건을 구매함으로써 누적되는 보너스 점수를 통해 경품 또는 할인권 등 구매에 따른 혜택을 부여함으로써 제품에 대한 구매욕구를 창출하고 반복구매를 기대한다.

37 전통적인 실물 상품과 대비되는 디지털 상품의 특징은? 2018년 기출

① 재고비용이 더 높다. ② 생산비용이 더 높다.
③ 한계비용이 더 높다. ④ 가격의 가변성이 높다.

정답 34 ④ 35 ④ 36 ④ 37 ②

해설 디지털 상품은 수확체증의 법칙이 작용할 뿐만 아니라, 추가비용 없이 복제하여 판매할 수 있으므로 한계비용은 거의 0에 가깝고, 가변비용은 거의 변화가 없다. 그러나 최초로 상품을 개발할 때 생산비는 매우 높다.

38 다음 전자결제시스템의 유형 중 신용카드에 속하는 것이 아닌 것은?

① Cyber cash
② Secure Electronic Transaction
③ Net-check
④ First Virtual

해설 ① 사이버 캐시(Cyber cash) : 신용카드번호를 암호화하여 인터넷에서 이용하는 방식이다.
② SET(Secure Electronic Transaction) : 사이버 캐시 방식을 발전시킨 것으로 카드이용자와 신용카드 회사, 상점 등이 연계하여 신용카드 결제를 효과적으로 처리하는 방식이다.
④ 퍼스트 버추얼(First Virtual) : 신용카드를 소유하고 있는 이용자에게 ID를 발행하고 인터넷 거래에서 발행한 ID를 사용하는 방식으로 사전에 이용자 등록이 필요하다.

39 다음 중 에스크로(Escrow) 서비스에 대한 설명으로 가장 틀린 것은?

① 에스크로는 전자상거래의 안전성을 높이기 위한 제도이다.
② 에스크로는 인터넷을 이용하므로 허위거래 등의 발생을 방지하기는 어렵다.
③ 에스크로 서비스는 구매자나 판매자가 입을 수 있는 피해를 모두 예방할 수 있다.
④ 에스크로는 거래대금을 제3자에게 맡긴 뒤 물품배송을 확인하고 판매자에게 지불하는 제도이다.

해설 에스크로는 공신력 있는 제3자가 소비자가 물품을 구입하여 구매금액을 지불하면 맡고 있다가 판매자의 판매가 정상적으로 완료되면 판매자 계좌로 입금시키는 결제방식이므로, 정상적인 물품을 받을 수 있다는 소비자 이점과 물품에 대한 대금을 확실하게 받을 수 있다는 판매자 이점이 있다. 이는 허위거래나 사기사건 발생을 방지하기 위한 대책으로, 구매자나 판매자가 입을 수 있는 피해를 예방하여 거래의 양 당사자를 모두 보호할 수 있다.

40 데이터의 소유자나 독점자 없이 누구나 손쉽게 데이터를 생산하고 인터넷에서 공유할 수 있도록 한 사용자 참여 중심의 인터넷 환경은?

① 웹 2.0
② 블루 웹
③ 웹 3.0
④ 웹마이닝

해설 인터넷상에서 정보를 모아 보여주기만 하는 웹 1.0에 비해 웹 2.0은 사용자가 직접 데이터를 다룰 수 있도록 데이터를 제공하는 플랫폼이 정보를 더 쉽게 공유하고 서비스 받을 수 있도록 만들어진 것으로, 블로그(Blog), 위키피디아(Wikipedia), 딜리셔스(del.icio.us) 등이 이에 속한다.

정답 38 ③ 39 ② 40 ①

41 기업이 인터넷을 통하여 상품이나 서비스를 개별 고객에게 직접 판매하는 것은?

2018년 기출

① B2B 전자상거래
② G2B 전자상거래
③ B2C 전자상거래
④ 모바일 전자상거래

해설 기업과 개인 간에 이루어지는 전자상거래의 유형은 B2C(Business to Consumer)이다.
① B2B는 기업 간 전자상거래, ② G2B는 정부와 기업 간 전자상거래이다.

42 전사적 자원관리(ERP) 시스템을 도입하는 효과에 대한 설명으로 옳지 않은 것은?

① 재무정보의 공유
② 마케팅 비용의 절감
③ 인적정보의 표준화
④ 고객주문정보의 통합

해설 ERP 시스템의 도입효과
㉠ 기업 내의 영업, 생산, 구매, 자재, 회계 등 모든 조직과 업무가 IT로 통합되어 실시간으로 모든 정보를 통합·처리할 수 있게 된다.
㉡ ERP 패키지 내에 포함되어 있는 Best Practice라는 선진 프로세스를 회사 내에 적용시킬 수 있어 BPR을 자동적으로 수행한 결과를 가져온다.
㉢ 복잡·다양해져 가는 시대에 충분한 확장성을 보장받을 수 있어, 중·장기적인 관점에서 비용을 절약하는 효과를 가져온다.

43 다음 중 광고의 효과를 측정하는 방법이 아닌 것은?

① 히트 수의 측정
② 방문횟수의 측정
③ 뷰의 측정
④ 배너의 개수 측정

해설 광고효과를 측정하는 방법은 히트 수, 방문횟수, 뷰, 클릭 수, 사용자를 이용한다.

44 다음 중 배너가격을 결정하는 방식이 아닌 것은?

① CPM
② CPC
③ 고정요금(Flat Fee)
④ 부가요금

해설 CPM은 배너의 노출횟수에 따라 광고가격을 산정하고, CPC는 방문객이 배너광고를 클릭한 횟수로 가격을 산정, 고정요금은 일정기간 동안 균일한 요금을 받는 방식이다.

정답 41 ③ 42 ③ 43 ④ 44 ④

45 **개방형 인트라넷의 주요 요소에 해당하지 않는 것은?**

① 지식검색 ② 검색엔진
③ 웹브라우저/서버 소프트웨어 ④ 웹 소프트웨어 툴

해설 웹브라우저/서버 소프트웨어, 검색엔진, 웹 소프트웨어 툴, 네트워크 관리 소프트웨어가 개방형 인트라넷의 주요 요소이다.

46 **기업 간에 이루어지는 상거래에 필요한 각종 전자문서 처리 및 원자재 판매, 공동 구매, 협업에 의한 공동 기술 개발 등을 수행하는 것은?** 2019년 기출

① B2S 전자상거래 ② B2C 전자상거래
③ B2G 전자상거래 ④ G2C 전자상거래

해설 B2S(Business to Stakeholder) 전자상거래는 기업 간(B2B) 전자상거래의 차세대 모델로 협업 제품 상거래(CPC ; Collaborative Product Commerce)라고도 한다. B2S 전자상거래는 인터넷 기술을 활용하여 제품의 기획, 생산, 판매의 전 과정에 걸쳐 내외부 관계자들 간의 원활한 정보 교환을 통해서 효과적인 협업을 가능토록 하는 소프트웨어 프레임워크, 고객 및 파트너 기업과의 원활한 의사소통은 물론 전사적 자원계획(ERP), 공급사슬관리(SCM), 고객관계관리(CRM), 제품데이터관리(PDM) 등과 같이 기존에 구축한 시스템까지도 통합하는 유형이다.

47 **다음 〈보기〉 중 인트라넷(Intranet)의 장점이 바르게 묶인 것은?**

보기
㉠ 모든 플랫폼(Platform)에 적용이 가능하다.
㉡ 빠른 정보 접근과 쉬워진 공동작업을 통한 생산성 향상을 초래할 수 있다.
㉢ 표준화된 문서작성과 파일전송이 가능하다.
㉣ 정확하지 않은 정보가 사용자들에게 유포될 수 있다.

① ㉠, ㉢ ② ㉠, ㉡, ㉢
③ ㉠, ㉡, ㉢, ㉣ ④ ㉠, ㉡, ㉣

해설 인트라넷의 장점
- 범세계적이고 전사적인 영역
- 저비용의 접근
- 저비용 혹은 무비용의 소프트웨어
- 저비용 하드웨어
- 모든 플랫폼에 사용이 가능
- 표준화된 파일전송
- 표준화된 문서작성
- 표준화된 네트워크 프로토콜
- 종이·프린터 비용 절감
- 마케팅·판매비용 절감
- 브라우저를 통한 쉽고 편리한 그래픽사용자 인터페이스(GUI) 접근
- 빠른 정보 접근과 쉬워진 공동작업을 통한 생산성 향상

정답 45 ① 46 ① 47 ②

CHAPTER 10

정보시스템의 보안, 통제 및 감사

01 정보시스템의 보안

(1) 인터넷 보안의 개념

① 인터넷 보안의 개념

㉠ 인터넷을 이용하는 정보시스템, 특히 전자상거래는 하이퍼텍스트(hypertext) 기능에 의해 간편하고 효과적인 상품검색 및 상품구매를 가능하게 하였다.

㉡ 그러나 기본적으로 열린 구조(open architecture)를 갖는 인터넷의 특성상 상품대금의 지불을 위한 결제과정은 결제정보의 보안유지에 있어서 취약할 수밖에 없다.

㉢ 인터넷 보안은 크게 시스템 보안과 자료 보안 두 가지로 분류해 볼 수 있다.

② 시스템 보안

㉠ 시스템 보안은 컴퓨터 시스템의 OS, 응용 프로그램, 서버 등의 보안 허점을 이용해 해커들이 침입해서 컴퓨터 시스템을 임의로 사용하거나 시스템의 기능을 마비시키거나 파괴하는 것을 방지하는 것을 말한다.

㉡ 시스템 보안이란 전자상거래를 위하여 서버에 저장되어 있는 고객의 비밀정보가 제3자에게 노출되지 않도록 하거나, 또는 시스템이 제3자에 의하여 파손 및 오동작하지 않도록 하는 보안을 뜻한다.

③ 자료 보안

㉠ 네트워크를 타고 전송 중인 자료의 보안과 데이터베이스 안에 저장되어 있는 자료의 보안을 의미한다. 데이터베이스의 중요한 자료는 암호화하여 저장하거나 접속통제를 통하여 보호할 수 있다.

㉡ 시스템 보안을 통해 데이터베이스 자료의 보안이 가능하다. 전송 중인 자료의 보안은 암호화를 통하여 해결할 수 있다.

(2) 인터넷 보안

① 전자상거래 보안의 원칙

㉠ 기밀성 : 메시지의 원래 수신자만이 해당 정보를 읽을 수 있을 때 달성된다.

㉡ 인증 : 송신자와 수신자 간의 진위를 파악할 수 있어야 한다는 것을 의미한다.

㉢ 무결성 : 전송된 메시지가 전송과정에 변형, 추가, 삭제되지 않은 경우 달성된다.

㉣ 부인 방지 : 메시지 송신자가 자신이 보낸 것이라는 사실을 부인하지 못할 때 달성된다.

㉤ 출처의 확실성 : 메시지 수신자가 메시지를 작성하기로 한 사람으로부터 메시지가 온 것이라는 것을 확인할 수 있을 때 달성된다.

② 인터넷 보안문제와 해결책(보안방법)

발생문제	해결책(보안방법)
처리 중인 데이터를 가로채서 허가없이 변경하는 경우	암호화
사용자가 부정행위를 위해 자신의 신분을 위장할 경우	인 증
허가받지 않은 사용자가 자가 네트워크에 접근하는 경우	방화벽

③ 공개키 암호화 방식의 특징

㉠ 공개키 암호화는 암호화키와 복호화키를 다르게 사용하는 암호화 방식이다.

㉡ 데이터를 암호화할 때 사용하는 암호키는 공개하고, 암호문을 원래 데이터로 복원하는 복호키는 공개하지 않게 되어 있다.

㉢ 공개키(비대칭키) 암호화 방식은 그 암호가 달라 대칭키 방식보다 보안성이 높다.

④ 비밀키(대칭키) 암호화 방식의 특징

㉠ 비밀키(대칭키) 암호화는 암호화키와 복호화키를 같게 하여 사용하는 암호화 방식이다.

㉡ 공개키 암호화 방식에 비해 암호화 속도가 빠르며, 하드웨어 수행이 쉽다.

㉢ 키의 배분이 어렵고, 디지털서명의 지원이 안 된다.

플러스 UP 암호화 방식의 비교

비밀키(대칭키) 암호화 방식	공개키(비대칭키) 암호화 방식
암호화 속도가 빠르다.	암호화와 복호화 시 많은 시간이 소요된다.
안전성을 위해 키(key)를 자주 바꿔야 한다.	상대적으로 키 변화의 빈도가 적다.
네트워크 사용자가 증가함에 따라 관리해야 하는 키의 개수가 증가한다.	네트워크 사용자가 증가해도 상대적으로 관리해야 하는 키의 개수는 적다.
안전한 키 분배가 용이하다.	상대적으로 키 분배가 어렵다.

(3) 정보시스템 보안의 필요성

정보시스템에서의 보안도구는 여러 가지가 있으나, 대표적인 것으로는 암호화와 방화벽을 들 수 있다.

① 암호화(Encryption)

㉠ 암호화란 누구나 알 수 있는 평문을 허용된 사람 이외에는 알아볼 수 없는 형태의 암호문으로 바꾸어 주는 변환과정을 말한다.

㉡ 기본적인 암호화 방법으로는 비밀숫자나 키를 이용해서 단순 문자로 구성된 메시지를 암호화 문자로 바꿔주는 것이 있다.

② 방화벽(Firewall)

㉠ 방화벽 소프트웨어는 인터넷을 포함한 네트워크의 보안과 통제를 위한 중요한 요소이다. 네트워크 방화벽은 라우터(Router)라 불리는 통신 프로세서가 될 수도 있고 혹은 방화벽 소프트웨어가 설치되어 있는 전용 서버가 될 수도 있다.

㉡ 방화벽은 필터와 함께 접속지점의 안전성을 제공함으로써 기업의 인트라넷과 같은 내부 네트워크를 외부의 침입으로부터 보호하는 '문지기(Gatekeeper)' 역할을 한다. 즉, 모든 네트워크 트래픽을 필터링하여 정확한 암호와 보안코드를 가지고 있는 허가된 프로세스만을 통과시킨다.

플러스 UP 쿠키파일

쿠키파일은 어떤 사용자가 특정 웹사이트에 접속한 후 그 사이트 내에서 어떤 정보를 보았는지 등에 관한 기록을 남겨놓았다가 다음에 접속했을 때 그것을 읽어 이전 상태를 유지하면서 검색할 수 있게 하는 역할을 한다. 쿠키파일은 보안성이 높지 않아 해커가 아니더라도 이 파일을 이용하여 비교적 쉽게 타인의 개인정보를 수중에 넣을 수 있다.

(4) 방화벽과 인터넷 보안

① 방화벽의 개념

㉠ 기업의 전산시스템이 인터넷과 연결되어 있는 경우에는 외부의 불법적인 침입을 막기 위하여 방화벽(firewall)이 구축되어야 한다. 방화벽이란 기업 내부의 네트워크가 기업 외부의 네트워크와 연결될 때 외부의 불법 사용자의 침입을 차단하기 위한 정책 및 이를 지원하는 소프트웨어 및 하드웨어를 총칭하는 개념이다.

㉡ 방화벽은 기업 외부의 인터넷과 기업 내부의 인트라넷 사이에 위치하여 외부 접속자가 기업 내부의 네트워크를 이용할 수 있는 정당한 권한을 가진 자인지를 판단한다.

㉢ 방화벽은 기업 외부의 불법적인 사용자의 침입을 막을 수 있을 뿐만 아니라 기업 내부 조직원에 의한 불법적 정보유출도 막을 수 있다.

② 방화벽의 분류

㉠ **패킷필터(Packet Filter) 방식** : 네트워크 레벨의 방화벽으로 방화벽을 통과하는 IP 패킷의 어드레스를 검사해서 통과시키거나 차단 또는 모니터링 기능을 수행한다.

㉡ **프록시 서버 방식** : 응용레벨의 방화벽으로서 프록시 서버를 이용하는 방식은 네트워크 전면에 프록시 서버를 두고 네트워크 내부와 외부 간에 직접적인 통신을 허용하지 않는 방식이다.

㉢ **애플리케이션 게이트웨이(Application Gateway) 방식** : 각 서비스별 프록시를 이용하여 패킷필터 방식처럼 IP 주소 및 TCP Port를 이용하여 네트워크 접근제어를 할 수 있으며, 추가로 사용자인증 및 파일전송시 바이러스 기능과 같은 기타 부가적인 서비스를 지원한다.

㉣ **서킷 게이트웨이(Circuit Gateway) 방식** : OSI 네트워크 모델에서 5계층 사이에 존재하며, 각 서비스별로 프록시가 존재하는 것이 아니라, 어느 애플리케이션도 이용할 수 있는 일반적인 프록시가 존재한다.

㉤ **하이브리드(Hybrid) 방식** : 여러 유형의 방화벽들을 경우에 따라서 복합적으로 구성할 수 있는 방화벽으로서, 방화벽이 Watchguard 방화벽뿐만 아니라 현재 보급되고 있는 거의 모든 방화벽이 하이브리드 방화벽이다.

트래픽(Traffic)

트래픽이란 어떤 통신장치나 시스템에 걸리는 부하(load)를 의미한다. 또한 네트워크를 통하여 전송되는 데이터의 양이나 트랜잭션 및 메시지의 양을 의미하기도 한다.

③ **인증(Authentication)**

㉠ 인증은 사용자가 정당한 권한을 지닌 올바른 사용자인지를 확인하는 절차로서 방화벽은 인증기능을 수행한다.

㉡ 전자서명은 서명자를 확인하고 서명자가 해당 전자문서에 서명을 하였음을 나타내는데 이용하기 위하여 해당 전자문서에 첨부되거나 논리적으로 결합된 전자적 형태의 정보를 말한다.

㉢ 전자인증서(Digital Certificate)는 전자거래나 전자신청에 널리 사용되며 인증기관이 신청자가 제시한 암호키를 확인한 후 인증하는 것으로, 전자상거래의 신뢰를 형성하는 중요한 역할을 수행한다.

④ **가상사설망(VPN)**

㉠ 가상사설망(VPN ; Virtual Private Network)은 자체 정보통신망을 보유하지 않은 사용자도 공중 데이터 통신망을 이용하여 마치 개인이 구축한 통신망과 같이 이를 직접 운영·관리할 수 있다.

㉡ 가상사설망은 기업에서 공중망 인터넷을 마치 자신의 인트라넷처럼 사용하는 방식으로, 터널링(tunneling)기법을 사용해 데이터를 암호화하여 데이터를 안전하게 전송함으로써 제3자의 접근을 막고 안전성을 확보한다.

(5) 정보시스템 보안의 주요 위험요소

① **잠재적 보안위험요소** : 잠재적 보안위험에는 컴퓨터 범죄, 해커와 해킹, 네트워크를 이용한 절도행위, 직장 내 컴퓨터 사용, 소프트웨어와 지적재산권 문제, 컴퓨터 바이러스, 프라이버시 및 스팸메일의 문제 등이 있다.

② **컴퓨터 범죄**

㉠ 컴퓨터 범죄는 컴퓨터를 이용해서 불법적으로 행하는 여러 가지 범죄를 말한다.

㉡ 컴퓨터 범죄의 유형으로는 컴퓨터 조작 사기, 소프트웨어 불법 복제, 전자게시판 악용, 사생활 침해 등이 있다.

③ **스팸메일의 폐해** : 스팸메일(Spam Mail)은 각종 PC통신망이나 인터넷에서 수신자의 의사와는 관계없이 특정 목적을 위해 무차별하게 전송하는 각종 홍보·상업성 전자메일이다.

④ **네트워크를 이용한 절도행위**

㉠ 스니퍼(Sniffer)는 개인적인 인터넷 뱅킹이나 채팅, 컴퓨터 오락 등 회사 컴퓨터로 수행해야 할 업무에서 벗어나는 활동을 할 때 사용가능한 감시방법이다.

㉡ 스니퍼(Sniffer)라는 네트워크 감시 소프트웨어를 이용하면 회사 내부 네트워크의 트래픽을 조사할 수 있으므로 직원들의 부적절한 컴퓨터 사용현황을 알 수 있다.

⑤ **정보보안 위협의 유형** : 정보보안을 위협하는 요소로는 각종 정보통신 네트워크와 시스템에서 정보의 유출 및 손상, 시스템 파괴, 바이러스 등이 있다.

(6) 해킹기법

① **해커와 크래커**

㉠ **해커(Hacker)** : 액세스 권한 없이 온라인 시스템 등의 시스템 소프트웨어 내부에 침입하는 사람이다.

㉡ **크래커(Cracker)** : 어떤 목적을 가지고 타인의 컴퓨터 시스템을 불법 침입하여 데이터를 파손 또는 변경하거나 시스템의 비정상적인 동작을 유발시키는 악의의 사용자를 의미한다.

② **해킹과 크래킹**

㉠ **해킹** : 고의로 남의 컴퓨터 시스템에 침입하여 장난이나 범죄를 저지르는 일이다.

㉡ **크래킹** : 보안의 취약점을 찾아낸 뒤에 그 취약점을 이용해 타인에게 피해를 주는 행위를 말한다. 크래킹은 불법적인 수단으로 시스템에 침투하여 시스템을 파괴하는 행위를 의미하기도 한다.

플러스UP 용어 정리

㉠ 키로깅(Keylogging) : 사용자가 키보드로 PC에 입력하는 내용을 몰래 낚아채어 기록하는 행위를 말한다.
㉡ 멀웨어(Malware) : 컴퓨터 사용자 몰래 시스템에 침투하거나 피해를 입히기 위해 설계된 소프트웨어로, 컴퓨터 바이러스, 웜, 트로이목마, 스파이웨어 등이 모두 멀웨어에 포함된다.
㉢ 스미싱(Smishing) : 휴대전화 문자를 의미하는 문자메시지(SMS)와 인터넷, 이메일 등으로 개인 정보를 알아내 사기를 벌이는 피싱(Phishing)의 합성어로, 스마트폰의 소액 결제방식을 악용한 신종 사기수법이다.

③ 일반적인 해킹기법

㉠ 서비스 거부(Denial of Service) : 특정 사이트에 한꺼번에 많은 정보 요청신호를 보내 시스템의 성능을 저하시키거나 사이트를 폐쇄시키는 것을 말한다.
㉡ 트로이목마(Trojan Horse) : 정상적으로 보이는 프로그램 내부에 사용자가 알지 못하는 불법적인 코드를 넣어 몰래 개인정보를 추출하도록 짜여진 프로그램을 말한다.
㉢ 논리폭탄(Logic Bombs) : 해커에 의해 특정 프로그램 내부에서 오동작을 일으키도록 의도적으로 주입된 악성코드이다.
㉣ 피싱(Phishing) : 개인정보(Private Data)와 낚시(Fishing)의 합성어로, 전자우편 또는 메신저를 사용해서 신뢰할 수 있는 사람 또는 기업이 보낸 메시지인 것처럼 가장함으로써 비밀번호 및 신용카드 정보와 같이 기밀을 요하는 정보를 부정하게 얻으려는 것을 말한다.
㉤ 파밍(Pharming) : 합법적으로 소유하고 있던 사용자의 도메인을 탈취하거나 DNS 이름을 속여서 사용자들이 진짜 사이트로 오인하도록 유도하는 피싱의 변형된 인터넷 사기수법이다.
㉥ 백도어(Back Doors) : 시스템 접근에 대한 사용자 인증 등 정상적인 절차를 거치지 않고, 응용 프로그램 또는 시스템에 접근할 수 있도록 하는 프로그램이다.
㉦ 스니퍼(Sniffer) : 인터넷을 통과하는 개인정보를 몰래 탐색하여 개인의 암호나 전송메시지 전체를 복사하는 프로그램을 말한다.
㉧ 스푸핑(Spoofing) : 가공의 전자메일 주소나 웹페이지를 만들어서 사용자들이 암호나 신용카드번호 같은 주요 정보를 입력하도록 유도하는 것을 말한다.
㉨ DDoS(Distributed Denial of Service) : 분산서비스 거부공격은 해킹방식의 하나로서, 여러 대의 컴퓨터를 일제히 동작하게 하여 특정 사이트를 공격함으로써 서버가 처리할 수 있는 용량을 초과하는 정보를 한꺼번에 보내 과부하로 서버를 다운시키는 공격방식이다.
㉩ 웜(Worm) : 주로 네트워크에서 연속적인 복사 기능을 수행함으로써 자가 증식해서 기억장치를 소모하거나 저장된 데이터를 파괴하는 프로그램이다.

플러스 UP 컴퓨터 포렌식스와 모의해킹

㉠ **컴퓨터 포렌식스(Computer Forensics)** : 어떤 사건에서 사용된 컴퓨터나 그 사건의 행위를 한 컴퓨터로부터 디지털 정보를 수집하고 범죄의 증거를 확보하는 기술이다. 즉, 컴퓨터 포렌식스는 컴퓨터 범죄자료가 법적 증거물로 제출될 수 있도록 증거의 확인, 복사, 분석 등 일련의 행위를 하는 것을 말한다.

㉡ **모의해킹** : 인가받은 해킹 전담 컨설턴트에 의해 내부나 외부의 네트워크상에서 대상 서비스와 서버에 대해, 실제 해커가 사용하는 해킹도구와 기법 등을 이용해 해킹가능성을 진단하는 것이다.

(7) 보안관리와 대책

① **정보시스템과 보안관리** : 대표적인 보안관리방법에는 암호화, 방화벽, 인증, 접근통제, 침입적발, 네트워크 보안프로토콜, 가상사설망(VPN)의 구축, 프록시의 설치 등이 있다.

② 보안대책

㉠ **비밀번호 관리** : 보안관리를 위해서는 다중레벨의 암호시스템을 사용

㉡ **백업파일** : 각종 데이터나 프로그램의 복사본을 의미

㉢ **보안감시기** : 네트워크와 컴퓨터시스템의 모든 사용내역을 실시간으로 감시하고 허가받지 않은 사용자와 각종 파괴행위 등으로부터 시스템을 보호하는 프로그램

㉣ **생체보안** : 각 개인의 고유한 신체·생리적 특징을 이용하여 시스템 접근 가능 여부를 판단하는 방법

02 정보시스템의 통제

(1) 정보시스템의 통제

① 정보시스템 통제란 정보시스템 활동에 있어서의 정확성과 유효성 및 타당성을 보장하기 위해 이루어지는 다양한 방법론과 제반 기술을 의미한다.

② 정보시스템 통제의 목적은 정보시스템의 입력·처리·출력 및 저장(storage) 같은 주요 활동에 있어서의 품질과 보안을 유지하기 위한 적절한 감시와 관리활동이 이루어지도록 설계되어져야 한다는 것이다.

③ 정보시스템에 대한 통제는 크게 일반통제(general control)와 응용통제(application control)로 구분될 수 있다.

(2) 일반통제(General Control)

① 일반통제의 개념

㉠ 일반통제는 컴퓨터 프로그램을 포함한 각종 파일의 설계, 보안, 사용에 관한 전반적인 사항을 조직 전체적 관점에서 통제하는 것을 의미한다.

㉡ 응용통제가 급여, 외상매출, 재고 등 특정의 컴퓨터화된 응용업무에 대한 통제임에 비해 일반통제는 모든 응용영역을 대상으로 한다.

② 일반통제에 포함되는 내용

㉠ 시스템 실행과정에 대한 통제(실행통제)

㉡ 소프트웨어 통제

㉢ 하드웨어 통제

㉣ 컴퓨터 운영통제

㉤ 데이터 보안통제

㉥ 관리규칙, 표준, 절차에 대한 통제(관리적 통제)

㉦ 시스템 개발통제

③ 일반통제의 유형

㉠ **실행통제** : 시스템 실행통제에는 우선 시스템 개발수명주기의 여러 단계에서 제반활동이 제대로 관리되었는가를 확인할 필요가 있다. 각 단계에서 시스템의 실행가능성을 확보하기 위한 비용 – 효과분석이 행해져야 한다.

㉡ **소프트웨어 통제** : 소프트웨어의 통제는 소프트웨어의 개발과정이 능률적인지, 오류수정은 완전한지, 또한 주의깊게 능률적으로 유지・보수되는지를 확인함으로써 시스템에서 사용되는 소프트웨어의 품질을 확보하기 위한 활동을 말한다.

㉢ **하드웨어 통제** : 컴퓨터 및 통신장비는 물리적으로 안전하게 보호되어야 한다. 물리적 보안에는 각종 사고와 외부로부터의 침입에 대한 보호조치가 포함된다.

㉣ **컴퓨터 운영통제** : 컴퓨터 운영통제는 컴퓨터부서의 작업수행과정에 대한 통제활동과 관련된다. 여기에는 작업의 준비, 실제 운영, 백업 및 비정상적으로 끝난 작업에 대한 복구절차 등이 포함된다.

㉤ **데이터 보안통제** : 데이터 보안통제는 테이프나 디스크 등에 들어있는 데이터에 허가받지 않은 접근, 변경 또는 파괴행위가 일어나는 것을 방지하는 활동이다.

㉥ **관리적 통제** : 조직의 통제가 적절히 수행되기 위해서는 공식화된 표준, 규칙, 절차 및 통제규율의 확립이 필수적이다.

플러스UP 정보시스템의 통제

㉠ **예방통제** : 오류나 부정이 발생하는 것을 예방할 목적으로 행사하는 통제이다. 예방통제에는 발생가능한 잠재적인 문제들을 식별하여 사전에 대처하는 능동적인 개념의 통제이다.
㉡ **물리적 통제** : 컴퓨터 시설과 자원을 보호하기 위한 통제이다. 물리적 통제는 검색도구에 표시된 위치에 기록이 제대로 있는지를 확인하는 작업이다.
㉢ **관리적 통제** : 업무수행지침을 하달하고, 실행확인에 초점이 있다. 조직의 통제가 적절히 수행되기 위해서는 공식화된 표준, 규칙, 절차 및 통제규율의 확립이 필수적이다.
㉣ **접근통제** : 보호할 대상에 대해 인가된 접근을 허용하고, 비인가된 접근을 차단하는 통제이다. 접근통제의 예로 암호, IC카드, 지문인식, 홍채인식 등이 있다.

(3) 응용통제(Application Control)

① **응용통제의 개념** : 응용통제는 재고, 급여, 판매 등 개별 응용업무에 대해 적용되는 통제를 말한다. 여기에는 해당 응용업무가 완전하고 정확하게 돌아갈 수 있도록 하기 위한 자동화된 절차 및 수작업 절차가 포함된다.

② **응용통제의 유형**

㉠ **입력통제** : 입력통제는 입력의 완전성과 정확성을 점검하는 것으로 입력의 승인, 자료변환, 자료의 편집 및 오류처리 등의 통제활동으로 구성된다.

㉡ **처리통제(프로세싱 통제)** : 처리통제는 입력된 자료가 완전하고, 정확하게 처리되도록 수행하는 통제활동이다.

㉢ **출력통제** : 출력통제는 처리가 끝난 출력정보가 정확하고 완전한지를 검토하고 나아가 적시에 전달되도록 하는 활동이다.

㉣ **저장통제** : 보안코드, 암호화, 백업파일, 데이터베이스 운영, 라이브러리 프로시저 등이 있다.

플러스UP 정보시스템의 통제구조

㉠ **입력통제** : 보안코드, 암호화, 데이터 입력 화면, 오류신호, 통제 합계
㉡ **출력통제** : 보안코드, 암호화, 통제 합계, 통제 리스트, 최종 사용자 피드백
㉢ **처리통제** : 소프트웨어 통제, 하드웨어 통제, 방화벽, 검사시점
㉣ **저장통제** : 보안코드, 암호화, 백업파일, 데이터베이스 운영, 라이브러리 프로시저

03 정보시스템 감사

(1) 감사의 개념

① 정보시스템의 감사활동은 적합한 보안대책이나 관리규정이 수립되어 있는지, 만약 수립되어 있다면 정확하게 지켜지고 있는지를 평가하는 것이다.

② 평가에서는 주로 사용 중인 소프트웨어와 입출력 데이터의 정확성(accuracy) 및 무결성(integrity)을 검사한다.

③ 감사에는 두 가지 유형이 있다. 그 하나는 내부 감사로 직원들에 의해 수행되며, 다른 하나는 외부 감사로 회계회사와 그 조직에 연관되지 않은 개인에 의해 수행된다.

④ 내부 감사는 정보시스템 부서의 직원들을 인터뷰하고 컴퓨터 시스템에 대한 다양한 시험을 통해 이루어진다.

⑤ 정보시스템 관리자와 정보시스템 활동에 책임을 지는 최종 사용자들은 사용 중인 프로그램과 절차를 관리하고 정확하게 작동하도록 관리할 책임이 있다.

(2) 감사의 목적

① 자산보호

② 정보안전

③ 시스템의 효과성

④ 시스템의 효율성

(3) 정보시스템 감사의 기능

정보시스템의 처리과정을 감사하는 데는 컴퓨터 주변 감사(Auditing Around the Computer)와 컴퓨터를 통한 감사(Auditing Through the Computer)의 두 가지 접근방법이 이용된다.

CHAPTER
10 기출유형 다잡기

01 **다음 중 정보보안의 중요성이 증가하는 이유에 해당되지 않는 것은?**

① 정보시스템에 대한 의존도가 증가하였다.
② 인터넷의 발전으로 유통 및 복제가 수월해졌다.
③ 데이터 및 시스템의 분산으로 인해 보안이 취약해졌다.
④ 한 시스템에서 여러 개의 프로그램을 동시에 실행하는 것이 가능해졌다.

해설 ④는 정보보안의 중요성이 증가하는 이유와는 거리가 멀다. 최근 인터넷, 컴퓨터, 이동통신의 보급 및 확대에 따라 B2B, B2C 전자상거래, 인터넷 뱅킹, 전자정부 등 인터넷을 통한 다양한 정보서비스가 확대됨에 따라 사회 전반적으로 정보시스템에 대한 의존도가 크게 증가하고 있다.

02 **다음 중 해킹에 해당하지 않는 것은?** 2019년 기출

① 디도스(DDOS)
② 방화벽(firewall)
③ 스니핑(sniffing)
④ 스푸핑(spoofing)

해설 ② 방화벽(firewall)은 기업 내부의 네트워크가 기업 외부의 네트워크와 연결될 때 외부의 불법 사용자의 침입을 차단하여 해킹을 막는 것을 의미한다.

03 **네트워크 연결을 통해 타인의 시스템 하드웨어 및 소프트웨어에 잠입하는 것을 무엇이라고 하는가?**

① 네트워크 검색
② 논리폭탄
③ 트로이목마
④ 서비스 거부

해설 네트워크 검색이란 네트워크 연결을 통해 타인의 시스템 하드웨어 및 소프트웨어에 잠입하는 것을 말한다.

정답 01 ④ 02 ② 03 ①

04 **컴퓨터의 보안과 관련되어 사용자의 컴퓨터를 공격하는 방법 중 스스로를 복제하고 전달하여 피해를 입히는 프로그램은 무엇인가?** ✔ 2017년 기출

① 웜(Worm)
② 함정문(Trapdoor)
③ 로직 폭탄(Logic bomb)
④ 트로이목마(Trojan horse)

해설 ① **웜(Worm)** : 주로 네트워크에서 연속적인 복사 기능을 수행함으로써 자가 증식해서 기억장치를 소모하거나 저장된 데이터를 파괴하는 프로그램
② **함정문(Trapdoor)** : 시스템 보안이 제거된 비밀통로로, 서비스 기술자나 유지·보수 프로그램 작성자의 접근 편의를 위해 시스템 설계자가 일부러 만들어 놓은 보안 구멍
③ **로직 폭탄(Logic bomb)** : 보통의 프로그램에 오류를 발생시키는 프로그램 루틴을 무단으로 삽입하여, 특정한 조건에서 발생하거나 특정 데이터 입력을 기폭제로 하여 컴퓨터의 부정행위를 실행하는 것
④ **트로이목마(Trojan horse)** : 정상적인 프로그램으로 보이지만 실행하면 악성코드를 실행하는 프로그램

05 **가공의 전자메일 주소나 웹페이지를 만들어서 사용자들이 암호나 신용카드번호 같은 주요 정보를 입력하도록 유도하는 것은?**

① 스푸핑
② 워 다이얼링
③ 백도어
④ 암호추적

해설 스푸핑(Spoofing)이란 가공의 전자메일 주소나 웹페이지를 만들어서 사용자들이 암호나 신용카드번호 같은 주요 정보를 입력하도록 유도하는 것을 말한다.

06 **개인정보에 침해를 가하는 해킹기술로 옳은 것은?** ✔ 2019년 기출

① 쿠키
② TCP/IP
③ 스파이웨어
④ 도메인 네임

해설 ③ 스파이웨어(spyware)는 스파이(spy)와 소프트웨어의 합성어로 다른 사람의 컴퓨터에 몰래 숨어들어가 있다가 중요한 개인정보를 빼가는 프로그램을 지칭한다. 대개 인터넷이나 PC통신에서 무료로 공개되는 소프트웨어를 다운로드받을 때 함께 설치된다.

정답 04 ① 05 ① 06 ③

07 다음 〈보기〉에서 설명하는 용어는 무엇인가?

> **보기**
> 전자거래나 전자신청에 널리 사용되며 인증기관이 신청자가 제시한 암호키를 확인한 후 인증하는 것으로, 전자상거래의 신뢰를 형성하는 중요한 역할을 수행한다.

① 비밀번호(password)
② 스마트카드(smart card)
③ 체크카드(check card)
④ 전자인증서(digital certificate)

해설 전자상거래나 비즈니스를 위한 문서교환시 사용자의 신원과 문서의 내용을 보증하는 전자문서로, 국가에서 인증한 공인인증기관에서 발급한다. 전자인증서는 거래상대방의 신원을 확인해주는 것과 함께 문서내용이 변조되거나 위조되지 않았다는 사실을 검증하고, 제3자로 인한 훼손을 예방하므로 거래의 안전성을 확보하거나 기밀서류를 다룰 때 유용하다.

08 응용 프로그램의 내용을 보호하기 위한 응용통제의 종류가 아닌 것은?

① 처리통제 ② 실행통제
③ 입력통제 ④ 출력통제

해설 응용통제(application control)에는 입력통제, 처리통제, 출력통제, 저장통제 등이 있다.
② 실행통제는 일반통제에 해당된다.

09 임의의 트랜잭션이 정보로 처리되어 가는 과정에서의 모든 단계를 추적가능하게 해주는 문서나 설명서의 존재 여부를 말하는 것은?

① 감사증적 ② 인증
③ 트랜잭션 정보 ④ 정보통제

해설 임의의 트랜잭션이 정보로 처리되어 가는 과정에서의 모든 단계를 추적가능하게 해주는 문서나 설명서의 존재 여부를 감사증적이라 하는데, 이는 무결성을 파악하는 것이다.

정답 07 ④ 08 ② 09 ①

10 다음 〈보기〉의 (　　) 안에 들어갈 용어로 가장 옳은 것은? ✔ 2016년 기출유사

> **보기**
> 소프트웨어의 결점이 발견되면 이를 수정하기 위해 소프트웨어업체들은 소프트웨어 고유의 작업을 방해하지 않고, 결점을 치료할 수 있는 (　　)(이)라 부르는 소프트웨어의 작은 조각들을 만든다. 한 예로 2009년 4월에 발표한 윈도우 비스타 서비스 팩2를 들 수 있으며, 이는 멀웨어와 해커에 대항하기 위한 보안성능의 개선을 위한 것이었다.

① 버그(bug)　　② 봇넷(botnet)
③ 패치(patch)　　④ 스파이웨어(spyware)

해설 ③ **패치(patch)** : 컴퓨터 프로그램의 일부를 빠르게 고치기 위해 개발사가 추가로 내놓은 수정용 소프트웨어로 픽스(fix)라고 부르기도 한다.
① **버그(bug)** : 소프트웨어나 하드웨어의 오류 또는 오동작
② **봇넷(botnet)** : 스팸메일이나 악성코드 등을 전파하도록 하는 악성코드 봇(Bot)에 감염되어 해커가 마음대로 제어할 수 있는 좀비 PC들로 구성된 네트워크를 말한다.
④ **스파이웨어(spyware)** : 다른 사람의 컴퓨터에 잠입하여 중요한 개인정보를 빼가는 소프트웨어

11 네트워크 보안의 일종으로 데이터의 특정한 처리를 통해서 침입자 또는 파괴자가 데이터를 입수해도 그 내용을 볼 수 없게 하는 방법을 암호화라 한다. 이러한 암호기법으로 WWW에서 많이 사용되는 것은?

① RSA　　② PEM
③ SSL　　④ DES

해설 RSA는 1977년에 R. Rivest, A. Shamir와 L. Adleman에 의해 개발된 알고리즘을 사용하는 인터넷 암호화 및 인증시스템이다. 개발자의 이름 첫 글자를 따라 RSA라고 한다. RSA 알고리즘은 가장 보편적으로 사용되는 암호화 및 인증 알고리즘으로서, 넷스케이프와 마이크로소프트 웹브라우저 기능의 일부로 포함된다.

12 내부망과 외부망의 사이에 설치해 상호간에 미치는 영향을 차단시키는 특별한 목적의 장치인 방화벽(Firewall)에 대한 설명 중 잘못된 것은?

① 데이터의 노출을 제한한다.
② 바이러스의 침입을 막는다.
③ 인트라넷의 확산과 함께 필요성이 대두되고 있다.
④ 내부 사용자들에 대한 보안은 불가능하다.

정답 10 ③ 11 ① 12 ④

해설 ④ 방화벽은 내부 사용자들에 대한 보안이 가능하다.

13 정보에 대한 안전확인방법의 하나로 사용자 또는 프로세스의 실체가 사실인지 여부를 확인하는 것을 무엇이라 하는가?

① 비밀성(Confidentiality) ② 방화벽(Firewall)
③ 접근제어(Access Control) ④ 인증(Authentication)

해설 인증이란 정보에 대한 안전확인방법의 하나로 사용자 또는 프로세스의 실체가 사실인지 여부를 확인하는 것을 의미한다.

14 컴퓨터시스템의 OS, 응용 프로그램, 서버 등의 보안 허점을 이용해 해커들이 침입해서 컴퓨터시스템을 임의로 사용하거나, 시스템의 기능을 마비시키거나 파괴하는 것을 방지하는 것을 무엇이라 하는가?

① 시스템 보안 ② 방화벽(Firewall)
③ 접근제어(Access Control) ④ 인증(Authentication)

해설 시스템 보안이란 컴퓨터시스템의 OS, 응용 프로그램, 서버 등의 보안 허점을 이용해 해커들이 침입해서 컴퓨터시스템을 임의로 사용하거나, 시스템의 기능을 마비시키거나 파괴하는 것을 방지하는 것을 의미한다.

15 다음 중 정보시스템 감사의 유형이 아닌 것은?

① 컴퓨터 감사 ② 내부 감사
③ 외부 감사 ④ 컴퓨터를 통한 감사

해설 정보시스템 감사의 유형에는 내부 감사, 외부 감사, 컴퓨터를 통한 감사, 컴퓨터 주변에 대한 감사 등이 있다.

정답 13 ④ 14 ① 15 ①

16 **다음 〈보기〉의 내용에 해당하는 개념은?** 2017년 기출

> **보기**
> 컴퓨터 시스템의 효율성, 신뢰성, 안정성을 확보하기 위해 일정한 기준에 근거하여 컴퓨터 시스템을 종합적으로 점검 및 평가하고, 운용 관계자에게 조언 또는 권고함으로써 회사의 경영진이 정보시스템의 보안과 통제가 효과적인지 여부를 진단할 수 있도록 해준다.

① 데이터베이스 관리자
② 데이터 사이언티스트
③ 최고정보관리 책임자
④ 정보시스템 감사

해설 정보시스템 감사는 컴퓨터 시스템의 효율성, 신뢰성, 안정성을 확보하기 위해 컴퓨터 시스템에서 독립된 감사인들이 국제감사기준을 근거로 하여 컴퓨터 시스템을 점검・평가하고 감사하는 것을 말한다.

17 **인터넷의 웹브라우저와 서버를 위한 보안방법으로, TCP/IP 연결을 위해 데이터 암호화, 서버인증, 메시지 무결성을 제공하는 프로토콜은 무엇인가?**

① SSL
② PGP
③ Tracert
④ Verisign

해설 SSL(Secure Socket Layer)은 네트워크 내에서 메시지 전송의 안전을 관리하기 위해 넷스케이프사에서 전자상거래 등의 보안을 위해서 개발한 프로그램 계층이다. 넷스케이프의 생각은 비밀이 보장되어야 하는 메시지를 맡은 프로그램은 웹브라우저 또는 HTTP와 같은 응용 프로그램과 인터넷의 TCP/IP 계층 사이에 들어가야 한다는 것이다.

18 **다음 중 '크래커'에 대한 설명으로 적합한 것은?**

① 컴퓨터에 강한 흥미를 가지고 있으며 몰두하는 사람
② 바이러스를 퇴치하는 백신 프로그램
③ 프로그램을 테스트하는 사람
④ 어떤 목적을 가지고 타인의 컴퓨터 시스템을 불법 침입하여 데이터를 파손 또는 변경하거나 시스템의 비정상적인 동작을 유발시키는 악의의 사용자

해설 크래커(Cracker)란 어떤 목적을 가지고 타인의 컴퓨터 시스템을 불법 침입하여 데이터를 파손 또는 변경하거나 시스템의 비정상적인 동작을 유발시키는 악의의 사용자를 의미한다.

정답 16 ④ 17 ① 18 ④

19 정보시스템의 저장통제에서 가능한 것이 아닌 것은?

① 보안코드　　② 오류신호
③ 암호화　　④ 백업파일

해설 정보시스템의 통제구조
㉠ **입력통제** : 보안코드, 암호화, 데이터 입력 화면, 오류신호, 통제 합계
㉡ **출력통제** : 보안코드, 암호화, 통제 합계, 통제 리스트, 최종 사용자 피드백
㉢ **처리통제** : 소프트웨어 통제, 하드웨어 통제, 방화벽, 검사시점
㉣ **저장통제** : 보안코드, 암호화, 백업파일, 데이터베이스 운영, 라이브러리 프로시저

20 다음 중 정보의 보안과 관련된 용어나 프로그램이 아닌 것은?

① Encryption　　② Firewall
③ MIME　　④ PGP(Pretty Good Privacy)

해설 ③ MIME(Multipurpose Internet Mail Extensions) : 전자우편과 관련된 용어로 전자우편을 위한 인터넷 표준 포맷이다.
① **암호화**(Encryption) : 암호화란 누구나 알 수 있는 평문을 허용된 사람 외에는 알아볼 수 없는 형태의 암호문으로 바꾸어주는 변환과정을 말한다.
② **방화벽**(Firewall) : 기업이나 조직 내부의 네트워크와 인터넷 간에 전송되는 정보를 선별하여 수용・거부・수정하는 능력을 가진 보안시스템을 말한다.
④ PGP(Pretty Good Privacy) : 인터넷에서 전달하는 전자우편을 다른 사람이 받아 볼 수 없도록 암호화하고, 받은 전자우편의 암호를 해석해주는 프로그램을 말한다.

21 다음 중 정보시스템 위험요소의 최소화와 관련이 깊은 것은?

① 정보시스템 계획　　② 정보시스템 통제
③ 정보시스템 감사　　④ 정보시스템 보안

해설 기업 및 각종 기관의 홈페이지에 대한 해커들의 공격은 사회적으로 커다란 문제가 되고 있는데 이러한 정보시스템 보안의 주요 위험방법은 시스템 공격, 데이터 공격, 비즈니스 공격과 같은 3가지의 방법이 주요하게 작용하고 있다.

22 다음 중 암호화 알고리즘의 종류로 옳은 것은?

① 키방식, 비키방식　　② 암호방식, 비암호방식
③ 대칭키방식, 공개키방식　　④ 복호화방식, 암호화방식

정답 19 ② 20 ③ 21 ④ 22 ①

해설 암호화 알고리즘의 종류
㉠ 키(key)방식 : 암호화 알고리즘 외에 키를 이용해서 메시지를 암호화하는 것
㉡ 비키방식(hashing) : 알고리즘만으로 메시지를 암호화하는 것

23 **다음 중 대칭키 암호화 방식의 특징으로 틀린 것은?**

① 암호화 속도가 빠르다.
② 키배분이 쉽다.
③ 하드웨어 수행이 쉽다.
④ 디지털서명 지원이 안 된다.

해설 대칭키 암호화 방식의 특징
㉠ 암호화 속도가 빠르다.
㉡ 하드웨어 수행이 쉽다.
㉢ 키배분이 어렵다.
㉣ 디지털서명 지원이 안 된다.

24 **인터넷의 보급이 확산되면서 보안에 대한 관심이 높아지고 있다. 내부정보의 외부 노출 가능성을 제거하기 위한 보안개념으로 이용되고 있는 것은?**

① 파일서버(File Server)
② PGP
③ 방화벽(Firewall)
④ 메일서버(Mail Server)

해설 방화벽은 외부인이 자신의 공개되지 않은 자원에 접근하는 것을 막고, 자기 회사의 직원들이 접속해야 할 외부의 자원들을 통제하기 위해 기업의 인트라넷과 인터넷 사이에 설치한다.

25 **다음 중 정보시스템에서 사용되는 대표적인 보안관리방법으로 거리가 먼 것은?**

① 방화벽
② 프록시의 설치
③ 침입적발
④ 플래밍의 사용

해설 정보시스템에서 사용되는 대표적인 보안관리방법에는 암호화, 방화벽, 인증, 접근통제, 침입적발, 네트워크 보안프로토콜, 가상사설망(VPN)의 구축, 프록시의 설치 등이 있다.
④ 플래밍(flamming)은 임의의 대상에게 극단적으로 모욕적이거나 비난하는 내용을 보내거나 게시판 등에 올리는 행위이다.

정답 23 ② 24 ③ 25 ④

26 **다음 〈보기〉의 설명에 해당하는 인증 시스템은?** ✔ 2019년 기출

> **보기**
> • 생체조직을 이용한 인증시스템 중 가장 많이 사용되고 있다.
> • 가격이 싸고 효율성이 좋으며 사용하는 데 거부감도 거의 없는 편이다.
> • 손에 땀이 많거나 허물이 잘 벗겨지는 사람은 인증이 힘들다는 단점이 있다.

① 홍채 인식 ② 얼굴 인식
③ 지문 인식 ④ 바코드 인식

해설 현재 생체조직을 이용한 인증시스템 중 가장 많이 사용되고 있는 것은 지문인식(fingerprint recognition)이다. 생체인증(Biometrics)은 지문, 홍채, 안면, 음성과 같은 생체 고유의 정보를 이용하여 인증하는 방식이다.

27 **전자상거래에 필요한 데이터 전송시 지켜져야 할 보안요소가 아닌 것은?** ✔ 2018년 기출

① 무결성(Integrity) : 정보전달 도중 정보가 훼손되지 않았는지를 확인하는 것이다.
② 부인방지(Non-repudiation) : 정보 제공자가 정보 제공 사실을 부인하는 것을 방지하는 것이다.
③ 기밀성(Confidentiality) : 제3자가 거래 당사자 간의 전달내용을 획득하지 못하도록 하는 것이다.
④ 생체인증(Biometrics) : 지문, 홍채, 음성과 같은 생체 고유의 정보를 이용하여 인증하는 형식이다.

해설 전자결제시스템이 전자상거래에 이용되기 위해서는 상호인증(Authentication), 기밀성(Confidentiality), 무결성(Integrity) 및 부인방지(Non-repudiation) 등의 조건이 갖추어져야 한다.
④ 생체인증(Biometrics)은 다양한 인증방법 중의 하나로 보안요소는 아니다.

28 **처리 중인 데이터를 가로채서 허가 없이 변경하는 경우의 보안방법으로 옳은 것은?**

① 방화벽 ② 암호화
③ 접근통제 ④ 인증

해설 인터넷 보안문제와 해결책(보안방법)

발생문제	해결책(보안방법)
처리 중인 데이터를 가로채서 허가 없이 변경하는 경우	암호화
사용자가 부정행위를 위해 자신의 신분을 위장할 경우	인 증
허가받지 않은 사용자가 자가 네트워크에 접근하는 경우	방화벽

정답 26 ③ 27 ④ 28 ②

29 **다음 중 전자상거래에서 널리 사용하는 보안기법이 아닌 것은?** ✔ 2014년 기출

① 전자인증서
② SQL 인젝션(injection)
③ 대칭키 암호화(symmetric key encryption)
④ 공개키 암호화(public key encryption)

해설 ② SQL 인젝션(injection) : 해킹의 공격방법 중 하나로 구조화 질의어라고도 한다.
① **전자인증서(digital certificate)** : 전자거래나 전자신청에 널리 사용되며 인증기관이 신청자가 제시한 암호키를 확인한 후 인증하는 것으로, 전자상거래의 신뢰를 형성하는 중요한 역할을 수행한다.
③ **대칭키 암호화(symmetric key encryption)** : 암호화키와 복호화키를 같게 하여 사용하는 암호화 방식이다.
④ **공개키 암호화(public key encryption)** : 암호화키와 복호화키를 다르게 사용하는 암호화 방식이다.

30 **다음 중 비대칭형 암호화 방식으로 적절하지 않은 것은?**

① 서로 다른 키 사용 ② 비밀키 알고리즘
③ 전자서명에 사용 ④ 속도가 느림

해설 ㉠ **대칭형 방식** : 동일한 키 사용, 속도가 빠름, 비밀키 알고리즘(DES), 키 관리 및 분배 곤란
㉡ **비대칭형 방식** : 서로 다른 키 사용, 속도가 느림, 공개키 알고리즘(RSA), 키 분배 · 전자서명에 사용

31 **다음 〈보기〉에서 설명하는 것은?** ✔ 2014년 기출

> 보기
> 공격시스템을 분산배치하여 동시에 대량의 트래픽을 발생시켜 피해 시스템을 서비스 불능상태로 만드는 형태의 공격이다. 특정 서버에게 수많은 접속 시도를 만들어 다른 이용자가 정상적으로 서비스 이용을 하지 못하게 한다.

① 파밍(pharming) ② 스미싱(smishing)
③ 백도어(backdoor) ④ 분산서비스 거부공격(DDoS)

해설 ④ **분산서비스 거부공격(DDoS)** : 다수의 컴퓨터들이 협력하여 하나의 네트워크(또는 시스템)를 공격, 메시지를 범람시켜 네트워크 가동을 중지시키는 행위를 말한다. 공격시스템을 분산배치하여 동시에 대량의 트래픽을 발생시켜 피해 시스템을 서비스 불능상태로 만드는 형태의 공격이다.

정답 29 ② 30 ② 31 ④

① 파밍(pharming) : 해커가 고객 PC에 악성코드 등을 설치하여 고객이 정상적인 주소를 입력해도 위조사이트로 이동되도록 하여 고객정보를 탈취하는 해킹방식으로, 고객을 위조사이트에 접속하도록 유도하는 피싱(Phishing)과 구별된다.
② 스미싱(smishing) : 휴대전화 문자를 의미하는 문자메시지(SMS)와 인터넷, 이메일 등으로 개인 정보를 알아내 사기를 벌이는 피싱(Phishing)의 합성어로, 스마트폰의 소액 결제방식을 악용한 신종 사기수법이다.
③ 백도어(backdoor) : 시스템 접근에 대한 사용자 인증 등 정상적인 절차를 거치지 않고 응용 프로그램 또는 시스템에 접근할 수 있도록 하는 프로그램이다.

32 인터넷 보안에 대한 다음 설명 중 가장 옳지 않은 것은?

① 해킹이란 고의로 다른 시스템에 침투하여 피해를 주는 행위이다.
② 크래킹은 복사방지 소프트웨어 등을 불법으로 변경하는 행위를 의미하기도 한다.
③ 해킹과 크래킹은 시스템에 주는 손상 정도에 따라 불법과 합법을 구분한다.
④ 크래킹은 불법적인 수단으로 시스템에 침투하여 시스템을 파괴하는 행위를 의미하기도 한다.

해설 해킹은 고의로 남의 컴퓨터 시스템에 침입하여 장난이나 범죄를 저지르는 일이고, 크래킹은 보안의 취약점을 찾아내 취약점을 이용해 타인에게 피해를 주는 행위를 말한다.

33 다음 중 응용통제의 주된 초점으로 거리가 먼 것은?

① 입력과 갱신은 정확하게 이루어져야 한다.
② 제한된 거래에 한해서 갱신되어야 한다.
③ 데이터는 거래내용에 비추어 그 타당성을 검토 또는 승인받아야 한다.
④ 파일은 정확한 최신 상태를 유지해야 한다.

해설 응용통제는 재고, 급여, 판매 등 개별 응용업무에 대해 적용되는 통제를 말하는 것으로 모든 거래는 빠짐없이 입력・갱신되어야 한다.

34 네트워크를 통해 중요한 정보를 교환할 때 다른 사람들이 읽거나 보지 못하게 내용을 위장하는 것은? 2017년 기출

① 신분확인과 인증　② 토큰 관리
③ 암호화　④ 개별화

정답 32 ③ 33 ② 34 ③

해설 암호화(Encryption)는 특별한 지식을 소유한 사람을 제외하고는 해당 정보를 읽을 수 없도록 알고리즘을 통해 정보를 전달하는 과정이다. 이를 통해 암호화된 정보가 나오고 이를 역행하는 과정을 복호화(Decryption)라 한다.

35 다음 중 방화벽에 대한 설명으로 적절하지 않은 것은?

① 방화벽이란 기업 내부의 네트워크가 기업 외부의 네트워크와 연결될 때 외부의 불법 사용자의 침입을 차단하는 것을 의미한다.

② 방화벽은 기업 외부의 불법적인 사용자의 침임을 막을 수 있을 뿐만 아니라 기업 내부 조직원에 의한 불법적 정보의 유출도 막을 수 있다.

③ 방화벽은 내부와 외부로부터 불법적인 해킹을 완전히 차단할 수 있다.

④ 방화벽은 일반적으로 네트워크 레벨의 방화벽(패킷필터 방식)과 응용레벨의 방화벽(프록시 서버 방식)으로 나눌 수 있다.

해설 방화벽은 외부로부터의 불법적인 침입을 차단할 수 있으나 내부의 해킹은 차단할 수 없다. 방화벽은 외부망과 연동하는 유일한 창구로서 외부로부터 내부망을 보호하기 위해 각 서비스별로 서비스를 요구하는 시스템의 IP 주소 및 포트 번호를 이용하여 외부의 접속을 차단하거나 또는 사용자 인증에 기반을 두고 외부 접속을 차단한다.

36 어떤 사건에서 사용된 컴퓨터나 그 사건의 행위를 한 컴퓨터로부터 디지털 정보를 수집하고 범죄의 증거를 확보하는 기술을 뜻하는 것은?

① 모의해킹 ② 스크린 리더

③ 점진적 JPEG ④ 컴퓨터 포렌식스

해설 ④ **컴퓨터 포렌식스(Computer Forensics)** : 어떤 사건에서 사용된 컴퓨터나 그 사건의 행위를 한 컴퓨터로부터 디지털 정보를 수집하고 범죄의 증거를 확보하는 기술이다.

① **모의해킹** : 인가받은 해킹 전담 컨설턴트에 의해 내부나 외부의 네트워크상에서 대상 서비스와 서버에 대해 실제 해커가 사용하는 해킹도구와 기법 등을 이용해 해킹가능성을 진단하는 것이다.

② **스크린 리더** : 자신이 입력한 키보드 내용, 화면의 내용, 마우스의 좌표 등을 음성으로 알려주어 컴퓨터를 사용할 수 있도록 도와주는 시각장애인 등을 위한 프로그램이다.

③ **점진적 JPEG** : 영상의 이미지 정보를 한 번에 완벽한 화질로 보여 주지 않고 개략적인 화질을 시작으로 점진적으로 완벽하게 보여 주는 영상처리기법이다.

정답 35 ③ 36 ④

37 **인터넷 사용자가 웹사이트에 접속해 해당 사이트에서 어떤 정보를 읽어들이고 어떤 정보를 남겼는지 기록하는 소프트웨어를 무엇이라고 하는가?** ✔ 2016년 기출유사

① 쿠키　② 블로그
③ 피싱　④ 스푸핑

해설 ① 쿠키(Cookie)는 어떤 사용자가 특정 웹사이트에 접속한 후 그 사이트 내에서 어떤 정보를 보았는지 등에 관한 기록을 남겨놓았다가 다음에 접속했을 때, 그것을 읽어 이전 상태를 유지하면서 검색할 수 있게 하는 역할을 한다.

38 **다음의 시스템 보안도구 중 전자메일을 암호화하여 도청(wiretapping)같은 네트워크 공격으로부터 안전하게 전자메일을 교환할 수 있도록 하는 공개용 도구는?**

① TIS toolkit　② PGP
③ Sniffer　④ SSL

해설 PGP(Pretty Good Privacy)는 인터넷 전자우편을 암호화하고 복호화하는 데 사용되는 인기 있는 프로그램이다.

39 **방화벽(firewall)이 속하는 보안대책의 기술적 유형은?** ✔ 2018년 기출

① 데이터 보안　② 하드웨어 보안
③ 소프트웨어 보안　④ 네트워크 보안

해설 ① 방화벽(firewall)은 기업 내부의 네트워크가 기업 외부의 네트워크와 연결될 때 외부의 불법 사용자의 침입을 차단하기 위한 소프트웨어 및 하드웨어를 총칭하는 개념으로 네트워크 보안대책이다.

40 **정보시스템의 입력 · 처리 · 저장 및 출력 활동의 품질과 보안을 유지하여 정보시스템 활동의 정확성과 유효성 및 타당성을 보장하기 위해 이루어지는 다양한 방법론과 제반 기술을 의미하는 것은?**

① 정보시스템 관리　② 정보시스템 감사
③ 정보시스템 통제　④ 정보시스템 설계

해설 정보시스템 통제란 정보시스템 활동에 있어서의 정확성과 유효성 및 타당성을 보장하기 위해 이루어지는 다양한 방법론과 제반 기술을 의미한다. 정보시스템 통제의 목적은 반드시 데이터 입력과 그 처리 및 저장방법 그리고 정보출력까지의 모든 과정이 정확하게 이루어질 수 있도록 개발되어야 한다는 것이다. 즉, 정보시스템의 입력 · 처리 · 출력 및 저장 같은 주요 활동에 있어서의 품질과 보안을 유지하기 위한 적절한 감시와 관리활동이 이루어지도록 설계되어져야 한다.

정답 37 ① 38 ② 39 ④ 40 ③

41 **정보시스템 감사에 대한 설명으로 옳지 않은 것은?** ✔ 2017년 기출유사

① 각 위협요소의 재정적・조직적 영향을 평가한다.
② 모든 통제 취약점을 목록화하고 순위를 매기며 그 발생가능성을 추정한다.
③ 주요 취약점에 대응하기 위한 계획을 마련하는 것은 전적으로 감사진의 책임이다.
④ 개별 정보시스템을 관리하는 통제요소뿐 아니라 기업의 전반적인 보안환경도 검토해야 한다.

해설 정보시스템 감사는 정보시스템의 효율성, 신뢰성, 안전성을 확보하기 위해 정보시스템에서 독립한 감사(인)들이 일정한 기준에 근거하여 정보시스템을 종합적으로 점검・평가하여 관계자에게 조언 및 권고하는 것을 말한다.
③ 주요 취약점에 대응하기 위한 계획을 마련하는 것은 전적으로 경영진의 책임이다.

42 **정보자산의 취약점이 증가하는 이유가 아닌 것은?** ✔ 2018년 기출

① 디지털 포렌식 이용건수가 급증하고 있다.
② 무선 네트워크의 추세가 점차 증가하고 있다.
③ 국제적 조직의 사이버 범죄가 증가하고 있다.
④ 컴퓨터 해킹 기술을 획득하는 것이 용이하다.

해설 ① 디지털 포렌식(Digital Forensics)은 PC나 노트북, 휴대폰 등 각종 저장매체 또는 인터넷상에 남아 있는 각종 디지털 정보를 분석해 범죄의 단서를 찾는 수사기법을 말한다.

43 **다음 중 정보시스템 통제에 관한 설명으로 옳지 않은 것은?** ✔ 2014년 기출

① 물리적 통제는 컴퓨터 시설과 자원을 보호하기 위한 통제이다.
② 접근통제의 예로 암호, IC카드, 지문인식, 홍채인식 등이 있다.
③ 관리적 통제는 업무수행지침을 하달하고, 실행확인에 초점이 있다.
④ 예방통제는 발견된 문제점에 대처하기 위한 통제로 거래처리의 추적 등을 수행한다.

해설 ④ **예방통제** : 오류나 부정이 발생하는 것을 예방할 목적으로 행사하는 통제이다. 예방통제에는 발생가능한 잠재적인 문제들을 식별하여 사전에 대처하는 능동적인 개념의 통제이다.
① **물리적 통제** : 컴퓨터 시설과 자원을 보호하기 위한 통제이다. 물리적 통제는 검색도구에 표시된 위치에 기록이 제대로 있는지를 확인하는 작업이다.
② **접근통제** : 보호할 대상에 대해 인가된 접근을 허용하고, 비인가된 접근을 차단하는 통제이다. 접근통제의 예로 암호, IC카드, 지문인식, 홍채인식 등이 있다.
③ **관리적 통제** : 업무수행지침을 하달하고, 실행확인에 초점이 있다. 조직의 통제가 적절히 수행되기 위해서는 공식화된 표준, 규칙, 절차 및 통제규율의 확립이 필수적이다.

정답 41 ③ 42 ① 43 ④